Inversión, impuestos y tarifas en el sector eléctrico argentino (1990-2010)

Carlos María Alasino

Inversión, impuestos y tarifas en el sector eléctrico argentino (1990-2010)

Colección UAI - Investigación

UAI
Universidad Abierta
Interamericana

teseo

Alasino, Carlos María
Inversión, impuestos y tarifas en el sector eléctrico argentino: 1990-2010 . -
1a ed. - Buenos Aires : Teseo, 2011.
272 p. ; 20x13 cm. - (Investigación)
ISBN 978-987-1859-05-4
1. Electricidad. 2. Tarifas. 3. Impuestos. I. Título
CDD 333.793 2

UAI
Universidad Abierta
Interamericana

© UAI, 2011

teseo

© Editorial Teseo, 2011

Teseo - UAI. Colección UAI - Investigación

Buenos Aires, Argentina

ISBN 978-987-1859-05-4

Editorial Teseo

Para sugerencias o comentarios acerca del contenido de esta obra,
escríbanos a: **info@editorialteseo.com**

www.editorialteseo.com

UNIVERSIDAD ABIERTA INTERAMERICANA

Autoridades

Rector: Dr. Edgardo Néstor De Vincenzi
Vice-Rector Académico: Dr. Francisco Esteban
Vice-Rector de Gestión y Evaluación: Dr. Marcelo De Vincenzi
Vice-Rector de Extensión Universitaria: Ing. Luis Franchi
Vice-Rector Administrativo: Mg. Rodolfo N. De Vincenzi
Decano Facultad de Ciencias Empresariales: Dr. Fernando Grosso

PRESENTACIÓN

La Universidad Abierta Interamericana ha planteado desde su fundación, en el año 1995, una filosofía institucional en la que la enseñanza de nivel superior se encuentra integrada estrechamente con actividades de extensión y compromiso con la comunidad, así como con la generación de conocimientos que contribuyan al desarrollo de la sociedad, en un contexto de apertura y pluralismo de ideas.

En este marco, la Universidad ha decidido emprender junto a la editorial Teseo una política de publicación de libros, con el objetivo de fomentar la difusión de los resultados de investigación de los trabajos realizados por sus docentes e investigadores y, a través de ellos, contribuir al debate académico y al tratamiento de problemas relevantes y actuales de la sociedad. El contenido de estas obras no expresan opinión o posición institucional, sino exclusivamente la de los autores de las obras, respetando los principios de libertad de pensamiento creativo y de rigurosidad académica promovidos por la Universidad Abierta Interamericana.

La *colección investigación Teseo-UAI* abarca distintas áreas del conocimiento, reflejando tanto la diversidad de carreras de grado y posgrado dictadas por la institución académica en sus diferentes sedes territoriales, como las líneas estratégicas de investigación programadas por sus facultades y centros de altos estudios. De esta forma, las temáticas desarrolladas se extienden desde las ciencias médicas y de la salud, pasando por las ingenierías y tecnologías informáticas, hasta las ciencias sociales y humanidades.

El modelo o formato de publicación elegido para esta colección merece ser destacado, en la medida en que posibilita un acceso universal a sus contenidos: los libros se distribuyen por la vía tradicional impresa –en determinadas librerías– y por nuevos sistemas globales, tales como la impresión a pedido en distintos continentes, la descarga de *eBooks* a través de tiendas virtuales y la difusión web de sus contenidos gracias a Google Libros, entre otras bases y buscadores.

Con esta iniciativa, la Universidad Abierta Interamericana ratifica una vez más su compromiso con una educación superior que mejore su calidad en un proceso constante y permanente, así como con el desarrollo de la comunidad en la que se encuentra inserta, desde el plano local al internacional.

Dr. Mario Lattuada
Secretaría de Investigación
Universidad Abierta Interamericana

ÍNDICE

A María Elena y Oscar, mis padres
In memoriam

AGRADECIMIENTOS

El primer agradecimiento es para Mario Lattuada quien sugirió la idea de este libro, brindó su constante estímulo y realizó importantes aportes que mejoraron el contenido y la estructura de esta obra. La Universidad Abierta Interamericana dio el apoyo institucional y contribuyó al financiamiento de varios de los artículos incluidos en este trabajo. Fernando Grosso, decano de la Facultad de Ciencias Empresariales, también impulsó la idea y generó el ambiente en el cual el proyecto se fue consolidando.

Alieto Guadagni merece un agradecimiento especial no solo por haber realizado importantes comentarios y sugerencias a una versión anterior, sino también por los *papers* y artículos escritos que leímos cuando éramos estudiantes, lo que contribuyó, sin duda, a nuestra formación en un tema no tan abordado en ese tiempo como la "tarificación eléctrica y la regulación de los monopolios naturales". Horacio Arana leyó cuidadosamente los borradores y realizó sugerencias de relevancia y Ángel Enrique Neder, de la Universidad Nacional de Córdoba, fue un comentarista agudo de varios de los artículos incluidos en el libro presentados en diversas ediciones de las Jornadas de Finanzas Públicas de la Facultad de Ciencias Económicas de la Universidad Nacional de Córdoba. Bruno Baldo coordinó eficazmente la producción y el diseño y Tomas Bartoletti fue el diligente corrector del texto.

Silvana, Melina y Franco fueron el soporte de toda la tarea. Para ellos el afectuoso reconocimiento.

PRÓLOGO

La energía siempre ocupa un lugar central en toda agenda estratégica que pretenda indicar el sendero a recorrer por las naciones que, en un marco de sostenido desarrollo productivo, deseen asegurar niveles elevados de empleo y bienestar para su población. Es imposible delinear políticas que, sin una adecuada infraestructura energética, apunten a avances no solo económicos, sino también sociales. Argentina está entrando en una fase de transformación de su sector energético, un sector caracterizado por la acentuada disminución en la producción nacional de hidrocarburos y por una demanda creciente de inversiones en energía eléctrica, transformación que será absolutamente imprescindible para sostener el actual ritmo de crecimiento productivo. Además, habrá que tener en cuenta que, por razones estrictamente ambientales vinculadas al cambio climático junto con la necesidad de modificar nuestra matriz de oferta energética (menos gas y menos petróleo), los presupuestos de inversión en expansión de la oferta eléctrica serán cada vez más altos en el futuro, considerando los mayores costos por potencia instalada, correspondiente a la energía nuclear, hidroeléctrica, eólica y solar. Estas consideraciones nos dan la pauta de que los temas relacionados con el financiamiento de los nuevos equipamientos en generación, transmisión y distribución pasarán a ocupar un primer plano en la elaboración de políticas públicas para las próximas décadas en nuestro país. El autor del libro comienza por alertarnos acerca del futuro, ya que señala que el consumo de energía eléctrica creció al 4,6% anual después del año 2002, pero la oferta no acompañó a este vigoroso crecimiento. Apenas se expandió al 1,5% anual entre el 2002 y el 2009. El autor también nos advierte que "el desempeño del sector eléctrico en materia de inversión en la fase posdevaluatoria ha sido relativamente modesto, cortes y restricciones cuantitativas son la evidencia de tales insuficiencias". Por eso, en un escenario caracterizado por deficiencias tarifarias y elevados niveles de subsidios al consumo eléctrico, en muchos casos sin prestar debida atención a la equidad social, resultan relevantes los aportes que se realizan en este libro acerca de las nuevas inversiones requeridas, la generación eléctrica, su transmisión y distribución. Si bien muchas de estas cuestiones ya habían sido tratadas por otros autores y en otros ámbitos a nivel global, el autor tiene el gran mérito de encarar con toda profundidad este tema, centrando el análisis en las enormes diferencias existentes entre las Provincias, tema muy poco elaborado hasta ahora. Esta cuestión, que hace a la esencia misma del concepto de políticas sociales inclusivas, se vincula directamente con las grandes diferencias tarifarias entre los consumidores de nuestro país, situación atribuida a las disparidades existentes entre las diversas jurisdicciones provinciales. Juegan aquí no solo las decisiones que le corresponden al gobierno nacional, sino también las distintas políticas tributarias de carácter local. De esta manera, el autor nos afirma en la conclusión de su investigación que "se examina el reducido valor de las tarifas que se constató en dos regiones del país: la región metropolitana y Tucumán". Este análisis de la incidencia tarifaria de los tributos locales es un nuevo y valioso aporte al conocimiento de los problemas que enfrenta el sector energético argentino, y debe servir de base para cualquier propuesta que quiera diseñar una nueva estructura tarifaria que sea no solo eficaz para cubrir los costos económicos del suministro eléctrico, sino también que respete los principios centrales de la equidad social. El autor nos advierte sobre "el elevado nivel que impera en Santa Fe y los elevados impuestos, mayores aun, que establecen los poderes locales de Entre Ríos". Cuando en este libro se consideran las tarifas eléctricas en la región metropolitana, reguladas por el Estado nacional, y en las diversas Provincias, reguladas por las autoridades locales, se constata "una situación discriminatoria del interior difícil de justificar". En momentos en los cuales comienza a ganar terreno en el debate público la importante cuestión de los subsidios al consumo energético, cobra relevancia este trabajo que tiene como mérito presentar un diagnóstico completo y preciso de las grandes disparidades asociadas con las diferencias entre las políticas tributarias locales. Este libro será de consulta obligada para todos los que quieran tener una visión clara del impacto que las políticas locales tienen sobre los niveles tarifarios eléctricos en todo nuestro territorio.

Alieto Aldo Guadagni
Septiembre 2011

INTRODUCCIÓN

La participación del Estado en el sector eléctrico en los últimos años ha sido sustancialmente distinta a aquella exhibida en la década del noventa. Esta es una de las características salientes de la industria eléctrica actual. Asimismo, dicha participación se verifica en un contexto de escasez de electricidad. Esta también es otra característica distintiva.

El Estado, que durante los años noventa intervino en el sector estableciendo normas y reglas destinadas a brindar el marco, la información y las señales que guiaran la conducta de los agentes privados y, subsidiariamente, accionar en forma más directa, pasó a partir del año 1998, tímidamente, y luego del 2000 con mucha mayor intensidad a decidir directamente el diseño, el desarrollo, la ejecución y el financiamiento de las inversiones y la fijación de las tarifas. A partir de 2006, aparecieron restricciones cuantitativas y cortes en un contexto de tarifas reales residenciales significativamente bajas y elevados subsidios al consumo. Este es el marco de los trabajos que se incluyen en el presente volumen.

Han pasado ya varios años desde la salida de la convertibilidad, momento a partir del cual se instrumentaron las nuevas reglas de funcionamiento del sector eléctrico. Parece apropiado entonces realizar un balance y evaluar el desempeño de la industria al amparo de estas nuevas reglas. La Ley de emergencia económica N°25.561 es la piedra angular de estas nuevas reglas que, en materia tarifaria, ratificó la prohibición de su actualización por cualquier índice de precios nacional o extranjero y la fijación de tarifas en dólares. Esto no significa que se hubiera establecido la inamovilidad y el congelamiento de los costos y precios de los bienes y servicios. De hecho, a los pocos años de la salida de la convertibilidad, particularmente en las Provincias, comenzaron a modificarse las tarifas del servicio de distribución de electricidad.

La organización del sector eléctrico diseñada en los años noventa distingue la existencia de tres segmentos: generación, transporte y distribución. El primero se organizó de acuerdo con reglas competitivas, en tanto que los dos últimos, con fuerte presencia de economías de escala, fueron calificados como servicio público y se organizaron y estructuraron como un monopolio natural regulado. A partir de la salida de la convertibilidad, se suspendieron los ajustes tarifarios estacionales y las revisiones quinquenales previstas en los contratos de concesión. Las tarifas del servicio de generación eléctrica, hasta ese momento un segmento basado en reglas de competencia, pasaron también a ser regulados por el Estado nacional.

El protagonismo estatal en materia de inversión dejó poco lugar para el accionar de los agentes privados. El Estado pasó así a decidir momento, destino, magnitud y financiamiento de las inversiones. El financiamiento provino de cambios de destino de los fondos y activos existentes, la creación de nuevos cargos y contribuciones de asignación específica y transferencias del Tesoro Nacional para financiar erogaciones de capital.

En cambio, la elevada carga tributaria que pesa sobre el consumo de electricidad, particularmente en muchas Provincias y municipios, es una constante que acompaña desde hace décadas el desarrollo del sector. En los últimos años, con algunas excepciones, no se produjeron grandes cambios en materia de carga tributaria sobre el consumo de electricidad, aunque aparecieron transitoriamente mecanismos de actualización de los cargos nacionales que gravan las transacciones en el mercado mayorista. En tanto, en algunas Provincias y municipios se introdujeron nuevos gravámenes y aparecieron nuevos cargos destinados a constituir fondos fiduciarios.

El comportamiento de la inversión en generación y transporte eléctrico a partir de la devaluación es el objeto del capítulo I. El capítulo II examina las características y magnitud de los gravámenes sobre la electricidad de origen nacional, provincial y municipal en un contexto de tarifas residenciales altamente subsidiadas, tornando relevante interrogarse el efecto redistributivo neto de esta política fiscal que contradictoriamente apela a subsidios e impuestos sobre la misma base imponible: el consumo de electricidad. A partir de que una gran proporción de los gravámenes sobre el servicio eléctrico que imponen los tres niveles de gobierno tienen destino específico, el capítulo III aborda la cuestión de la utilización y distribución de los recursos tributarios federales sobre el servicio eléctrico que tienen asignación específica. Tarifas residenciales e impacto de los tributos en las diversas Provincias son tratados comparativamente en el capítulo IV. Las principales conclusiones son resumidas en una sección final.

Los precios, las cantidades y la calidad del servicio suministrado a los usuarios son los elementos que deben ser tenidos en cuenta al momento de evaluar el desempeño de cualquier industria. Tarifas, alcance y cobertura, calidad de la provisión, inversiones y productividad de las inversiones son, a su vez, el conjunto de indicadores frecuentemente utilizados para evaluar el desempeño de la industria eléctrica en particular.

Parece haber habido un deterioro de la calidad del servicio, difícil de medir con la información publicada, y también una vuelta a las restricciones cuantitativas y cortes. No obstante, esto si se hace evidente y medible, en un contexto de tarifas reales residenciales significativamente bajas y elevados subsidios al consumo. Un extraordinario crecimiento económico del 7,4% anual y una demanda eléctrica que lo hizo al 4,6% luego de la devaluación forman parte de la explicación habitual de este problema. Pero es una descripción insuficiente. El otro elemento que debe incluirse en dicha descripción, omitido con demasiada frecuencia, es el comportamiento de la inversión en la industria eléctrica.

El parque generador ha crecido sólo al 1,5 anual entre 2002 y 2009, mientras que en el lapso 1992 y 2002 lo hizo significativamente por encima, un 5,3% anual. Las incorporaciones de generadores ocurridas posdevaluación se produjeron tardíamente y adquirieron alguna envergadura y visibilidad recién a partir de 2007, justo el año en el que los cortes y las restricciones cuantitativas se hicieron evidentes impactando sobre la demanda, principalmente en aquella de los grandes consumidores. Sin embargo, el PBI creció al 8,9% anual entre 2002 y 2006 y fue el parque generador incorporado antes de 2003 el que permitió abastecer una demanda que aumentó a razón del 6,3% anual. Este es el punto de partida del trabajo incluido en el capítulo I, que analiza el comportamiento de la inversión eléctrica en materia de generación, un sector de la industria en el cual predomina una estructura básicamente competitiva, y en materia de transporte eléctrico en alta tensión y distribución troncal, una rama de la industria con características de servicio público en el que predomina una estructura de características monopólicas. Queda pendiente la evaluación de la inversión en el segmento de distribución, una rama también de características monopólicas, pero de información muy limitada y fragmentaria, dado que es brindado por un sinnúmero de empresas distribuidas en las Provincias, de las cuales las más importantes son Edenor, Edesur y Edelap y están bajo jurisdicción nacional prestando el servicio en el área de la Ciudad de Buenos, Gran Buenos Aires y Gran La Plata. La evolución de la inversión en generación se realiza evaluando lo sucedido desde 1992, tratando luego de estimar la potencia futura con vista a detectar estrecheces que limiten el crecimiento económico en los próximos años. Por su parte, el examen de la inversión en transporte eléctrico es abordado discriminando la realizada en redes de alta tensión y en distribución troncal. En ese caso, se pone énfasis en evaluar las obras incluidas en el Plan Federal en 500 KV, obras que justificaron la aparición de tributos específicos y la creación del Fondo Fiduciario de Transporte Eléctrico Federal (FFTEF), cuestiones estas últimas que son abordadas en el capítulo III.

El capítulo II cuantifica y examina la "Carga Tributaria sobre el Consumo Final de Electricidad" que imponen los tres niveles de gobierno, describiendo los múltiples gravámenes existentes en las diversas jurisdicciones. En particular, se compara la carga fiscal sobre la demanda de electricidad de usuarios residenciales, comerciales e industriales y se evalúa el impacto diferencial sobre el precio del servicio que provocan los tributos locales en las diversas Provincias y municipios. El consumo final de electricidad es gravado por la Nación con dos impuestos: uno de características generales, el IVA, cuya alícuota es del 21% sobre el consumidor final y del 27% si se trata de un responsable inscripto, y otro de características específicas, el impuesto Ley Nº23681 del año 1989 que grava con el 0,6% el consumo y se destina a la Provincia de Santa Cruz. Las Provincias y municipios tienen a su vez una política tributaria muy heterogénea, aunque el denominador común es en muchos casos la magnitud, la multiplicidad y el carácter de asignación específica que asumen en muchas jurisdicciones. En el capítulo II, se desmenuza entonces esta heterogeneidad.

Los múltiples gravámenes que establecen los diversos niveles de gobierno son justificados en muchos casos destinando su recaudación a un fin o destino específico. La

Nación ha sido pionera en establecer justamente impuestos de asignación específica sobre el servicio eléctrico. Existen a nivel federal dos tributos sobre el servicio eléctrico que tienen asignación específica y el capítulo III se ocupa de evaluar su asignación, aquel percibido por imperio de la Ley Nº23681 sobre el consumo final y el recargo sobre la energía comercializada en el mercado eléctrico mayorista, según lo dispuesto por la Ley Nº15336 y modificatorias. El capítulo III realiza un examen de la asignación de los impuestos sobre la electricidad. El primero debe transferirse a la Provincia de Santa Cruz con el objeto de "realizar inversiones en los sectores eléctricos y reducir el nivel de las tarifas," tal como lo establece el art. 3 de la Ley hasta tanto se produzca "la interconexión de la misma con el sistema interconectado nacional". Por su parte, el recargo sobre la energía comercializada en el mercado eléctrico mayorista debe aplicarse a la construcción de obras eléctricas y compensar diferencias regionales en el precio de la electricidad. Esto es realizado a través de la constitución de un Fondo Nacional de la Energía Eléctrica (FNNE) y distribuido con la intervención del Consejo Federal de la Energía Eléctrica (CFEE), destinándose a engrosar el Fondo Fiduciario de Energías Renovables (0,70%), el Fondo Fiduciario para el Transporte Eléctrico Federal (19,86%), el Fondo Subsidiario para Compensaciones Regionales de Tarifas (FCT) (47,664%) y el Fondo Especial para el Desarrollo Eléctrico del Interior (FEDEI) (31,776%). La magnitud y aplicación de estos recursos se examina en el capítulo III, poniéndose énfasis en encadenar su contenido con la evolución de la inversión en electricidad abordada en el capítulo I. El Consejo Federal de la Energía Eléctrica, institución creada en 1960 con el objeto de coordinar las políticas sectoriales entre los diversos niveles de gobierno, interviene directamente en la distribución del Fondo Nacional de la Energía Eléctrica. Por ello, en el capítulo III se examina la distribución resultante de este Fondo Nacional de la Energía Eléctrica entre las Provincias, cuanto el rol jugado por el CFEE en el financiamiento de la inversión y en la asignación de prioridades de las obras incluidas en el Plan Federal en 500 KV descritos en el capítulo I.

Las diferencias regionales en las tarifas residenciales se abordan en el capítulo IV. En primer lugar, se examina el reducido valor de las tarifas que se constató en dos regiones del país, la región metropolitana y Tucumán, las cuales, sin embargo, tienen significativas diferencias tanto en lo que se refiere a su importancia relativa en el mercado eléctrico nacional como en lo referido al poder adquisitivo de los usuarios, la autoridad regulatoria y los diversos impuestos y cargos que gravan su consumo. Luego, se estudia el papel que juegan los elevados tributos locales sobre las elevadas tarifas bonaerenses del servicio eléctrico de distribución. Las tarifas en algunas Provincias del litoral del país son examinadas en la sección siguiente, destacándose aquí el elevado nivel que impera en Santa Fe y los elevados impuestos, mayores aun, que establecen los poderes locales en Entre Ríos. Una última sección analiza brevemente la evolución dispar de las tarifas residenciales en la región metropolitana, regulada por el Estado nacional, y en las diversas Provincias, reguladas por autoridades locales, constatando una situación discriminatoria del interior difícil de justificar.

CAPÍTULO I: INVERSIÓN EN ELECTRICIDAD EN LA ARGENTINA RECIENTE. UNA EVALUACIÓN COMPARATIVA

1. Introducción

La electricidad es el insumo básico del crecimiento económico y el aumento del ingreso que lo acompaña induce a su vez a los usuarios a demandar más electricidad. Es una forma de energía que se genera, transporta y distribuye con inversión en usinas, líneas de transporte, transformadores y líneas de distribución.

La expansión de la economía argentina posdevaluación pone en el centro del debate la inversión en el sector eléctrico realizada en estos años y los requerimientos energéticos para alimentar cualquier crecimiento económico en el futuro.

La demanda de electricidad creció en el país un 110% entre 1992 y 2009 pasando de 49715 GWh anuales a 104605 GWh. El 49% de este crecimiento, unos 26671 KWh, se concentró en el lapso 1992 y 2002, en tanto que el 51% restante, 28119 KWh, se produjo entre 2002 y 2009. En cambio, el parque generador, que aumentó en 12983 MW entre 1992 y 2009, tuvo una evolución absolutamente distinta: el 74% de dicho crecimiento, 9555 MW, se concentró en el lapso 1992 y 2002, en tanto que el 26% restante, 3428 MW, se originó en el lapso 2002 y 2009, redondeando a fines del año 2009 una potencia total de 27044.[1] Desde una perspectiva de largo plazo, la expansión del parque generador del sector eléctrico ocurrida con posterioridad a 2002 será una de

---

[1]   Cuando no es citada la fuente, la información proviene de la Secretaría de Energía de la Nación y de la Compañía Administradora del Mercado Eléctrico Mayorista Sociedad Anónima (CAMMESA).

las menores de la historia argentina, al menos desde que la Secretaría de Energía compila estadísticas.

La fase de crecimiento de la economía iniciada luego de la devaluación fue acompañada por una importante expansión de la demanda eléctrica y entonces resulta pertinente examinar el comportamiento de la inversión en el sector eléctrico y su evolución en la actual fase de expansión. Se pretende revisar la tesis aceptada sin cortapisas en muchos círculos de que la escasez de electricidad de la Argentina actual tiene origen en el elevado crecimiento de la economía que sucedió a la devaluación. Se postula, en cambio, que la falta de electricidad tiene más que ver con una inversión escasa que no fue capaz de acompañar el crecimiento de la demanda eléctrica asociado a la extraordinaria expansión del PBI de la actual fase. Se adopta como punto de partida en el presente trabajo que la gran expansión del PBI no hubiera sido posible sin las inversiones pasadas y, también, que el crecimiento futuro puede aparecer seriamente comprometido por las reducidas inversiones del presente.

La industria eléctrica requiere inversión en generación, transporte y distribución. Por razones de disponibilidad de información, este capítulo I se concentra en los dos primeros segmentos. En una primera sección, se describe la evolución del consumo eléctrico a la luz del comportamiento de la economía nacional desde 1992. Se analiza luego la organización del sistema eléctrico y se examinan en función de las estadísticas disponibles el comportamiento de las inversiones del sector en generación y transporte eléctrico. Ha sido necesario para ello recopilar información dispersa y fragmentaria, poniéndose énfasis en describir la evolución del parque generador y de las interconexiones incluidas en el Plan Federal en 500 KV. En una sección final, se resumen las principales conclusiones.

2. La demanda de electricidad y el PBI

Los años presentes son años de escasez de electricidad. Esta escasez, a su vez, no es resultado de una demanda elevada derivada de un excepcional crecimiento económico. Es producto de una falta de de inversión que impidió ampliar la capacidad del sistema para acompañar ese excepcional crecimiento.

La actividad económica entre 2002 y 2009 creció al 7,36% anual acumulando así una expansión del 64%; la demanda eléctrica lo hizo a una tasa menor, al 4,57% anual. La demanda eléctrica creció a una tasa similar entre 1992 y 2002, al 4,40%. No obstante, el PBI aumentó entre extremos del período sólo al 0,78% por año.

El dinamismo fue mayor entre 2002 y 2006: el PBI creció el 41% al 8,88% anual y la demanda eléctrica al 6,28% anual.

La inversión en generación, en cambio, fue en el lapso 2002 y 2006 insignificante y estuvo muy lejos del crecimiento de la demanda: sólo 400 MW, lo que representa el 2% de la potencia instalada en 2002.

Esta falta de inversión no fue limitante del crecimiento en los primeros años posdevaluación, puesto que en el lapso 1992 y 2002 se había generado un importante excedente de potencia instalada que permitió abastecer la demanda en crecimiento. En efecto, la potencia instalada pasó en ese lapso de 14061 MW en 1992 a 23616 MW en 2002, creciendo un 68%. Sin embargo, este excedente se agotó en 2006 y comenzaron los problemas de falta de energía. Una conjunción de factores en el año 2007 (clima, falta de gas, escasez de agua, salida intempestiva de varias turbinas de centrales eléctricas) obligaron a restricciones y cortes de servicio que alcanzaron unos 1200 MW de potencia a casi 5000 grandes industrias en las horas pico del período de junio y agosto. Como consecuencia, la demanda de los grandes consumidores se redujo un 0,7% (cuadro 1) y fue necesario además importar desde

Brasil unos 1000 MW extras en forma continuada. De acuerdo con este razonamiento, Fundelec (2007a) ha señalado que en el invierno de 2007 el país tuvo un déficit de 2200 MW de potencia para lograr su autoabastecimiento.

Las estimaciones de CAMMESA en sus evaluaciones de riesgo realizadas en el año 2004 para el período 2005-2007 ya habían advertido estos problemas. Estimaba un año donde las exigencias sobre el sistema eléctrico superarían las condiciones estructurales del mismo y, como resultado de las simulaciones realizadas, advertía que sería necesario incorporar hacia el 2007 al menos 1200 MW, aunque para enfrentar las situaciones esperables de mayor exigencia para el mercado sugería necesario incorporar 1600 MW. No obstante, entre 2004 y 2007 se incorporaron sólo 600 MW.

La demanda de electricidad en el 2007 se expandió, sin embargo, en el segmento residencial y en los consumos menores a 10 KW, no solo por el elevado ritmo de crecimiento de la economía, sino también por razones climáticas, ya que, según CAMMESA, fue uno de los inviernos más rigurosos de los últimos 64 años, lo que obligó a aplicar reducciones a las industrias de más de 300 KW en el marco de la Resolución SE N°1281/06. El clima jugó a favor al año siguiente, que tuvo un invierno con una de las menores cantidades de días fríos. No obstante, la demanda eléctrica de los grandes consumidores y de las industrias se redujo un 0,2%, fruto de restricciones y cortes en el suministro. La temperatura no planteó mayores exigencias en el año 2009 que vio a la demanda industrial caer significativamente (9,4%), ahora como resultado de la crisis global que afectó sensiblemente el nivel de actividad de la economía. Restricciones cuantitativas, clima y la crisis internacional atenuaron las presiones sobre el sistema eléctrico y la demanda eléctrica subió un 2,9% en el 2008 y se redujo un 1,3% en el 2009 (cuadro 1).

Las restricciones que se presentaron a partir de 2007 mostraron cabalmente la naturaleza del problema: la potencia instalada del sistema eléctrico argentino a diciembre de 2007 (24407 MW) superaba a la de 2002 (23616 MW) en sólo 791 MW (3,3%) y ya no era posible contornear la crisis solamente con restricciones de la demanda. Se disparan a esta altura múltiples medidas de emergencia para aumentarla sin reparar en ineficiencias. Como consecuencia, en el 2008 se agregarían 1819 MW y en el 2009 818 MW.

El consumo eléctrico tiene características de bien necesario y, por ello, suele exhibir durante el ciclo una baja sensibilidad a la expansión del ingreso nacional.[2] En líneas generales, esto significa que, cuando la actividad económica se retrae, no lo hace en la misma proporción y, cuando se expande, lo hace a una menor tasa. La evolución del PBI y de la demanda eléctrica que se presentan en el gráfico 1 y en el cuadro 2 pretende ilustrar esta situación.[3]

La economía argentina creció desde 1992 un 77%, en tanto que la demanda de energía eléctrica de los agentes en el mercado eléctrico mayorista lo hizo significativamente por encima, un 110%. Por cada 1% de crecimiento del PBI el consumo eléctrico se expandió en este lapso un 1,43%. Dicha elasticidad es muy elevada y parte de la explicación puede encontrarse en los bajos niveles de consumo eléctrico del punto de partida, una cierta demanda insatisfecha que

---

[2]   Se usan como sinónimos consumo eléctrico y demanda de electricidad de agentes en el MEM, calculándose los KWh por habitante en el cuadro 2 como el cociente entre la demanda de electricidad de agentes en el MEM y proyecciones de población del INDEC.

[3]   CAMMESA calcula la demanda total de electricidad como la suma de la demanda de agentes en el MEM, la exportación, el bombeo y las pérdidas en la red; agregada a los racionamientos por tensión y cortes, es la electricidad total requerida equivalente a la energía generada más la importación. Las estadísticas de la Secretaría de Energía de la Nación, en cambio, denominan demanda neta de energía eléctrica a la suma de la demanda de agentes en el mercado mayorista más la demanda "resto" que incluye demandas abastecidas por Generación Aislada, por interconectada no despachada por CAMMESA y la recibida de Autoproductores.

existía a comienzos de los noventa. El consumo eléctrico promedio era apenas de 1485 KWh por habitante en 1992 y la densidad eléctrica del PBI, MWh cada $1000 de PBI a precios de 1993, era de 0,23 KWh (cuadro 2). El consumo de electricidad por habitante creció un 42% entre 1992 y 2001 y un 31% entre 2002 y 2008, alcanzando los 2665 KWh por habitante. De acuerdo con los estándares internacionales, el consumo de los argentinos es todavía relativamente reducido y, en este sentido, pueden esperarse demandas adicionales en la medida en que se profundice el desarrollo. De acuerdo con las últimos indicadores publicados por el Banco Mundial, los 2504 KWh consumidos en promedio por los argentinos en el año 2006 estaban sensiblemente por debajo del consumo promedio de Chile (3207 KWh), Sudáfrica (4810 KWh), España (6206 KWh) y Australia (11332 KWh).

No obstante, al interior del período 1992/2009, pueden establecerse importantes diferencias (cuadro 3). La primera fase expansiva del período bajo examen, 1992/1998, mostró un crecimiento de la demanda eléctrica del 39% y una expansión del PBI menor, un 32%, resultados que sugieren una elasticidad ingreso de la demanda de electricidad del 1,22.

El consumo eléctrico no detuvo su crecimiento durante la depresión del período 1998/2002 y continuó creciendo a un ritmo del 2,9% anual, mientras el PBI se desplomaba. De esta manera, el PBI cayó en ese lapso un 18%, mientras la demanda eléctrica se expandía un 11%, impulsada por una abundante oferta y una baja del precio en el mercado mayorista. El dinamismo del consumo eléctrico entre 1992 y 2002 resulta entonces espectacular, mostrando no solo el grado de insatisfacción de la demanda de electricidad que existía en 1992, sino también otros comportamientos. En dicho lapso, en efecto, cada 1% de crecimiento del PBI se asoció con una expansión de la demanda eléctrica del 7%.

En este sentido, la Secretaría de Energía de la Nación ha destacado una participación creciente "de la generación de valor agregado por las prestaciones personales en detrimento de los bienes finales y, si bien existe un mayor equipamiento en los hogares, cuyo consumo no se correlaciona con la actividad económica, es dable observar que en períodos recesivos se produce un incremento de las pérdidas en los sistemas de subtransmisión y distribución, aun aplicando políticas de control". La explicación en este caso estaría dada por una población que utiliza energía eléctrica para proveerse de servicios básicos (cocción, calentamiento de agua y ambientes, calefacción, iluminación, etc.) y un acceso al suministro y a los equipos de uso de energía eléctrica relativamente más sencillo y barato que el disponible para otras formas de energía. De acuerdo con la Secretaría de Energía, además, en situaciones adversas de crisis "se incrementa la fracción de consumos impagos". Estos argumentos intentan racionalizar la diferencia que se verifica en estas circunstancias entre una menor energía facturada a usuarios finales respecto de la demanda en el mercado eléctrico mayorista.[4] Habría de esta manera una constante que mostraría una tasa de crecimiento de facturación más elevada que la demanda de agentes en años de expansión del PBI y lo contrario en circunstancias recesivas (Argentina, 2001).

La expansión de la economía posdevaluación demandó mucho menos electricidad que en el período anterior: 0,6% por cada 1% de expansión del PBI entre 2002/2008. Además, hubo una franca tendencia decreciente a medida que transcurrió el tiempo. Y este fenómeno de desaceleración del ritmo de expansión de la demanda eléctrica se produce en un contexto de tarifas eléctricas reales relativamente

---

[4]   Las estadísticas de facturación a usuario final de la Secretaría de Energía se estiman en base a información provista por las distribuidoras de todo el país de sus ventas a: distribuidoras, usuarios finales, cooperativas y otros prestadores; y las compras en el MEM realizadas por GUME (Gran Usuario Menor), GUMA (Gran Usuario Mayor) y autoproductores. Las cooperativas que distribuyen energía eléctrica y que compran su demanda en el MEM tienen rango de Distribuidoras.

menores a las de períodos anteriores, particularmente aquellas residenciales del área metropolitana del país abastecida por Edenor, Edesur y Edelap. La elevada expansión previa del consumo eléctrico y un acercamiento al punto de saturación pueden también ensayarse como parte de la explicación de este fenómeno. Proyectar esta situación hacia el futuro sugeriría un crecimiento económico que demandaría mucho menos energía que en el pasado reciente y atenuaría las presiones sobre el parque generador.

Cuadro 1. Tasas de Variación de la demanda eléctrica.
Total y según tipos de consumos (% respecto del año anterior).

Tipo de Consumo	Año 2006	Año 2007	Año 2008	Año 2009
Demanda Residencial	5,8	11,9	4,7	2,6
Consumos Menores a 10 kW	5,4	5,4	3,5	3,4
Consumos Intermedios (10 y 300 kW)	6,5	6,2	5,1	2,9
Consumos Mayores a 300 kW	5,1	-0,7	-0,2	-9,4
Total	5,6	5,5	2,9	-1,3

Fuente: CAMMESA, Informe Anual, varios números.

A pesar de que el crecimiento posdevaluación fue mucho menos intensivo en electricidad que los años anteriores, desnudó carencias principalmente en materia de generación, carencias que obligaron a establecer restricciones cuantitativas que en algunos años impactaron sensiblemente en la actividad industrial. En los primeros años, se pudo contar con la electricidad necesaria y el consumo eléctrico creció a tasas todavía elevadas: 28% en el lapso 2002/2006 versus un PBI que lo hizo en un 41%. El parque generador se expandió en ese lapso menos del 2% alcanzando los 24033 MW. La electricidad que alimentó el crecimiento en los primeros años de la devaluación provino entonces de la inversión en capacidad realizada en el lapso anterior, 1992/2002, que alcanzó 9555 MW adicionales (68% de aumento). Se trata de una magnitud muy importante: es el 74% del crecimiento de la potencia instalada que se registró entre 1992 y 2009, 12983 MW. Pero el lapso 1992/2002 demandó sólo el 48% de los 55000 GWh que aumentó el consumo anual entre 1992 y 2009, liberando potencia para atender el crecimiento de la demanda en la fase posdevaluación.

Las inversiones en electricidad requieren varios años entre el momento en que son concebidas y finalizadas. El sistema eléctrico argentino tiene serios problemas de abastecimiento, pero también graves restricciones de inversión que pueden comprometer cualquier expansión económica sostenida en el futuro. Desde este punto de partida, se describirán el comportamiento de las inversiones en generación y transporte que el sistema eléctrico argentino ha realizado con posterioridad a 1992. No se examinarán las inversiones en el segmento de distribución de la electricidad en jurisdicción provincial debido a las excesivas limitaciones en materia de información estadística.

3. La organización del sistema eléctrico

La satisfacción de las demandas de electricidad de hogares y productores de bienes y servicios requiere de su generación, transporte y distribución. Por ello, el sistema eléctrico se estructura físicamente en torno a centros de generación, la red de transporte y las instalaciones de distribución y, superpuesto a este sistema físico, el Sistema de Operación y Despacho. Se identifican así los agentes del mercado: productores, transportistas, distribuidores y consumidores del servicio eléctrico que se dividen en Grandes Usuarios (GUMA, GUME y GUPE) y Usuarios Finales. Estos concurren y se organizan en torno a un Mercado Eléctrico Mayorista (MEM).

Las cuestiones tecnológicas de la industria eléctrica, la necesidad de igualar simultáneamente oferta y demanda y la imposibilidad técnica de almacenar el fluido sirvieron en los años noventa para justificar la introducción de restricciones a la competencia en el sistema. Esto se cristaliza en la introducción de un despacho central de cargas que determina dónde, quién y cuánta electricidad se generará, siendo la Compañía Administradora del Mercado Mayorista Eléctrico Sociedad Anónima (CAMMESA) encargada de administrarlo.

La CAMMESA, una empresa de gestión privada con propósito público, es la base del funcionamiento del sistema y se ocupa de coordinar las operaciones de despacho, de responder por el establecimiento de los precios mayoristas y de administrar las transacciones económicas que se realizan a través del Sistema Interconectado Nacional (SIN).

Las compras y ventas de energía se realizaban en el Mercado Eléctrico Mayorista (MEM) en un mercado a término (contratos por cantidades, precios y condiciones libremente pactadas entre vendedores y compradores), un mercado spot (con precios sancionados en forma horaria en función del costo económico de producción) y un sistema de estabilización de los precios previstos para el mercado spot, destinado a la compra de los distribuidores. Los puntos de intercambio físico del MEM se definen en las conexiones de las instalaciones de Generación con la red de Transporte, de la red de Transporte con las redes de Distribución, entre las distintas redes de distribución, en las interconexiones internacionales y en la vinculación de los Grandes usuarios entre sí o con instalaciones de Distribución, Transporte o Generación.

El generador es aquel que vende la energía en el mercado a término mediante un contrato de abastecimiento o en el mercado spot al precio vigente en la misma hora. Las características tecnológicas de la generación de electricidad han llevado a que la norma lo defina como una actividad de "interés general" que opera en un mercado de competencia remunerada de acuerdo con una tarifa uniforme en cada lugar de entrega fijado por el Despacho Nacional de Cargas. No hay barreras a la entrada de nuevos productores siempre y cuando sean generadores térmicos, mientras que la generación hidroeléctrica está sujeta a concesión por parte del Estado.

Cuadro 2. Consumo de electricidad y PBI.

Año	PBI a precios de 1993			Demanda de Energía de Agentes			Elasticidad PBI de la demanda de energía	Intensidad Energética		Consumo electricidad	
	Mill $ a precios de 1993	Variación %	Índice 1992=100	GWh	Variación %	Índice 1992=100		MWh por 1000 $ de PBI	Índice Base 1992=100	KWH por habitante	Índice Base 1992=100
	(1)	(2)		(3)	(4)		(4)/(2)	(3)/(1)		(3)/Población	
1992	218.567	7,9	100	49.715	7,0	100	0,9	0,23	100	1485	100
1993	236.505	8,2	108	52.660	5,9	106	0,7	0,22	98	1553	105
1994	250.308	5,8	115	55.995	6,3	113	1,1	0,22	98	1630	110
1995	243.186	-2,8	111	58.012	3,6	117	-1,3	0,24	105	1668	112
1996	256.626	5,5	117	62.018	6,9	125	1,2	0,24	106	1762	119
1997	277.441	8,1	127	66.031	6,5	133	0,8	0,24	105	1855	125
1998	288.123	3,9	132	69.103	4,7	139	1,2	0,24	105	1919	129
1999	278.369	-3,4	127	71.689	3,7	144	-1,1	0,26	113	1970	133
2000	276.173	-0,8	126	75.592	5,4	152	-6,9	0,27	120	2055	138
2001	263.997	-4,4	121	78.103	3,3	157	-0,8	0,30	130	2102	142
2002	235.236	-10,9	108	76.486	-2,1	154	0,2	0,33	143	2039	137

Año	PBI a precios de 1993			Demanda de Energía de Agentes			Elasticidad PBI de la demanda de energía	Intensidad Energética		Consumo electricidad	
	Mill $ a precios de 1993	Variación %	Índice 1992=100	GWh	Variación %	Índice 1992=100		MWh por 1000 $ de PBI	Índice Base 1992=100	KWh por habitante	Índice Base 1992=100
	(1)	(2)		(3)	(4)		(4)/(2)	(3)/(1)		(3)/ Población	
2003	256.023	8,8	117	82.260	7,5	165	0,9	0,32	141	2172	146
2004	279.141	9,0	128	87.494	6,4	176	0,7	0,31	138	2289	154
2005	304.764	9,2	139	92.387	5,6	186	0,6	0,30	133	2394	161
2006	330.565	8,5	151	97.593	5,6	196	0,7	0,30	130	2504	169
2007	359.170	8,7	164	102.960	5,5	207	0,6	0,29	126	2616	176
2008	383.444	6,8	175	105.935	2,9	213	0,4	0,28	121	2665	179
2009	386.704	0,9	177	104.605	-1,3	210	-1,5	0,27	119	2606	176

Fuente: en base a datos de la Dirección de Cuentas Nacionales del INDEC y de CAMMESA, Informes anuales, varios números.

Cuadro 3. Tasas de crecimiento anual del PBI, de la demanda eléctrica y de KWh por habitante según períodos (% entre extremos)

Período	Tasa de Crecimiento anual (%)		
	PBI	Demanda de Electricidad	KWh por habitante
1992/1998	4,71	5,64	4,37
1998/2002	-4,94	2,57	1,52
1992/2002	0,74	4,40	3,22
2002/2006	8,88	6,28	5,28
2007	8,70	5,50	4,47
2008	6,80	2,90	1,88
2009	0,90	-1,30	-2,21
2002/2009	7,36	4,57	3,57

Fuente: en base a cuadro 2.

Gráfico 1. Demanda eléctrica y PBI: variación anual(%).

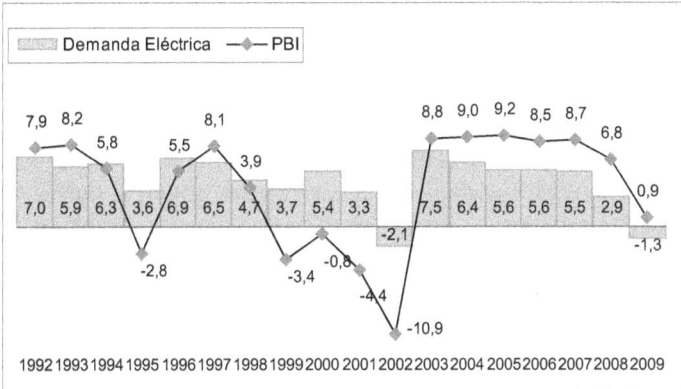

Fuente: en base al cuadro 2.

En cambio, el transporte y la distribución de electricidad están caracterizados por el ordenamiento legal vigente[5]
como servicios públicos que se prestan en condiciones de
monopolio por cuestiones tecnológicas y, consecuentemente, la regulación tiende a evitar el abuso de posición
dominante. El transporte y la distribución de electricidad
tienen características de "monopolio natural" y la existencia
de economías de escala hace que resulte más barato proveer
el servicio con un solo prestador regulado por el Estado
antes que con varios que compitan y deban duplicar las
inversiones. Para las instalaciones de transporte y distribución, rige el principio de Libre Acceso que posibilita que
cualquiera pueda hacer uso de las instalaciones sin restricciones ni oposición pagando los costos correspondientes;
los transportistas, a su vez, tienen prohibido comprar y
vender energía para evitar situaciones discriminatorias.

El transportista es el que vincula eléctricamente la
demanda con la generación y a quien el Estado le otorgó
en concesión para que preste en condiciones de monopolio
la función de transporte de electricidad en el Sistema. Sin
embargo, los generadores, los grandes usuarios y los distribuidores pueden también cumplir la función de transportar
electricidad a cambio de un peaje y comunicar físicamente compradores y vendedores entre sí o con el Mercado
Eléctrico Mayorista, aunque su función principal no sea
la de transportista, buscándose de esta manera garantizar
que cualquier agente que esté vinculado al mercado pueda
comprar energía eléctrica a cualquiera que venda.

Distribuidores son aquellos a quienes el Estado otorgó
en concesión el servicio público de abastecer a usuarios
finales en una determinada región con la condición de
hacerlo garantizando niveles de suministro adecuados para

---

[5]   Básicamente la Ley N°15.336 de 1960, la Ley N°24.065 de 1992 y el
Decreto reglamentario N°1398/92 y sus modificatorios.

atender la demanda y a través de tarifas aprobados por el Poder Concedente. Los distribuidores están obligados a suministrar la totalidad de la energía que les sea demandada en el área geográfica de su concesión, no pudiendo alegar falta de suministro y, por ello, el esquema inicial preveía que fuera esta obligación y el esquema de tarifas los que aseguren en los segmentos de transporte y distribución las inversiones necesarias de un adecuado suministro. Dichas inversiones debían ser solventadas por los beneficiarios y adjudicadas por concurso.

Los Grandes Usuarios (GUMA, GUME o GUPA) finalmente son aquellos consumidores que al reunir ciertos requisitos ingresan al mercado como agentes y pueden comprar energía en bloque para consumo propio a un generador o comercializador.

Luego del proceso de privatización, la participación del Estado durante los años noventa puede decirse que hizo centro en la fijación de reglas y normas que establecieron un marco de funcionamiento a la iniciativa de los agentes. Sin embargo, este conjunto de normativas fue cambiando conforme a la evolución del nuevo esquema, habiéndose contabilizado alrededor de 12 versiones de los procedimientos que regulan la operación del sistema en casi ocho años de vigencia (Pistonesi, 2001). El esquema pone énfasis en un Estado que brinda información, diagnóstico y cursos futuros de la actividad eléctrica y, por ello, anualmente, la Secretaría de Energía publicaba un extenso trabajo denominado "Prospectiva", en el cual brinda amplia información, acorde con el art. 38 de la Ley N°24065 que dispone que "preparará y publicitará entre los interesados planes orientativos sobre las condiciones de oferta y de demanda del SADI, que ofrezcan información fehaciente a los actores y potenciales inversores del MEM sobre las perspectivas de despacho". A partir del año 2000, en cambio, la participación del Estado en el sector adquirió otras características, no tanto emitiendo señales y estableciendo reglas, sino más bien tomando las decisiones en materia de planificación, inversión y financiación. La pesificación y la emergencia permitieron que el Estado tomara las decisiones no tanto en base a los contratos y reglas previas, sino con el respaldo de las normas y resoluciones que el Poder Ejecutivo con el asesoramiento de la Secretaría de Energía y el Consejo Federal de la Energía (CFEE) iba dictando conforme a las circunstancias. Coherente con este nuevo enfoque, la última "Prospectiva" publicada por la Secretaría de Energía es la correspondiente al año 2002.

4. Evolución de la Potencia instalada

Un análisis de la evolución de la inversión en generación eléctrica en el país muestra que el desempeño posdevaluación será uno de los de menores registros de la historia de la energía en la Argentina, al menos desde que la Secretaría de Energía compila estadísticas.[6] Entre 2002 y 2009 la expansión del parque generador fue, de acuerdo con esta fuente, del 11% (3400 MW) a una tasa acumulativa anual del 1,5%, mientras que la demanda de electricidad lo hacía al 4,57%. Esta expansión de la potencia es muy reducida comparada con cualquier otro período de la historia argentina (Gráfico 2).

La mayor expansión se verificó en los treinta años que van desde 1952 a 1972, en tanto que los registros del lapso 1992 y 2002 son los más elevados desde 1982 a la fecha. En efecto, la potencia instalada tuvo un crecimiento entre 1992 y 2002 del 65% (5,14% anual), duplicando casi el 34%

---

[6]   Se consideran las energías tradicionales y no se incluyen otras formas no tradicionales de energía tales como eólica, fotovoltaica, biomasa, geotérmica y los micro, mini y pequeños aprovechamientos hidráulicos.

registrado entre 1982 y 1992 según los datos de la Secretaría de Energía (2,97% acumulativo anual).[7]

La potencia instalada de los generadores del sistema eléctrico argentino era de 14061 MWh en 1992 según CAMMESA (Gráfico 3). Exhibió un salto importante en el bienio 1993/1994 al amparo de la puesta en funcionamiento de la Central Piedra del Águila (1400 MW), un emprendimiento ejecutado por la estatal Hidronor y privatizado en 1993 a la Hidroeléctrica Piedra del Águila S.A.. Se expandió rápidamente hasta el año 2002 en el que alcanzó los 23616 MW. Una expansión de 9555 MW, un 68% de aumento en la oferta de generación. Esta expansión es, según los informes del Ente Nacional Regulador de Electricidad, una explicación de la reducción de los precios de la electricidad en el mercado mayorista. Esta expansión, asimismo, cubrió holgadamente el incremento de la demanda registrada en los primeros años posdevaluación y el parque remanente permitió abastecer la expansión de los años siguientes. Este proceso ha sido calificado como de sobreequipamiento con origen en la conducta inversora de los actores privados, que instalaron una excesiva cantidad de centrales térmicas turbogas y CC motivadas en un ventajoso acceso al uso del gas natural.[8] A esa altura, habían entrado en funcionamiento Piedra del Águila y Yacyretá que "aseguraban el abastecimiento casi hasta fines de los 90". Ante la falta de coordinación global, los agentes privados individualmente habían so-

---

[7]   La potencia instalada según la Secretaría de Energía de la Nación incluye los generadores del Mercado Eléctrico Mayorista (MEM), el Mercado Eléctrico Mayorista Sistema Patagónico (MEMSP), el sistema aislado y el sistema interconectado no despachado en el Mercado Eléctrico Mayorista. CAMMESA, en cambio, incluye solo el MEM y el MEMSP.

[8]   Los diversos tipos de generación térmica son: Turbovapores (TV), Turbinas a Gas (TG), Ciclos combinados (CC) y Diesel (DI). Los otros tipos de generación son Hidroeléctrica (HI) y Nuclear (NU).

breinvertido aunque "esa evolución en la capacidad instalada permitió superar sin problemas de abastecimiento los períodos de sequía de los últimos años de la década del 90" (Pistonesi, 2001).

Producida la devaluación del 2001, recién hubo en 2008 una incorporación de importancia de unos 1800 MW, principalmente los equipos TG de las Centrales Gral. Belgrano (Campana) y Gral. San Martín (Timbues) que aportaron inicialmente 1125 MW. Estos son proyectos gemelos de CC que, a su finalización y puesta en funcionamiento, alcanzaron los 1646 MW a un costo estimado de u$s 1300 millones.[9] Su financiamiento provino del FONINVENEM, un fideicomiso constituido en el 2004 con las acreencias de las compañías generadoras contra CAMMESA constituyendo en su momento el Fideicomiso Financiero MBT y el Fideicomiso Financiero SM en que participaron Nación Fideicomisos, Banco de la Nación y Banco de Valores.

A fines de 2008, la potencia instalada del MEM y MEMSP alcanzó los 26226 MW, 2610 MW adicionales que representan un 11% de aumento sobre los valores de 2002. En el año 2009, fue de 27044 MW, tras una expansión de unos 800 MW, básicamente como resultado de TG de la Central Térmica de Genelba de 165 MW, pequeños proyectos de generación distribuida de ENARSA de 248 MW, la incorporación de la Central Hidroeléctrica de Caracoles con 121 MW y la nueva potencia derivada del aumento de la cota de la Central Hidroeléctrica de Yacyretá de 78,5 a 80 metros snm por 240 MW. A fin del año, se terminaron el cierre de los ciclos combinados y puesta en marcha de las TV de las Centrales Térmicas Manuel Belgrano y San Martín que durante 2010 aportarán otros 572 MW (cuadro 4).

---

[9]   *Página 12*, 17/12/09.

Gráfico 2. Crecimiento de la Potencia instalada del Sector Eléctrico Argentino (variación % según períodos).

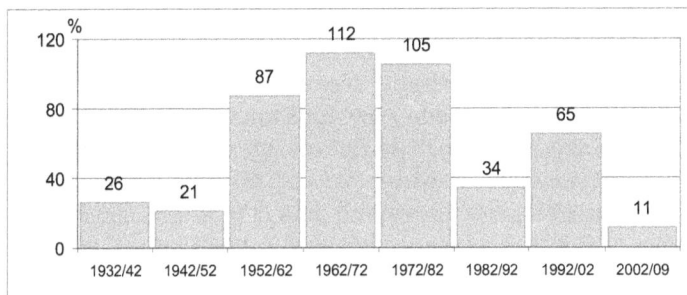

Fuente: en base a datos de la Secretaría de Energía de la Nación, Serie Histórica 1930-2006 e Informe del Sector Eléctrico, varios números.

Gráfico 3. Potencia instalada (MW) (MEM y MEMSP).

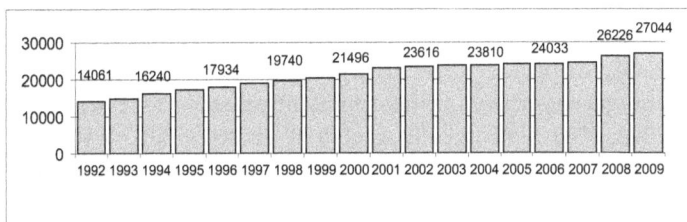

Fuente: Ente Nacional Regulador de Electricidad, Informe anual, varios números y CAMMESA, Informe anual, varios números.

Entre 2003 y 2007 se incorporan solamente 800 MW, en tanto que la expansión en el año 2002 fue de unos 400 MW como consecuencia de proyectos iniciados años antes de la devaluación y al amparo de otras reglas de juego.

El impacto del cambio de reglas puede ser aproximado cotejando las previsiones realizadas por la Secretaría de Energía en sus estudios prospectivos y lo realmente ocurrido que se expone en el cuadro 4. La Prospectiva 1998 de la Secretaría de Energía de la Nación consideró que los proyectos de inversión del sector privado de generación térmica para el período 1999-2003 totalizarían 6200 MW, entre incorporaciones de nuevos agentes (2962 MW) y ampliaciones de los existentes (3220 MW). La Prospectiva 1999, por su parte, los estimó para el período 2000-2006 en 7070 MW. La Prospectiva 2000 calculó los proyectos térmicos de instalación de potencia declarados, con ampliaciones en trámite y con solicitudes presentadas para el ingreso en los sistemas interconectados para el lapso 2001/03 en 4554 MW y para el lapso 2004/10 en 5594 MW. Asimismo supuso que Atucha II ingresaba en servicio en el año 2007 (745 MW) y que los proyectos hidroeléctricos en construcción ingresarían de acuerdo con el siguiente cronograma: Las Maderas (30 MW) en el 2003, Cuesta del Viento (9MW) en 2001, Potrerillos (129 MW) en 2002, Los Caracoles (123,4 MW) en 2005, Punta Negra (60 MW) en 2006. Las proyecciones incorporando todas las formas de energía suponían una incorporación anual de 2401 MW en 2001, 3943 MW en 2002, 2080 MW en 2003, 3073 MW en 2005, 3795 MW en 2008 y 4995 en 2010 totalizando para el lapso 2001/2010 unos 12942 MW adicionales.

En el año 2000, se consolida el perfil de generación térmica en base a ciclos combinados (CC) y el proceso de conversión de plantas de generación con turbinas a gas (TG) a las de Ciclo Combinado (CC) iniciado en 1998.

La generación de electricidad con turbinas de Ciclos Combinados (CC) es una tecnología moderna de generación térmica que reduce el impacto ambiental y eleva el rendimiento de una central de ciclo único, que se estima en un 60% adicional al de una turbina de gas, aunque persisten las desventajas de utilizar recursos no renovables y afectar el medio ambiente al emitir gases contaminantes. La energía generada por ciclos combinados durante el año 2002 fue del orden del 32% de la generación total, un porcentaje que en 1998 era sólo del 6%.

Gráfico 4. Generadores de CC como % de Generadores Térmicos.

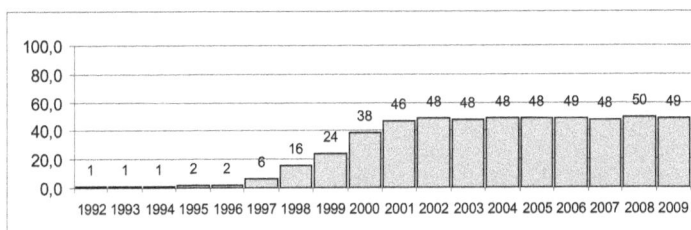

Fuente: CAMMESA, Informe anual, varios números.

La estructura de la oferta de generación en el lapso posterior a 2002 mostró otras peculiaridades. La generación mediante ciclos combinados (CC) detuvo su avance en 2002 y se mantuvo en los años posteriores en torno al 48%-50% del total (Gráfico 4). Los generadores incorporados a partir de 2002 fueron predominantemente de naturaleza térmica, de modo que este tipo de energía avanzó en el total y aumentó su participación relativa en detrimento de los generadores hidráulicos y nucleares, alcanzando en diciembre de 2009 a un 57% de la potencia instalada total, significativamente por encima del 51% que representaban en el año 2001 (gráfico 5).

Gráfico 5. Generadores Térmicos como % del Total de Generadores.

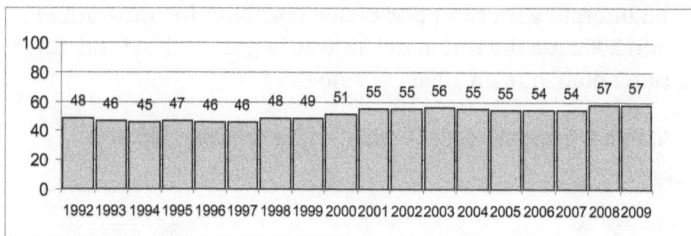

Fuente: CAMMESA, Informe anual, varios números.

5. El Nuevo Parque Generador

El futuro de la generación eléctrica en el país no resulta fácil de precisar en virtud de la falta de información sistematizada sobre los proyectos actualmente en curso. Sin embargo, puede acotarse utilizando fuentes de información diversas y publicaciones en diarios y revistas.

Un relevamiento de la Fundación para el Desarrollo Eléctrico (Fundelec) a Noviembre de 2007, que se expone en el cuadro 5, muestra que entre 2007 y 2010 la potencia instalada del parque generador aumentaría en unos 6000 MW, incluyendo aquí tres obras de gran complejidad: aumento de la cota de Yacyretá a los 83 metros sobre el nivel del mar (1200 MW), Central Río Turbio a Carbón (240 MW) y Central Nuclear Atucha II (745 MW). Sólo Yacyretá ha entrado en funcionamiento y es incierto cuándo finalizarán los otros dos.

Se puede estimar también que del relevamiento de Fundelec han entrado en funcionamiento unos 2900 MW a diciembre de 2010, debiendo precisarse aun el grado de avance que tienen los generadores por los 3100 restantes. Entre diciembre de 2006 y diciembre de 2010, la potencia instalada del sistema eléctrico habría crecido bastante más que aquella estimación, unos 4100 MW, alcanzando los 28143 MW, consecuencia de varios proyectos no incluidos en dicho relevamiento que se llevaron a cabo. También varios de los proyectos incluidos terminaron realizándose con una potencia mayor. En el primer grupo, deben incluirse múltiples pequeños generadores ejecutados por ENARSA que aportaron unos 600 MW aproximadamente y en el segundo deben citarse los generadores de Termoandes,[10] 311 MW adicionales a los previstos por la estimación de FUNDELEC (2007a), Modesto Maranzana que adicionó 64 MW a los originalmente estimados y la central Pilar de EPEC que terminó con una potencia de 330 MW, 95 MW más que los 235 MW inicialmente previstos. Los pequeños generadores construidos por ENARSA integran el programa de "Generación distribuida" destinado a entregar potencia al sistema interconectado en forma rápida e inmediata utilizando grupos generadores transportables de baja potencia que operan con combustible líquido o gas como alternativa "transitoria hasta tanto estén en condiciones operativas máquinas de gran potencia y mayor eficiencia" según se lee en el sitio web de ENARSA. Se trata de un total de 27 centrales a instalar en ciudades argentinas de 13 Provincias por más de 800 MW de los cuales están en servicio unos 600 MW.

---

[10]   Termoandes S.A. es una Central localizada en Salta autorizada a exportar al Sistema Norte Grande de Chile (SNGC) mediante una línea de extra alta tensión de 345 KV no interconectada al Sistema argentino de interconexión, comenzando a generar en 1999 con un TG de 203 MW y que al finalizar el CC alcanzó los 632,7 MW. Por Resolución de la SE N°145/97, se la autorizó a ingresar como agente generador del MEM en su carácter de titular de la Central Térmica Nueva Guemes y por Resolución SE N°92/01 se la autorizó a ingresar al MEM en Cobos, muy próxima a Güemes. La entrega del excedente al sistema argentino es posible solo si se completan líneas que lo vinculen a un nodo argentino. Recién en septiembre de 2007, se incorporaron 110 MW de potencia y en 2008 unos 300 MW adicionales.

La mayoría de los proyectos incluidos en la estimación de Fundelec (2007 a), presentados en el cuadro 5, ya terminados o en ejecución, muestran un retraso importante cuando se los compara con las novedades ocurridas en el parque generador que se presentan en el cuadro 4.

Por su parte, el "Plan Obras para Todos" que publica el Ministerio de Planificación en su sitio web presenta a diciembre de 2010 el "Plan de Obras de Generación de Energía 2004-2011" y su grado de avance, destacándose que se encuentran en ejecución: "Finalización Yacyretá cota 83 metros", "Central Termoeléctrica Río Turbio (a carbón)", "Finalización Central Nuclear Atucha II" y "Central Térmica en Pilar, Córdoba". Como obras de generación a iniciar se incluyen: Hidroeléctrica Punta Negra, Hidroeléctrica Portezuelo del Viento, Hidroeléctrica Los Blancos, Hidroeléctrica Chihuido I-II, Hidroeléctricas Cóndor Cliff- Barrancosa, Central Ensenada de Barragán, Central Brigadier López, Central Necochea II, Central Ingeniero Bazán (Suroeste) y Modernización Central 9 de Julio.

Cuadro 4. Principales novedades del Parque Generador del Mercado Eléctrico Mayorista (MEM) y el Mercado Eléctrico Mayorista Sistema Patagónico (MEMSP). 1992-2009.

Año	Potencia Instalada (MW)	Principales novedades del Parque Generador del Mercado Eléctrico Mayorista (MEM) y el Mercado Eléctrico Mayorista Sistema Patagónico (MEMSP)
2009	27044	Expansión de la potencia en 818 MW, básicamente como resultado de TG de la Central Térmica de Genelba (165 MW), pequeños proyectos de generación distribuida de ENARSA (248 MW), incorporación de la Central Hidroeléctrica de Caracoles con 121 MW y la nueva potencia derivada del aumento de la cota de la Central Hidroeléctrica de Yacyretá de 78,5 a 80 metros snm por 240 MW llevando la potencia a diciembre del año a los 2280 MW; a fin del año se terminaron el cierre de los ciclos combinados y puesta en marcha de las TV de las Centrales Térmicas Manuel Belgrano y San Martín que aportarán durante 2010 otros 551 MW.
2008	26226	Incorporación de 1819 MW, principalmente equipos TG de las Centrales Gral. Belgrano de Campana (572 MW) y Gral. San Martín en Timbues (553 MW), 450 MW adicionales provenientes de las Centrales Térmicas del Noroeste y 300 MW del programa de Generación Distribuida de Enarsa.

Año	Potencia Instalada (MW)	Principales novedades del Parque Generador del Mercado Eléctrico Mayorista (MEM) y el Mercado Eléctrico Mayorista Sistema Patagónico (MEMSP)
2007	24407	Aumento de la Potencia en 374 MW. Unos 190 MW provinieron del aumento de la cota de Yacyretá que pasó a una potencia de 2040 MW.
2006	24033	Baja de la potencia en 47 MW.
2005	24080	Aumento de potencia en 270 MW como resultado de aumento de capacidades en las centrales hidroeléctricas del área del Comahue (145 MW), ingreso de nueva generación hidráulica en Cuyo de 20 MW (Central Hidroeléctrica Nihuil 4), ingreso de una nueva TG en la Central Térmica San Nicolás de 25 MW. A esta potencia se debe descontar MW 70 que se retiraron del mercado. La potencia de Yacyretá es elevada a 1850 MW.
2004	23810	Aumento de potencia de 53 MW. Ingresó la central Hidroeléctrica Las Maderas (31 MW) en Jujuy y se concluyó Cacheuta Nueva sobre el río Mendoza (40 MW); se producen mejoras de potencia en centrales en funcionamiento por unos 20 MW; se retiraron del mercado unos 40 MW.
2003	23757	Aumento de 141 MW debido a la finalización de proyectos iniciados tiempo atrás, una segunda TG de 116 MW en la Central Pluspetrol Norte y aumento de 25 MW en la capacidad del CC de Dock Sud.
2002	23616	Aumento de la oferta de generación en 427 MW, consecuencia principalmente de la puesta en funcionamiento de proyectos iniciados antes. Se consolida el perfil de generación térmica hacia nuevos ciclos combinados y el proceso de conversión de plantas de generación con turbinas a gas a las de Ciclo Combinado (CC) iniciado en 1998. A mediados de año, alcanzó pleno funcionamiento el CC de San Miguel de Tucumán de Pluspetrol (260 MW) y el ingreso de la Central Térmica Pluspetrol Norte en El Bracho (116 MW); meses después, entró en servicio en Cuyo la Central hidráulica Cacheuta Nueva (80 MW) y El Carrizal (16 MW).
2001	23189	Aumento de potencia de 1773 MW. Continuó la entrada de nuevos ciclos combinados y la conversión de plantas de generación TG a CC. Se alcanza el funcionamiento a pleno a fines del año del CC de la Central Térmica Dock Sud (773 MW), el comienzo de las pruebas en mayo y alcance de la potencia plena en el último mes del año del CC de Central AES Paraná (845 MW) y el inicio en el mes de octubre de las pruebas de una segunda TG en la Central Térmica San Miguel de Tucumán de Pluspetrol, que trabajarían en CC con una caldera y TV que se encontraba en construcción (270 MW). La potencia instalada en el MEM a fines de 2001 alcanzó un total de 22344 MW, lo que representa un incremento neto de 1633 MW respecto de la existente a fines de 2000.

Año	Potencia Instalada (MW)	Principales novedades del Parque Generador del Mercado Eléctrico Mayorista (MEM) y el Mercado Eléctrico Mayorista Sistema Patagónico (MEMSP)
2000	21416	Aumento de potencia de 1168 MW. Ingresa el nuevo CC de la Central Puerto, logrando su funcionamiento pleno a partir del mes de junio (798 MW); la integración de una TV a las dos TG existentes en Central Térmica Tucumán en febrero (270 MW) y el inicio de pruebas del nuevo CC de la Central Térmica Dock Sud en el mes de mayo; entró en servicio el CC de Central Térmica Tucumán (159 MW). Siguió consolidándose el perfil de la generación térmica iniciado años antes, continuando con la entrada de nuevos ciclos combinados y la conversión de plantas de generación TG a CC. La potencia instalada en el MEM a fines de 2000 alcanzó un total de 20711 MW.
1999	20348	Aumento de potencia de 1068 MW. Continúa el proceso de entrada de nuevos ciclos combinados y conversión de plantas generadoras de TG a CC. Culmina la entrada en servicio en la Central Térmica Costanera de su nuevo CC; la Central Térmica Puerto comenzó las pruebas de su nuevo CC en el mes de agosto, continuando con las mismas hacia el fin del año; comienza los ensayos de un grupo de TV que trabajará en CC con sus actuales TG y la Central Térmica Agua del Cajón comenzó a hacer lo propio a partir de octubre. Se contabilizan algunas bajas de equipos de potencias menores. La energía generada por CC alcanzó el 15%. Ingresa al servicio comercial la represa de Pichín Picún Leufú (255 MW). La potencia de Yacyretá se ubica en 1710 MW.
1998	19740	Aumento de potencia de 722 MW. Ingresa una unidad de CC en la Central Costanera de 850 MW. Los principales grupos generadores que entraron en servicio efectivo son: Cogenerador Argener, Ciclo Combinado de C.T. Luján de Cuyo recuperando una unidad TV y la componente Vapor del Ciclo Combinado de C.T. (200 MW). En Genelba entra en servicio una primera TG de 260 MW. Ingreso de los dos últimos módulos de Yacyretá.
1997	19018	Aumento de potencia de 1084 MW. Se incorporan 5 nuevos grupos generadores en Yacyretá. El parque de generación térmica tuvo algunas bajas (DOCK Sud TG 1 a 6, Pedro de Mendoza TG 3 y Dique TG 1,2 y 7) que totalizan 222 MW. Se incorporan el ciclo vapor de Central Buenos Aires, dos grupos TG de Central Térmica Genelba, un TG de Pluspetrol Energy y el cogenerador de C.M.S. Ensenada que en conjunto superan los 800 MW.
1996	17934	Aumento de potencia de 853 MW provenientes del Dique Casa de Piedra (60 MW), TG de Central Térmica Ave Fénix en el NOA (160 MW), en Central Tucumán (144 MW), en Central Térmica Patagonia (78 MW) y entran en funcionamiento 6 módulos de Yacyretá

Año	Potencia Instalada (MW)	Principales novedades del Parque Generador del Mercado Eléctrico Mayorista (MEM) y el Mercado Eléctrico Mayorista Sistema Patagónico (MEMSP)
1995	17081	Aumento de potencia de 841 MW. Entran en funcionamiento los TG de Central Buenos Aires (216 MW), General Roca (12 MW), Central Tucumán (123 MW), Central Maranzana (70 MW) y cinco grupos de Yacyretá.
1994	16240	Aumento de potencia de 1456 MW. Entra en funcionamiento el segundo módulo de Piedra del Águila (700 MW), los primeros dos módulos de Yacyretá de 155 MW a máximo salto de cota, 83 metros snm, la central Loma de La Lata (375 MW) y Agua del Cajón (249 MW)
1993	14784	Aumento de potencia de 723 MW como resultado de la entrada en funcionamiento de la Central Piedra del Águila (700 MW) sobre el Río Limay construida por Hidronor y operada por Hidroeléctrica Piedra del Águila S.A. desde 1993 luego de la privatización
1992	14061	

Fuente: elaborado en base a CAMMESA, Informe anual, varios números y de Estudios Prospectivos e Informe del Sector Eléctrico de la Secretaría de Energía de la Nación, varios números.

Centrales en ejecución

El funcionamiento de la primera turbina de Yacyretá ocurrió el 2 de septiembre de 1994 y la última, de un total de veinte, entró en funcionamiento el 7 de julio de 1998. La Central está hace tiempo finalizada, restando terminar las obras civiles para trasladar los habitantes ribereños que deben emigrar a medida que la presa se va llenando, momento en el cual se alcanzará la cota de 83 metros sobre el nivel del mar y el salto será de 21,5 metros con una potencia total aproximada de 3100 MW. Hasta abril de 2006 funcionó la cota 76 metros snm con una potencia de 1850 MW. En diciembre de 2008, se alcanzó la cota media del eje Posadas Encarnación de los 78,37 metros y la altura del salto fue de 18 metros y una potencia máxima de 2040 MW. A diciembre de 2010, la cota había sido elevada a los 82 metros snm, a una potencia de 2280 MW. Las vicisitudes de Yacyretá son conocidas: "La Prospectiva 2000" de la Secretaría de Energía anticipaba que la cota de 83 metros sobre el nivel del mar se alcanzaría en el año 2006.

La central Termoeléctrica de Río Turbio fue preadjudicada en octubre de 2007 y el contrato de construcción fue firmado en diciembre con la empresa Corsán S.A., habiéndose estimado su costo en u$s 300 millones y el plazo de construcción en 42 meses. Su potencia es de 240 MW y requiere de una línea complementaria para vincularla al sistema nacional a través de la futura Línea de Alta Tensión que llegará a Río Gallegos.

La Central Atucha II, detenida su construcción desde 1994, tiene un costo estimado de finalización de u$s 480 millones. Su reiniciación tuvo múltiples dificultades contractuales debido a que el contrato inicial de 1981 realizado con Siemens, que no se dedica más al negocio nuclear, requirió ser renegociado, porque la unidad de negocios especializada en cuestiones nucleares había sido vendida. Muy resistida por cuestiones medio ambientales, Fundelec (2007a) cita estudios que señalan que la recuperación de la inversión total realizada a su finalización, unos u$s 3000 millones, obligaría a despachar la energía con un costo de u$s 90 por MWh. El cronograma de privatización establecido en el Decreto de privatización 1390/98 planteaba el ingreso en el año 2006. Según el informe de Fundelec, la Comisión Nacional de Energía Atómica previó la finalización de las obras en el 2008, aunque transcurridos más de dos años no se sabe con certeza cuando se finalizarán.

La Central Térmica Pilar es una repotenciación de la Central Térmica Arturo Zanichelli de Pilar, Córdoba, que pasa de 200 MW a 530 MW en base a dos turbinas a gas que proveyó Siemens al consorcio contratista compuesto por Electroingeniería S.A. y Sener S.A., adjudicatarios de la licitación abierta en septiembre de 2007. En enero del 2009, arribó la primera turbina a Pilar y su finalización se realizó en 2010. Un préstamo del Estado nacional a la Empresa Provincial de Energía de Córdoba (EPEC) proveyó el financiamiento.

Proyectos a iniciar

La Central Punta Negra es un pequeño aprovechamiento hídrico de propósitos múltiples sobre el Río San Juan con una potencia de 62 MW, cuyo financiamiento no está aún asegurado y, según fuentes periodísticas, está sometido a evaluación entre la ANSES, Nación Fideicomisos S.A., la Provincia de San Juan, Energía Provincia Sociedad del Estado (EPSE), Subsecretaría de Energía Eléctrica, Subsecretaría de Recursos Hídricos y CAMMESA.[11]

La Central Hidroeléctrica Portezuelo del Viento es un proyecto sobre el Río Grande en la Provincia de Mendoza, cuya idea data de comienzos del siglo pasado, para la que se estima una potencia de 90 MW y sobre cuyo estado los periódicos mendocinos informaban que en julio se estaría terminando el "anteproyecto ejecutivo" para luego continuar con el llamado a licitación de "Manifestación de Interés Público".

Cuadro 5. Estimación de nueva potencia del MEM (MW).

Nueva generación (en MW)*					
Centrales que aportarían nueva generación eléctrica	Verano 2007-2008	Invierno 2008	Verano 2008-2009	2009	2010
Centrales Gral. Belgrano y San Martín		400	460		
Termoandes	110				
Puerto Madryn	20				
Cuesta del Viento	9,5				
Central Térmica Guemes		98			
Loma de la Lata		185			
Proyecto Ingentis (Esquel)			50	50	

---

[11]   *El Zonda* (09/08/09).

Nueva generación (en MW)*					
Centrales que aportarían nueva generación eléctrica	Verano 2007-2008	Invierno 2008	Verano 2008-2009	2009	2010
Proyecto Ingentis (Trelew)				400	100
Modesto Maranzana (RIO IV)			70		46
Centrales EPEC (Pilar,Barzan,Gral. Levalle, Isla Verde)				406	
Caracoles (San Juan)				125	
Yacyreta				1200	
Rio Turbio-Central a Carbón				240	
Atucha II					745
Emprendimientos Industriales		260			
Mar del Plata (9 de Julio)				60	180
Total	**139,5**	**943**	**580**	**3301**	**1071**
* A este cronograma hace falta sumarle el ingreso del plan llamado "Energy Delivery" que aún no está definido en tiempo y potencia					

Fuente: Fundelec (2007a) en base a Empresas y Secretaría de Energía.

La hidroeléctrica Los Blancos es un proyecto de propósitos múltiples sobre la cuenca superior del Río Tunuyán en la Provincia de Mendoza con una potencia estimada de 323 MW (primera etapa) y que en julio de 2009 se encontraba en la etapa de llamado a manifestación de interés. Actualmente, se ha realizado la apertura de sobres con las propuestas de las empresas interesadas para su construcción, que demandaría unos tres años.[12]

El proyecto Hidroeléctrico de propósitos múltiples Chihuido se ubica en la subcuenca media del Río Neuquén, aguas arriba del complejo Cerros Colorados, y tiene una potencia estimada de 637 MW. Fue preadjudicada en junio de 2010 al consorcio de Electroingeniería S.A., CPC, la empresa brasileña OAS, Hidrocuyo y Robella Carranza por un monto de u\$s 1560 millones a ejecutarse en cinco

---

[12]   *Página 12* (26/12/10).

años con financiamiento del 66% del BNDES de Brasil y el Banco de Córdoba.[13]

Condor Cliff–Barrancosa es un mega emprendimiento que, según informaciones periodísticas, está integrado por dos represas: Condor Cliff (1140 MW), emplazada al este de Lago Argentino sobre el Río Santa Cruz, y La Barrancosa (600 MW), sobre el Río La Leona. Estas represas aportarían en conjunto 1740 MW y su ejecución fue preadjudicada en agosto de 2010 al consorcio IMPSA-Corporación América-Camargo Correa, que se hará cargo de la totalidad de las obras en un plazo de cinco años, la operación de las centrales y el financiamiento.[14] Algunas estimaciones sitúan el valor en más de 4000 millones de dólares. El proyecto de presupuesto 2010 incluye como anexo al artículo 56 autorizaciones de avales, fianzas y garantías por 2000 millones de pesos y de 5000 millones de dólares. Se incluyen aquí entre otros avales al "Banco de la Nación Argentina o Entidad Financiera elegida para la concreción del financiamiento con un monto global autorizado en dólares de hasta el 50% en una deuda tipo, Bancaria Financiera-Obras de Infraestructura Energética-Hidroeléctrica Cóndor Cliff y la Barrancosa, Chiuhuido, Los Blancos y Punta Negra".

En la Central Brigadier López (280 MW), en Sauce Viejo, Provincia de Santa Fe, se encuentra en construcción la instalación de la turbina a gas a cielo abierto, aunque el proyecto final contempla el CC con una potencia total de 410 MW. La licitación fue iniciada en julio de 2007 por ENARSA y se prevé su finalización en noviembre de 2011.[15]

La Central Térmica Ensenada de Barragán, Provincia de Buenos Aires, tiene dos turbinas a cielo abierto que totalizan una potencia de 560 MW, aunque en una segunda

---

[13]   http://www.diariouno.com.ar/contenidos-2010/06/04.
[14]   http://www.ellitoral.com/index.php/diarios-2010/08/12.
[15]   http://ellitoral.com.ar/index.php/diarios-2011/02/13

etapa se prevé terminar el CC llevando su potencia a 810 MW. Esta turbina, licitada en julio de 2007, fue adjudicada por ENARSA a la UTE ISOLUX, IECSA y Siemens y se espera su finalización para el segundo semestre de 2011. En aquella licitación, el gobierno resolvió relicitar, al no haberse ajustado a los presupuestos y exigencias, las usinas de la Central Belgrano II (560 MW) para instalar en Campana al lado de la existente usina Gral. Manuel Belgrano, de la Central Termoeléctrica Necochea (170 MW) y de la Central Francisco Bazán o Suroeste (125 MW) a instalarse en Córdoba.[16] Los proyectos termoeléctricos en Córdoba en el área de la Empresa Provincial de Energía de Córdoba (EPEC) se completan con pequeñas centrales en el sur provincial en las localidades de General Levalle (36 MW) e Isla Verde (20 MW), esta última puesta en funcionamiento en mayo de 2008 por ENARSA.

La empresa Centrales de la Costa S.A. llamó a concurso de propuestas a fines de 2008 para una "Unidad de Generación Ciclo Combinado Gas Vapor en la Central 9 de Julio de Mar del Plata de una potencia 160-200 MW, a instalarse una Turbina a Gas Ciclo Abierto en 19 meses y el completamiento del Ciclo Combinado en 26 meses de la firma del acta de inicio de obra". Múltiples problemas han surgido con el avance del llamado a concurso de este proyecto y existe gran incertidumbre acerca de su construcción.[17]

---

[16]   *Clarín* (28/06/08).

[17]   Un comunicado del Sindicato de Luz y Fuerza de Mar del Plata manifestó sus dudas en torno a la construcción de este proyecto de repotenciación y alertó sobre las intenciones de reemplazar su construcción con "una decena de grupos electrógenos, destinados a garantizar una muy pequeña generación a un costo económico elevado"(Cf. http://www.diarioelatlantico.com/diario-2011/02-21-23752-piden-repotenciar-la-central-9-de-julio.html).

ENARSA finalmente ha llamado a licitación con apertura de sobres el primer trimestre de 2011 para la construcción de las siguientes obras:

1. Central de generación eléctrica de ciclo combinado Belgrano II con una potencia total de 810 MW a construirse en un plazo de 20 meses (560 MW) el ciclo simple y el cierre de ciclo también en un plazo de 20 meses (250 MW) a financiar con recursos del Tesoro Nacional y la ANSES;

2. Ampliación de la Central Ensenada de Barragán mediante la conversión del ciclo abierto a un Ciclo Combinado en un plazo de de 20 meses con un aumento de potencia de 260 MW;

3. Conversión de la Central Brigadier López del ciclo abierto a un ciclo combinado en un plazo de 20 meses con una ampliación de potencia de 130 MW.

El financiamiento de ambos proyectos es realizado mediante un acuerdo entre el Estado y las empresas generadoras de energía eléctrica que aportan las acreencias que tienen con la CAMMESA desde el año 2008 constituyendo un Fondo Acuerdo 2008-2011, mediante un mecanismo similar al FONINVENEM, acuerdo que también reconoce una mejora en la remuneración de las empresas generadoras.

La Potencia futura

De acuerdo con el relevamiento realizado en base a los enunciados del "Plan Energía para Todos", en consecuencia, puede estimarse en forma optimista que en el bienio 2011-2012 pueden entrar en funcionamiento unos 3000 MW adicionales, producto de la finalización de los ciclos abiertos de las Centrales Brigadier López y Ensenada de Barragán (840 MW), Yacyretá en su cota máxima de 83 metros snm (770 MW), Atucha II (745 MW), Central Loma de La Lata (178 MW) y otros proyectos menores (500 MW). Una visión más optimista puede llegar a los 4500 MW, agregando la Central de Río Turbio a Carbón (240 MW), los ciclos combinados de la Central Brigadier López (280 MW) y Ensenada de Barragán (260 MW) y el ciclo abierto de la Central Belgrano II de Campana (560 MW). Excluidos los proyectos hidroeléctricos sobre los cuales existe elevada incertidumbre, en consecuencia, la potencia instalada del sistema eléctrico argentino puede crecer unos 3000-4500 MW que deberían agregarse a los 28100 MW registrados en diciembre de 2010.

Una estimación optimista de la potencia instalada del sistema argentino de electricidad para 2012 sería de unos 31000-32500 MW, que representan 7000-8800 MW adicionales respecto de los 23616 MW registrados a diciembre de 2002.[18] Esto representa entre un 30% y un 38% adicional de generadores para el periodo 2002-2012 a una tasa acumulativa anual del 2,7%-3,2%, significativamente menos que el 65% de aumento (5,32% anual) que representaron los 9555 MW que se agregaron al parque generador del MEM-MEMSP en el lapso 1992-2002.

6. El sistema de Transporte de Electricidad

El transporte vincula la generación de energía eléctrica y la demanda para consumo. Se realiza a través del soporte físico que configura el sistema de transmisión y transformación mediante el Sistema de Transporte en Alta Tensión que vincula a las regiones eléctricas y los diversos sistemas de Transporte por Distribución Troncal que son el vínculo dentro de las distintas regiones eléctricas.

---

[18]   El Plan Energético 2004-2011 publicado por el Ministerio de Planificación en su sitio de internet estima para diciembre de 2010 unos 30700 MW.

Las empresas transportistas a quienes el Estado les encargó la concesión de la vinculación del sistema Argentino de Interconexión son Transener S.A. (Sistema de Transporte en Alta Tensión), único prestador del servicio de transporte en alta tensión en 500 KV, y algunas líneas del Sistema del Litoral en 220 KV y un conjunto de empresas encargadas del transporte regional, a las que se denomina Empresas de Transporte por Distribución Troncal (DISTRO). Adicionalmente, otros agentes del MEM pueden también prestar la función de transporte, de manera que el sistema de transporte de electricidad se estructura en base a tres segmentos:

1. el sistema de Transporte de Energía Eléctrica en Alta Tensión es el realizado en instalaciones iguales o mayores a 220 KV vinculando eléctricamente a los generadores con los distribuidores o grandes usuarios; está a cargo de una sola empresa, Transener S.A. y de varios transportistas Independientes (Yacilec S.A., LIT S.A., ENECOR S.A., TIBA S.A., TESA S.A., CTM S.A., IV Línea, INTESAR S.A. y DISTRIBUIDORA CUYANA S.A.);

2. el sistema de Transporte de Energía Eléctrica por Distribución Troncal es el realizado en instalaciones de tensiones iguales o superiores a 132 KV y menores a 400 KV, estando a cargo en las diversas regiones por concesionarias (TRANSNOA S.A., DISTRO CUYO S.A.; TRANSNEA S.A., TRANSPA S.A., TRANSCO S.A., EPEN y TRANSBA S.A.) y varias transportadoras independientes que operan en las diversas regiones (EDESA S.A., DPEC, ENECOR S.A., ELECTROINGENIERIA S.A., EDERSA S.A., SPSE Y TRANSCUE S.A.);

3. los prestadores Adicionales de la Función Técnica de Transporte (PAFTT) es realizado en instalaciones superiores a 132 KV o inferiores a 132 KV de vinculación eléctrica pertenecientes a otros agentes del MEM no transportistas (generadores y/o distribuidores).

El esquema de funcionamiento inicialmente previó que las tarifas del transporte remuneraran solamente la operación y mantenimiento de las instalaciones concesionadas, en tanto que la decisión de ampliación y el costo de construcción son soportados por los usuarios del sistema que se benefician con la misma. Un sistema de incentivos y penalizaciones en base a la duración de la indisponibilidad y la magnitud de la demanda desatendida es el instrumento que busca mantener la aptitud y capacidad de las instalaciones para satisfacer la demanda con parámetros aceptables de calidad. El transportista será penalizado ante fallas de las líneas o equipos de transporte y los usuarios perjudicados resarcidos por la no disponibilidad del transporte.

7. La reformulación del Diseño del Transporte Eléctrico

Los concesionarios del transporte eléctrico estaban comprometidos inicialmente a operar y mantener las instalaciones recibidas, siendo su remuneración aquella que permitiera recuperar los costos de operación y mantenimiento de la red, las amortizaciones, los impuestos y una tasa de retorno razonable.

Las inversiones en el sistema de transporte desde 1993 se regían por un mecanismo donde las ampliaciones eran propuestas, decididas y afrontadas por los usuarios; existe acceso libre a la red y cualquiera puede conectarse a ampliaciones pagadas por otros (*free riding*). Se decidían en base a la regla del beneficio social enfatizando que las ampliaciones deben producir beneficios; existía una menor participación del Estado en la ejecución y financiamiento de las obras; cuando se satura un corredor, los precios locales de la energía eran la forma de forzar las obras; los transportistas y PAFTT debían publicar anualmente una

Guía de referencia. De acuerdo con lo establecido por la Resolución SE Nº137/92, y sus modificatorias y complementarias en el Anexo 20 de los "Procedimientos para la Programación de la Operación, el Despacho de Cargas y el Cálculo de Precios", estas Guías de Referencia tienen por objeto ofrecer al conjunto de usuarios de las redes de transporte la información que constituye la base de datos del sistema para su análisis y su uso en estudios, a fin de detectar las principales debilidades del sistema, las necesidades de ampliación de acuerdo con sus previsiones de la demanda y los requerimientos de inversión en la red.

Las ampliaciones de la red, por su parte, debían ser encaradas y financiadas por el propio mercado a través de los beneficiarios de las obras. La iniciativa para tales ampliaciones no podía partir del concesionario de las redes de alta tensión preexistentes (TRANSENER). La responsabilidad de invertir para expandir la capacidad de transporte o para mejorar la calidad era de los propios usuarios, es decir, generadores, distribuidores y grandes usuarios y, en algunos casos particulares, las Provincias o cualquier entidad pública o privada que demuestre tener intereses legítimos. Esta concepción supone que cuando los generadores no puedan vender toda la energía que producen o, también, cuando los distribuidores o grandes usuarios no pueden recibir toda la que necesitan, se dispararían las señales que permitirían realizar las inversiones para superar la restricción, o sea, será cuando el costo de efectuar las obras sea inferior a los beneficios que se espera recibir.[19] El procedimiento preveía que los actores interesados elaboraran la iniciativa y, superada la auditoría técnica a cargo de TRANSENER, debiera ser aprobada

---

[19]   Alternativamente, las ampliaciones del transporte se realizarían cuando las pérdidas que provocan las restricciones en la capacidad de transporte superen los costos de removerlas.

por los "beneficiarios eléctricos" (distintos a veces de los beneficiarios económicos) en audiencia pública. Luego, los interesados licitarían la construcción de la obra que podía ser realizada según diversas modalidades. Uno de los objetivos de un mecanismo tan complejo era evitar el sobreequipamiento y sobreinversión que pesara luego sobre los usuarios. Este mecanismo de ampliación tiene limitaciones, porque se manifiesta inconducente cuando se trata de obras estratégicas que benefician al conjunto y resulta difícil individualizar a cada beneficiario en particular. Teniendo en cuenta estas limitaciones, se ha señalado que la experiencia argentina en materia de expansión de la red de transporte, particularmente la de gran escala, ha sido negativa (Fiel, 1999).

El ENRE en un informe del año 1999 señalaba que el funcionamiento del sistema no respondió exactamente a las previsiones y se reveló complejo "a la hora de ejecutar obras de cierta magnitud, con largos periodos de vida útil y deben atender a incrementos de la demanda en el tiempo," generando consenso respecto de la necesidad de revisarlos y disponiendo de un censo sobre obras de ampliación e inversiones en el sistema de transporte realizadas a partir de 1994. Este censo continuó realizándose todos los años y sus resultados permiten evaluar la evolución de las inversiones en el sector de transporte eléctrico. Esta información se presenta más adelante.

Las debilidades del mecanismo inicialmente concebido fueron identificadas a partir del análisis para la realización de la obra Cuarta Línea de Alta Tensión del Comahue. Proyectada por la empresa pública Hidronor en los años ochenta, no había sido construida de acuerdo con lo previsto y, al entrar en servicio la Central de Piedra del Águila y otros emprendimientos privados de generación en 1993, no había capacidad para evacuar toda la energía pasible de ser generada. En 1995, no se encontraba la forma en que "Los Procedimientos" previstos para la ampliación fueran satisfechos y se avanzara en la construcción. Los beneficiaros técnicos de la obra (los generadores) identificados mediante la aplicación de la regla basada en los flujos eléctricos debían contribuir al financiamiento de la obra en mayor proporción a los beneficios que recibían, en tanto que los beneficiarios económicos pero no técnicos de la obra (los distribuidores del área metropolitana) no contribuían económicamente a su ejecución ni participaban de las decisiones. Los obstáculos fueron removidos y se alcanzaron los acuerdos recién en 1997, iniciándose la obra en 1998, que se habilitó comercialmente en 1999.

Los mecanismos vigentes[20] en 1999 para construir obras de ampliación del sistema de transporte eran: 1) ampliaciones por contrato entre partes (título II)[21]; 2) ampliaciones por concurso público (título III); 3) ampliaciones para mejora adicional de calidad, mejora de seguridad y especiales de capacidad de transporte (resolución SE N°208/98); y 4) ampliaciones menores (título IV). La Resolución SE N°208/98 introdujo una regulación particular de aquellas ampliaciones que produjeran mejoras de la calidad, seguridad y aumento de la capacidad de transporte. Asimismo, a los fines de facilitar las inversiones en el sistema de distribución troncal, previó que las Provincias pudieran afectar los recursos del Fondo Especial de Desarrollo Eléctrico del Interior (FEDEI) a la financiación de ampliaciones de los sistemas de transporte regional de energía eléctrica. En la misma línea, la Resolución SE N°534 del 15 de noviembre de 1999 autorizó a usar el Fondo Subsidiario para Compensaciones Regionales de Tarifas a Usuarios Finales (FCT) para financiar obras eléctri-

---

[20] Una detallada descripción de estos mecanismos se realiza en los informes anuales del Ente Nacional Regulador de Electricidad (ENRE).
[21] El Título se refiere a la ubicación en los mecanismos de diseño del sistema denominado "Los Procedimientos".

cas destinadas a la compensación de las estructura de costos de las tarifas resultantes de diferencias regionales y que se tradujeran en efectiva baja de las tarifas a usuarios finales.

Diversas modificaciones a la normativa se produjeron con posterioridad, particularmente las Resoluciones SE N°334/02, N°1/03, N°106/03 y N°130/03. La primera modificó el Anexo 34 de "los Procedimientos, en el cual se asignan responsabilidades a los Usuarios de ampliaciones de Calidad, de Seguridad y Especiales de Capacidad de transporte, [...] estableciendo criterios técnicos y económicos para el diseño, adquisición e instalación del equipamiento necesario, orientado a controlar la frecuencia mediante alivio de carga, la tensión mediante reactores y formación de islas para evitar un colapso total del sistema" (Argentina, 2003d). La Resolución SE N°1/2003 habilitó un procedimiento excepcional para identificar e impulsar ampliaciones que requirieran los Sistemas de Transporte en Alta Tensión y por Distribución Troncal, sin liberar de las obligaciones a los transportistas y distribuidores, procedimiento que se agregó a los existentes como "Ampliaciones de Adecuación y de Seguridad de Abastecimiento". Finalmente, en la Resolución SE N°106/03 se identificaron las obras necesarias en una primera etapa que luego fue modificada por la Resolución SE N°130/03.

Luego de la Resolución SE N°208/98 y mucho más intensamente a partir del año 2000, el Estado a través del CFEE y la Secretaría de Energía de la Nación adquiere una mayor participación en el proceso de decisión, ejecución y financiamiento de las obras. Fue así perfilándose un nuevo marco de funcionamiento de las inversiones en ampliación del transporte eléctrico en el que el Estado asume un papel protagónico, y "orienta, planifica, diseña y desarrolla proyectos de obras que puedan dar mayor sustentabilidad, mayor calidad y mayor seguridad al servicio eléctrico nacional, más allá de la concentración de la demanda" (Fundelec, 2007 b).

El Plan Federal de Transporte en 500 KV

La inversión más importante en transporte de electricidad posterior a la devaluación fue aquella realizada al amparo del Plan Federal de Transporte en 500 KV. Las obras finalmente incluidas son las que se exponen en el cuadro 6[22] y su inserción dentro de la red de transporte del país se puede observar en el Gráfico 6. La conformación de este Programa se fue produciendo a lo largo del tiempo y, por ello, resulta pertinente revisar el proceso de estructuración, los primeros antecedentes, los méritos y deméritos de cada obra y las intervenciones de los actores involucrados.

Cuatro de las obras expuestas en el cuadro 6 (Interconexión MEM-MEMSP línea Choele Choel-Puerto Madryn, Interconexión NEA-NOA, Interconexión Comahue-Cuyo e Interconexión Cuyo-NOA)[23] fueron incluidas ya en el año 2000 mediante la resolución SE Nº174 sin definirse el orden de prelación. La interconexión Puerto Madryn-Pico Truncado fue incorporada recién el 6 de noviembre de 2003 por medio de la resolución SE Nº831, en la que se dispone que la misma sería financiada íntegramente con transferencias del Tesoro Nacional. El inicio del tercer tramo de la línea de Yacyretá fue ordenado por la resolución SE Nº18/05 y recién en 2006 se comenzaron los estudios técnicos para la Interconexión Pico Truncado-Esperanza con sus derivaciones a Río Gallegos, Río Turbio y El Calafate.

---

[22]   No se incluye aquí las incorporaciones al Plan Federal realizadas por la Resolución SE Nº227/2009: Estación Transformadora Quinientos kilovoltios (500 KV) Dolavon, Estación Transformadora Quinientos kilovoltios (500 KV) Oscar Smith en Tigre, Vinculación Central Nuclear Atucha II con la Estación Transformadora Oscar Smith de 50 km de extensión y Estación Transformadora La Rioja Sur Quinientos/Ciento treinta y dos kilovoltios (500/132 KV).

[23]   La Resolución Nº803 del 6 de noviembre de 2003 segmentó la Interconexión Cuyo-NOA en los tramos Gran Mendoza-San Juan (175 km), San Juan-Rodeo (165 km) y Recreo(Catamarca)-La Rioja (215km).

La interconexión MEM-MEMSP se inició en 2003 y fue finalizada en 2005 (355 km); el tramo Mendoza-San Juan de la línea minera finalizó en 2007 (180 km); la línea Puerto Madryn-Pico Truncado (547 km) y 3ª línea Yacyretá (912 km) finalizaron en 2008: el tramo Recreo-La Rioja de la línea minera finalizó en 2009 (190 km) y los tramos El Bracho-Cobos (285 km) y Resistencia-Gran Formosa (160,85 km) de la Interconexión NOA-NEA fueron finalizados en 2010. Se finalizaron así unos 2630 km y restan finalizar una extensión equivalente. Las otras obras permanecen en ejecución en diversos estados de avance: Interconexión Comahue-Cuyo, Interconexión Pico Truncado-Río Gallegos y los tramos restantes de la línea minera y de la Interconexión NOA-NEA.

Las obras incluidas en este Plan Federal y su orden de prelación fueron establecidos por el Poder Ejecutivo a través de la Secretaría de Energía. En su conformación y ejecución, intervino el Consejo Federal de la Energía Eléctrica (CFEE), una institución creada por la ley 15.336 y su Decreto reglamentario Nº2073/60 como un órgano dependiente de la Secretaría de Energía y Combustibles, con el fin de considerar y coordinar los planes de desarrollo de los sistemas eléctricos del país, actuar como consejo asesor del Gobierno Nacional y de los Gobiernos Provinciales y proponer las modificaciones necesarias para la mejor aplicación de la ley y su reglamentación. El Consejo Federal de la Energía Eléctrica lo integran el Secretario de Energía, quien es su Presidente, el Presidente del Comité Ejecutivo, en representación de la Secretaría de Energía, y un representante titular y un alterno de cada Provincia y de la Ciudad Autónoma de Buenos Aires. Pueden participar en el Plenario hasta tres miembros designados por la Cámara de Diputados y tres por la Cámara de Senadores de la Nación.[24]

---

[24]   En el capítulo III, se examinan las cuestiones que tienen que ver con el funcionamiento del CFEE, la estructura y el avance financiero del

Las obras seleccionadas finalmente fueron resultado del accionar de estos actores, de los estudios y evaluaciones, y del propio procedimiento de toma de decisiones del CFFEE, donde es decisivo la representación de las Provincias, las alianzas que puedan articularse y la relación que conformen estas individualmente o en grupos con el Poder Ejecutivo.

El procedimiento de selección incluye diversos pasos. Las obras incluidas son aquellas que han sido estudiadas y calificadas por la Secretaría para ser financiadas por el Fondo Fiduciario de Transporte Eléctrico Federal (FFTEF); los agentes privados interesados en dichas ampliaciones realizan ofertas sobre su disposición a pagar parte del canon de las mismas; las líneas son operadas por transportistas independientes a través de contratos COM (Construcción, Operación y Mantenimiento); la convocatoria, evaluación y adjudicación es realizada por un Comité de Administración del FFTEF; la administración del proceso de las obras es realizada por un Comité de Promoción de la ampliación integrado por representantes privados y de la Secretaría de Energía de la Nación.

El Plan fue financiado en gran medida por el Fondo Fiduciario para el Transporte Eléctrico Federal (FFTEF), un Fondo que inicialmente se previó que fuera alimentado por un recargo a las compras de electricidad realizadas en el MEM creado por la resolución N°174/00 del 30 de junio de 2000 al amparo de la ley 15336 y modificatorias; está dirigido a financiar "ampliaciones del sistema de transporte de energía eléctrica en alta tensión destinadas al abastecimiento de la demanda o a la interconexión de

---

Fondo Fiduciario de Transporte Eléctrico Federal (FFTEF) y la magnitud y distribución del Fondo Nacional de la Energía Eléctrica (FNEE) que incluye, entre otros, el Fondo Especial de Desarrollo Eléctrico del Interior (FEDEI) y Fondo de Compensaciones Tarifarias (FCT).

regiones eléctricas para mejora de calidad y/o seguridad de la demanda", debiendo para ello ponderarse que la obra no pudiera ser impulsada exclusivamente por los agentes del MEM. Pronto se notó, sin embargo, que la recaudación generada por el recargo era relativamente pequeña en relación con las obras a financiar y, en consecuencia, las transferencias del tesoro pasaron a ser el principal sostén financiero del FFTEF.

El ENRE ha interpretado que el FFTEF prioriza aquellas obras que beneficien el sistema eléctrico por sus mejoras en la calidad y/o seguridad y/o menores costos de despacho, no se prevea que sean de exclusivo interés de privados o haya razones de escala o aquellas que impliquen adelanto de inversiones de alcance nacional. Las obras que se identificaron e impulsaron, expresa el ENRE en su informe anual del año 2006, implican la unificación del sistema y del mercado eléctrico nacional y el cierre en anillo de 500 KV de las principales regiones eléctricas del país.

El FFTEF sustituyó al Fondo Fiduciario para el Transporte Eléctrico Interprovincial. Creado por la resolución SE N°657/99, este Fondo Interprovincial sería alimentado con un recargo sobre las transacciones en el mercado eléctrico mayorista a regir recién a partir del 1 de mayo de 2000 con el objeto exclusivo de financiar obras de media tensión que sean "ampliaciones interprovinciales de la red de transporte destinadas al abastecimiento de la demanda", debiendo demostrarse para acceder al financiamiento que de la evaluación de sus beneficios no resulta previsible que la obra propuesta sea impulsada por los agentes del mercado a su cargo dentro de un horizonte mínimo de cinco años. La resolución SE N°658/99 dispone que el Fondo Fiduciario Eléctrico Interprovincial se aplique a financiar solamente la interconexión Choele Choel-Puerto Madryn; pocos días después, sin embargo, la resolución SE N°665/99 establece que también se aplique a financiar la línea minera destinada conectar "Gran Mendoza, San Juan, La Rioja y El Bracho (Tucumán)", denominándola Interconexión Cuyo-NOA.

El respaldo acerca del mérito y conveniencia de estos dos proyectos se encuentra en una evaluación preliminar sobre obras necesarias para concretar el cierre de anillos de extra alta tensión realizado por CFEE denominado "Estudio de Prefactibilidad y Determinación de Beneficiario Potenciales en Obras de 500 KV". De acuerdo con dicho estudio, se concluía que ambas obras eran las de mayor prioridad. La primera apuntaba a la integración y reducción de los elevados precios de la electricidad que se verificaban en el Mercado Eléctrico Mayorista Sistema Patagónico (MEMSP); no obstante, provocar una disminución requería, además, de dicha vinculación elevadas inversiones en obras complementarias. La vinculación Cuyo-NOA fue justificada en el aumento de confiabilidad que produciría en ambas regiones, vinculadas radialmente con el resto del sistema argentino de interconexión; otros beneficios adicionales se relacionaban con la existencia de una demanda potencial para desarrollar los proyectos mineros de la región con el aumento de confiabilidad en el abastecimiento de San Juan, Catamarca y La Rioja y la posibilidad de interconexión con el sistema eléctrico del norte de Chile.

En el estudio del CFEE, se habían examinado otras dos interconexiones: Comahue-Cuyo y NOA-NEA. Los beneficios de la primera se resumían en que se mejoraban los vínculos de Cuyo, conectada radialmente al sistema argentino de interconexión, y que se la integraba a una zona de muy alto nivel de generación (Comahue) con una zona de demanda conectada a su vez al sistema argentino de interconexión, lo que facilitaba la interconexión con la zona eléctrica central de Chile. Esta obra, además, otorgaba mayor confiabilidad al área Cuyo y, en consecuencia, le quitaba relevancia a la interconexión Cuyo-NOA. La interconexión

NOA-NEA mejoraba la confiabilidad e interconexión de una zona importante del país y adquiría relevancia en la alternativa de exportación a Brasil e integración del Mercosur.

Las Guías de referencia 2000-2007 de los transportistas identificaban la interconexión Comahue-Cuyo como pasible de ser llevada a cabo por los agentes de mercado, pero señalaban que no resultaba evidente que las otras dos conexiones, MEM-MEMSP y Cuyo-NOA, pudieran ser consideradas de mercado y, consecuentemente, otros procedimientos deberían ser utilizados para su financiamiento.[25] La rentabilidad de la interconexión MEM-MEMSP aparecía amenazada, no solo porque la resolución SE N°400/99 ya había reducido el precio monómico en el MEMSP, sino también porque eventuales terminaciones de CC en dos centrales de la región, sin demasiada inversión, provocarían la baja buscada de los precios de la energía.

Al amparo de la resolución SE N°174/00 se sometieron a la convocatoria: Interconexión Choele Choel-Puerto Madryn, Interconexión NOA-NEA (El Bracho-Resistencia), Interconexión Cuyo-NOA (línea Minera Gran Mendoza-San Juan-Rodeo y Recreo-La Rioja) e Interconexión Comahue-Cuyo. La convocatoria se realizó en el mes de julio de 2000 con la emisión del Pliego de Bases y Condiciones para la "Convocatoria Abierta a Interesados en Participar en Forma Conjunta con el Comité de Administración del FFTEF como iniciadores de Ampliaciones al Sistema de Transporte incluidas dentro del Plan Federal de Transporte en 500 KV". La apertura de sobres fue el 30 de noviembre, recibiéndose sólo dos ofertas: Termoandes S.A. por la línea NOA-NEA y Consorcio Aluar-Futaleufú por la Interconexión MEM-MEMSP. Por resolución SE N°33/2001, se aprobó la

---

[25]   Se alude aquí a la Resolución N°543/99 que se refiere a Líneas de Riesgo y la participación del Estado nacional y Provincias como iniciadores del proceso para concretar su construcción.

oferta Línea Choele Choel-Puerto Madryn. Se concluyó, asimismo, que la oferta por la Interconexión NOA-NEA estaba en condiciones de ser aceptada. Para la Interconexión Cuyo-NOA se estudió la segmentación en varios tramos y la posible intervención del FFFTEF para cada uno de ellos. Finalmente, para la Interconexión Comahue-Cuyo se consideró efectuar una nueva convocatoria.

En octubre de 2002, CAMMESA remitió a la Secretaría de Energía un informe sobre situaciones del sistema de transporte en Alta Tensión que podrían implicar riesgos y proponía mantener los cuatro tramos aprobados originalmente en el Plan Federal en 500 KV, aunque priorizaba aquellas que presentaban mayores beneficios: línea Choele Choel-Puerto Madryn, la Primera Etapa de la Interconexión NEA-NOA (Línea El Bracho-Cobos de 285,32 km), la Interconexión Comahue-Cuyo e incorporaba, además, al Plan Federal un conjunto mínimo de obras seleccionadas por los transportistas troncales a fin de evitar desabastecimiento en el corto plazo. El resto de la línea minera NOA-NEA (Gran Mendoza-El Bracho) se mantenía dentro del Plan pero con un orden menor de prioridad, sugiriéndose, además, analizar la posibilidad de construir en una primera etapa el tramo Gran Mendoza-San Juan que operase en 220 KV pero como parte de la vinculación Comahue-Cuyo.

La Secretaría de Energía en su Prospectiva del Año 2002 al realizar las simulaciones para el periodo 2004-2012 adoptó asimismo un criterio similar y el siguiente cronograma: Línea El Bracho-Cobos para el año 2005, Línea Choele Choel-Puerto Madryn para el año 2005, Línea Comahue-Gran Mendoza para el año 2006 y Línea El Bracho-Resistencia para el año 2008. La Línea El Bracho-Cobos, en particular, se prioriza porque "constituye la primera etapa de la vinculación entre las regiones NOA y NEA, resolverá en gran medida el problema estructural de transporte que afecta a la demanda doméstica del norte de la Región, reducirá significativamente la necesidad de convocar generación forzada, mejorará el uso de la capacidad instalada de generación frente a la retracción de las inversiones en el sector y permitirá utilizar la sobreoferta disponible en el Sistema Norte Grande Chileno, posibilitando asimismo la reducción de los costos de las distribuidoras de la zona". Más aún, la vinculación de Cobos y Resistencia completaría la interconexión NOA-NEA "cerrando el anillo energético nacional que, con obras en la Estación de San Isidro (Posadas), permitiría habilitar un corredor de interconexión entre el Norte Grande Chileno con el Norte Argentino y la Región Sudeste de Brasil".

Todavía en 2005, el carácter radial del sistema de transporte eléctrico del país mostraba que cerca de 15 Provincias estaban interconectadas por una sola línea, todas las regiones con excepción del Gran Buenos Aires dependían prácticamente de una estación transformadora por área y varios sistemas regionales tenían serios problemas de alimentación, como en la Provincia de Buenos Aires, NOA y Cuyo. Esto significaba literalmente que "se corta la línea y la Provincia queda aislada" como eran los casos del Noroeste, Cuyo y gran parte del Nordeste (Jeifetz, 2005).

8. Evolución de la Inversión en Transporte

Potencia y Longitud de las Líneas

La red de transporte en alta tensión creció 1122 kilómetros entre 1992 y 1996 y otros 1355 kilómetros entre 1996 y 2002. En el año 2002 la longitud de la red de 500 KV era de 9669 kilómetros con una expansión del 34% (2477 kilómetros) respecto de los existente en 1992. Hasta el año 2005, esta red se mantuvo en 9669 kilómetros. Entre 2005 y 2009 aumentó en 2184 Km (23%), alcanzando los 11853 Km (cuadro 7), como resultado de la entrada en operaciones de algunas de las líneas incluidas en el Plan Federal en 500 KV.

La potencia de los transformadores de la red de alta tensión tuvo una expansión relativamente más importante en el lapso 2002-2009: 27% (3100 MVA) en tanto que entre 1992 y 2002 creció 25% (2250 MVA) (cuadro 8).

El dinamismo de la inversión en distribución troncal de la red de transporte en el periodo posdevaluación fue menor al verificado en el lapso 1992 y 2002. Sin incluir la región patagónica, la red se expandió 1619 km (13%) a partir de 2002 alcanzando los 14090 km en 2009. Esta expansión se concentró en la Región NOA (804 Km), Región NEA (373 Km) y Región Comahue (311 Km). Entre 1992 y 2002, en tanto, la expansión fue bastante mayor; 2705 km (28%), concentrándose en las regiones de Buenos Aires (1156 km), NEA (280 km) y NOA (1197 km).

Medida en incremento de la potencia de transformadores, la inversión en el sistema de distribución troncal sin incluir la región Patagonia se expandió 2415 MVA (40%) entre 1992 y 2002. Con posterioridad a la devaluación, el crecimiento fue bastante menor: 1636 MVA (19%). La potencia de los transformadores asociados a la red troncal en la región Patagónica se expandió en unos 360 MVA entre 2006 y 2009.

Las evaluaciones de riesgos de CAMMESA realizadas en el año 2003 no detectaban respecto del nivel de saturación de los diferentes corredores de la red de transporte en Alta Tensión problemas de relevancia y señalaban la existencia de restricciones de capacidad que limitaban el acceso de potencia al Mercado en el corredor Comahue-GBA, especialmente en picos de invierno. Sin embargo, prácticamente desaparecerían con pequeñas incorporaciones. Del resto de la red de Alta Tensión, sólo el vínculo entre Rosario y Córdoba presentaba algún problema de exigencia cuando la Central Nuclear de Embalse se encontraba fuera de servicio.

Las obras del Plan Federal en 500 KV fueron actores principales de la inversión en transporte de electricidad que se verificó en los últimos años provocando, como ya se dijo, un crecimiento de la red de alta tensión de 2184 km (23%) y de 3100 MVA (27%) de potencia de los transformadores entre 2002 y 2009.

La Interconexión Choele Choel-Puerto Madryn permitió que el mercado aislado de la Patagonia se integrara al sistema nacional en el año 2006, con la consiguiente optimización y mejoras en la operación conjunta. Esto debería haber bajado el precio de la energía en el mercado patagónico, un argumento importante a la hora de decidir su construcción. El tramo de la línea minera entre Gran Mendoza y San Juan inaugurado en junio de 2007, financiado por la Nación (70%) a través del FFTEF y la Provincia de San Juan (39%), tuvo como argumento la mejora en el abastecimiento de San Juan y la provisión a la actividad minera de la región, aunque estos méritos se relativizaron al tener carácter extratendencial y destinado a alimentar una futura demanda adicional. La interconexión Puerto Madryn-Pico Truncado, financiada por el Estado nacional (96%), la Provincia de Santa Cruz (3%) y la Provincia de Chubut (1%), entró en operaciones relativamente pronto (año 2008), aunque no se asignaba a dicha vinculación en el corto plazo elevada importancia y urgencia, debido a que el tráfico sería muy reducido si no hubiera aumento de generación o incrementos extratendenciales de la demanda. La interconexión de la tercera línea de Yacyretá, financiada por el Estado nacional, fue inaugurada en el año 2008 y su construcción estuvo asociada a la inyección del incremento de potencia de la Central que derivaba del aumento de la cota a los 83 metros snm. El tramo Recreo-La Rioja de la llamada línea minera, financiado por la Nación (70%) y la Provincia de La Rioja (30%), entró en operaciones en el año 2009 y llevó la extensión de la red en extra alta tensión a los 11853 km. De acuerdo con los informes de Evaluación de Riesgos de CAMMESA, esta obra también se destina a "alimentar posible demanda extratendencial futura (minera) que adicionalmente podría mejorar la seguridad y calidad de abastecimiento de la demanda existente en La Rioja".

Si se agregaran las líneas El Bracho-Cobos y Resistencia-Gran Formosa de la Interconexión NEA-NOA inauguradas en el año 2010, el Plan Federal en 500 KV habría sumado a la red de transporte en alta tensión unos 2600 km, restando incorporar otra extensión equivalente de los tramos aún pendientes y en diversos estados de avance.

Dos de las interconexiones pendientes, Interconexión NEA-NOA e Interconexión Comahue-Cuyo, tienen todavía un grado de avance limitado aunque fueron escogidas como prioritarias en las simulaciones realizadas por CAMMESA y, de alguna manera, las que contribuirán decididamente a modificar el carácter radial del sistema de transporte eléctrico del país, integrando, además, el sistema argentino a Brasil, Chile, Paraguay y Uruguay. La tercera interconexión pendiente, Pico Truncado-Río Gallegos con sus derivaciones a Río Turbio y El Calafate, en cambio, se destina a mejorar la confiabilidad del vínculo entre el sistema argentino y el sur de la Patagonia, a impulsar el desarrollo regional del sur y a evacuar la generación de electricidad que se espera realizar en futuras centrales, entre las que se incluye la central a carbón de Río Turbio actualmente en construcción.

Gráfico 6. Red de Transporte en Alta Tensión.

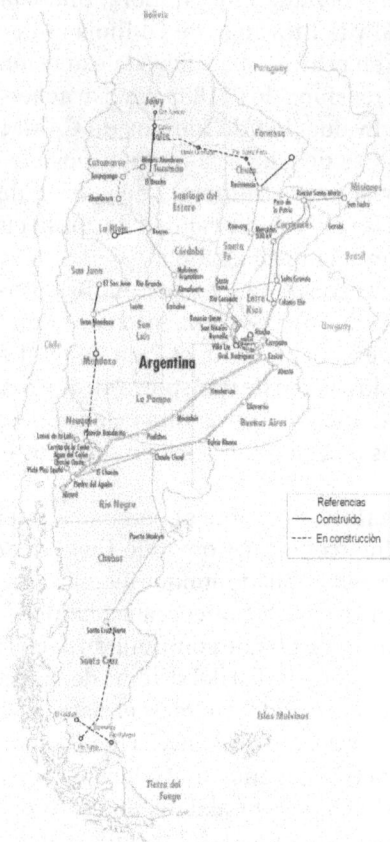

Fuente: elaborado a partir de la red publicada por www.transener.com.ar.

Cuadro 6. Principales características de las obras incluidas en el Plan Federal de Transporte en 500 KV.

Nombre	Objetivo	Carácterísticas	
Interconexión MEM-MEMSP	Vincular el Sistema Nacional de Inteconexión para la operación en el MEM con el Sistema Inerconetado Patagónico operado por el MEMSP	355 kM de LEAT 500 KV Choele Choel-Puerto Madryn	Finalizado 2005. Financiamiento: 31% Aluar; 69 % FFTEF
		Ampliación ET Choele Choel	
		ET 500 KV Puerto Madryn	
	Asegurar Abastecimiento de San Juan y proveer abastecimiento a la minería	175 KM LEAT 500 KV Gran Mendoza-San Juan y 5 KM Línea 220 KV	Finalizado 2007. Financiamiento: 30 % Pcia. S.Juan; 70 % FFTEF
		Ampliación ET 220 KV San Juan	
Línea Minera	Asegurar abastecimiento de La Rioja y proveer abastecimiento a la minería	Línea Recreo- La Rioja 150 KM LEAT 500 KV y 40 KM Línea 132 KV	Finalizado 2009. Financiamiento: FFTEF 79 %; Pcia. La Rioja 30 %
		ET 500 KV La Rioja	
		Ampliación ET Recreo	
	Mejora abastecimiento y abastecer a la minería	165 KM LEAT San Juan-Rodeo	No iniciada
Interconexión Puerto Madryn-Pico Truncado	Incrementar confiabilidad y capacidad entre el SADI y la región sur del Sistema interconectado patagónico; factor de impulso del desarrollo regional	543 KM LEAT 500 KV	Finalizado 2008. Financiamiento: 96 % FFTEF; 3 % Pcia. S.Cruz; 1 % Pcia Chubut
		4 KM Línea 132 KV	
		Nva. ET 500 KV Santa Cruz Norte	
		Vinculación ET Santa Cruz Norte y ET Pico Truncado existente	
Interconexión Yacyreta 3ra Línea	Ampliación del Sistema de Transmisión asociado a la elevación de la cota de Yacyreta a 83 metros snm	912 KM LEAT 500 KV	Finalizado 2008. Financiamiento: 100 % Tesoro Nacional
		ET 500 KV San Isidro, Misiones	
		Ampliación ET 500 KV Rincon Santa María, Colonia Elía y Gral Rodriguez	
		ET 500 KV Mercedes (Corrientes)	
	Mejorar abastecimiento Ciudad de Mercedes	44,6 KM LAT 132 KV ET Mercedes 500 KV-ET Ciudad de Mercedes en 132 KV	Finalizado 2009. Financiamiento: 100 % Tesoro Nacional

Nombre	Objetivo	Características	
Interconexión Comahue-Cuyo	Brindar mayor evacuación de generación del Comahue con más confiabilidad y seguridad del sistema interconectado nacional y mendocino; posibilita la vinculación al sistema de Chile	708 KM LEAT 500 KV ET Chocon Oeste-Gran mendoza ET Los Reyunos 500 KV Ampliación ET Gran Mendoza	El 28/05/09 se firmaron los contratos para Construcción, Operación y Mantenimiento de la interconexión que es financiada en un 49 % por la Corporación Andina de Fomento y el 51 % con aporte local
Interconexión NEA-NOA	Permite captar excedentes de generación del Sistema Interconectado nacional y mejora abastecimiento del NEA y NOA; favorece el intercambio con Brasil y Chile	285,32 KM LEAT El Bracho (Tucuman)-Cobos(Salta) 50,97 KM LEAT Cobos-San Juancito (Jujuy) 300,09 KM LEAT Cobos- Monte Quemado(S. del Estero) 264,21 KM LEAT Monte Quemado-Saenz Peña (Chaco) 146,66 KM LEAT Saenz Peña-Resistencia (Bastiani) 160,85 KM LEAT Resistencia- Formosa Ampliación ET El Bracho ET 500 KV Cobos ET 500/132 KV San Juancito ET 500/132 KV Monte Quemado ET 500/132 KVChaco Ampliación ET 500 KV Resistencia ET 500/132 KV GranFormosa	Costo Total u$s 725 millones con financiamiento del BID por u$s 580 millones (80%). Al 31/12/09 el BID ha desembolsado u$s 381 millones y la contraparte local u$s 187 millones; se encuentra en fase final de aprobación una ampliación del crédito BID por u$s 300 millones. Tramo El Bracho-Cobos en funcionamiento desde el 14/09/10 y Resistencia-Formosa desde el 19/11/10.
Interconexión Pico Truncado-Rio Gallegos	Incrementar confiabilidad y capacidad de transporte entre el sistema interconectado nacional y la región sur del sistema interconetado patagónico; factor de desarrollo regional y evacuación de la central a carbón de Rio Turbio	564 KM LEAT 500 KV entre Pico Truncado-Esperanza 149 KM LAT 220 KV Esperanza-Rio Turbio 159 KM LA / 132 KV Esperanza-Calafate 129 KM LAT 220 KV Esperanza-Rio Gallegos	El 23/7/10 se firmaron los contratos para la ejecución de los diversos tramos que deberán ser finalizados en un plazo de 24 meses. El Tesoro Nacional finacia el 97 % y la provincia de Santa Cruz el 3 % restante.
LEAT: Línea Extra Alta Tensión; LAT: línea de alta tensión; ET: Estación Transformadora			

Fuente: elaborado en base a Consejo Federal de la Energía Eléctrica, Informe Institucional, varios números (Argentina 2009b).

Inversiones en Obras de Ampliación

En simultáneo con la revisión del sistema de inversión para ampliar las redes de transporte, el ENRE dio comienzo a partir de 1999 a un relevamiento destinado a establecer en forma precisa todas las obras e inversiones realizadas en la ampliación del sistema de transporte eléctrico a partir de 1994. Dicho relevamiento[26] continua realizándose en la actualidad y los resultados obtenidos, expuestos en el cuadro 9, permiten abordar el comportamiento de la inversión en transporte eléctrico desde un punto de vista monetario, complementario del abordaje previo realizado en base a las cantidades físicas, extensión y potencia de los equipamientos de la red.

Entre 1994 y 2009 se ejecutaron y entraron en operación según el Ente Nacional Regulador de la Electricidad 401 obras de ampliación de la red de transporte eléctrico por un valor de $2021 millones a precios de 2001. En el sistema de transporte en extra alta tensión, ubicado en el ámbito de Transener, se ejecutaron 90 obras (22%) que representaron el 79% ($1591 millones) del total invertido. El 78% (311) restante de las obras se realizó en el ámbito de las distribuciones troncales que absorbieron el 21%, unos $431 millones. El área de Transnoa absorbió la mayor cantidad de obras (106) y el mayor monto de inversión ($166.9 millones) del sistema de distribución troncal del periodo 1994/09. Le siguen en importancia las obras realizadas en el ámbito de Transba

---

[26]   El relevamiento incluye las obras de ampliación realizadas en el marco del punto 2 del Reglamento de Acceso a la Capacidad Existente y Ampliación del Sistema de Transporte de Energía Eléctrica del Anexo 16. Comprende las obras habilitadas y en operación. Excluye obras de ampliación iniciadas por las predecesoras estatales de las actuales concesionarias que fueron luego incluidas en sus Contratos de Concesión, u otras que no se realizaron en el marco del punto 2 del Reglamento de Acceso a la capacidad existente. Asimismo, dado que la ejecución de los gastos de una ampliación se extiende a lo largo de un periodo de varios años, el valor anual se estima de acuerdo con la fórmula = $(t-2 * 0,20) + (t-1 * 0,60) + (t0 * 0,20)$.

(82 obras por valor de $81 millones a precios de 2001) y de Transnoa (106 obras por valor de $166.9 millones).

Las obras de ampliación del sistema de transporte realizadas en el ámbito de Transener son de gran porte y 10 obras concentran el 80%: Tercer Tramo Yacyretá (21%), Interconexión Puerto Madryn-Santa Cruz Norte (11%), Línea en Extra Alta Tensión (LEAT) Choele Choel-Puerto Madryn (6%), LEAT Gran Mendoza-San Juan (4%), Interconexión Recreo-La Rioja Sur (4%), Estación Transformadora Río Coronda (3%), Estación Transformadora Manuel Belgrano (2%), Cuarta Línea en Extra Alta Tensión Comahue Buenos Aires (16%), Línea en Extra Alta Tensión Rincón Santa María-Central Hidroeléctrica Salto Grande (8%), electroducto entre Estación Transformadora Resistencia, Rincón Santa María y Central Hídrica Yacyretá (5%). Estas 10 obras representan el 63% del total invertido en ampliación de la capacidad de transporte realizadas en el país entre 1994 y 2009. Las cinco primeras de esta nómina fueron realizadas al amparo del Plan Federal de Transporte en 500 KV, lo que significa que el 38% de la inversión en ampliación del transporte eléctrico de este periodo corrió por cuenta de estas obras del Plan Federal y entró en funcionamiento a partir del año 2006.

La inversión en transporte eléctrico estuvo concentrada casi exclusivamente en extra y alta tensión del área de Transener hasta 1997, habiéndose ejecutado entre 1994 y 1997 un total de 41 obras por valor de $281 millones a precios de 2001 que representan el 14% del total ejecutado en el periodo 1994-2009.

El quinquenio siguiente mostró una aceleración del ritmo de inversión que se concentró hasta el año 2000 en Transener y, luego, en la Distribución Troncal, particularmente Transnoa, Transba, Transnea y Transpa. En el lapso 1998-2002, la inversión alcanzó los $569 millones a precios de 2001 y el 28% del total invertido entre 1994 y 2009. Entre 1994 y 2002, en consecuencia, habían entrado en funcionamiento 189 obras por $850 millones que representaron el 42% de la inversión en obras de ampliación de la red de transporte eléctrico del periodo 1994-2009.

La devaluación y alteración de las reglas a partir de la devaluación de 2001 impactó también en la inversión en transporte eléctrico de la misma manera que había impactado en las inversiones de ampliación de potencia. El freno se manifestó particularmente a partir de 2003. En el 2002 no fue muy evidente, porque se concretaron todavía las inversiones planeadas tiempo atrás, visto que en este tipo de inversiones se estima que el tiempo necesario entre la toma de la decisión y la entrada en operación transcurren unos 25 meses. Entre 2003 y 2005, las inversiones en ampliación de capacidad de transporte eléctrico alcanzaron los $118 millones, apenas el 6% del total invertido en el periodo analizado. Se recuperaron con posterioridad al amparo del fuerte protagonismo estatal de la mano de las obras incluidas en el Plan Federal de Transporte en 500 KV. De esta manera, en el lapso 2006-2009 se invirtieron $1053 millones que representan el 52% del total invertido entre 1994-2009. Medido en conjunto, las inversiones del periodo 2003 y 2009 en ampliación de la red de transporte ($1172 millones a precios de 2001) representaron así el 58% del total invertido en el periodo bajo examen.

La red de extra alta tensión fue el destino casi excluyente de la inversión en transporte eléctrico realizada en el lapso 1994 y 2009. Fueron $1591 millones que representaron el 84% de las ampliaciones de la red de transporte eléctrico realizadas en el periodo. Al lapso entre 1994 y 2002, correspondieron $652 millones (41%), en tanto que a los años posteriores se les adjudica el restante 59%, unos $939 millones. La preponderancia de las inversiones en el ámbito de Transener en el periodo 2002-2009 se reduce, si la evaluación se hace mediante los kilómetros de red construidos y la potencia de los transformadores instalados. Entre 2002 y 2009, en efecto, la red en extra alta tensión creció 2184 km, el 49,5% de la expansión total del periodo 1993-2009, en tanto que medido por potencia de los transformadores, el aumento de 3100 MVA ocurrido en el lapso 2002-2009 representa el 58% de la expansión total en la red de extra alta tensión posterior a 1993, unos 5350 MVA.

Cuadro 7. Sistema de Transporte de Electricidad: Longitud de las Redes según Región (km).

Sistema de Transporte	1992	1993	1994	1995	1996	1997	1998	1999	2000
Alta Tensión	7192	7443	7722	7722	8314	8314	8314	8366	9669
Distribución Troncal sin Patagonia	9766	9888	10407	10709	10790	11320	11403	11725	11852
Distribución Troncal Con Patagonia	s/d	s/d	s/	s/	s/d	s/d	s/d	s/d	s/d
Región Cuyo	1245	1245	1245	1245	1245	1245	1245	1245	1245
Región Comahue	830	830	830	845	885	885	885	885	885
Región Buenos Aires	4820	4935	4945	5068	5106	5509	5536	5675	5703
Región NEA	796	796	926	930	930	930	972	972	972
Región NOA	2075	2082	2461	2621	2624	2751	2765	2948	3047
Región Patagonia	s/d	s/d	s/d	s/d	s/d	s/d	s/d	s/d	s/d

Sistema de Transporte	2001	2002	2003	2004	2005	2006	2007	2008	2009
Alta Tensión	9669	9669	9669	9669	9669	10024	10024	11532	11853
Distribución Troncal sin Patagonia	12364	12471	12509	12675	12908	13142	13516	13861	14090
Distribución Troncal Con Patagonia	s/d	s/d	s/d	s/d	s/d	15846	16353	16723	17080
Región Cuyo	1245	1245	1245	1245	1245	1245	1245	1245	1245
Región Comahue	902	902	929	929	929	929	1213	1213	1213
Región Buenos Aires	5903	5976	5987	5987	6005	6005	6044	6107	6108
Región NEA	1076	1076	1076	1076	1291	1402	1449	1449	1449
Región NOA	3238	3272	3272	3438	3438	3561	3565	3847	4076
Región Patagonia	s/d	s/d	s/d	s/d	s/d	2704	2837	2862	2990

Fuente: Argentina (2003d) y CAMMESA, Informe anual 2009.

Cuadro 8. Sistema de Transporte: Potencia de Transformadores por Región en MVA.

SISTEMA DE TRANSPORTE	1992	1993	1994	1995	1996	1997	1998	1999	2000
Alta Tensión	9100	9100	9100	9250	9850	9850	10300	10600	10750
Distribución Troncal sin Patagonia	6064	6429	6599	6674	6953	7133	7333	7832	8017
Distribución Troncal con Patagonia	s/d	s/d	s/d	s/d	s/d	s/d	s/d	s/d	s/d
Región Cuyo	1010	1010	1010	1010	1010	1010	1010	1010	1030
Región Comahue	403	403	408	408	444	454	454	490	493
Región Buenos Aires	3278	3598	3598	3598	3788	3788	3823	4228	4263
Región NEA	462	462	612	642	665	695	725	745	745
Región NOA	911	956	971	1016	1046	1186	1321	1359	1486
Región Patagonica	s/d	s/d	s/d	s/d	s/d	s/d	s/d	s/d	s/d
Nota: Incluye a los transportistas independientes de cada red de transporte									

SISTEMA DE TRANSPORTE	2001	2002	2003	2004	2005	2006	2007	2008	2009
Alta Tensión	11350	11350	11350	11350	11550	12200	13100	14150	14450
Distribución Troncal sin Patagonia	8414	8479	8524	8673	9068	9348	9560	9918	10115
Distribución Troncal con Patagonia	s/d	s/d	s/d	s/d	s/d	10746	11267	11666	11872
Región Cuyo	1180	1180	1180	1240	1275	1325	1335	1335	1335
Región Comahue	508	503	503	510	510	510	550	550	550
Región Buenos Aires	4348	4363	4363	4393	4693	4813	4937	5107	5132
Región NEA	782	812	827	834	864	864	902	947	947
Región NOA	1596	1621	1651	1696	1726	1836	1836	1979	2151
Región Patagónica	s/d	s/d	s/d	s/d	s/d	1398	1707	1748	1757
Nota: Incluye a los transportistas independientes de cada red de transporte									

Fuente: CAMMESA, Informe anual 2009.

Cuadro 9. Inversión en Obras de Ampliación de la Capacidad de la Red de Transporte: 1994-2009 en miles de $ a precios de 2001.

AMBITO	1994	1995	1996	1997	1998	1999	2000	2001	2002	2003
Transener	79008	14603	161706	10113	23251	269828	34260	40405	18184	8228
Transroa	0	815	397	10834	6980	15514	12563	17337	6445	1083
Transba	0	0	0	0	2980	16528	7527	10912	9035	51
Transrea	0	0	0	0	16635	0	991	18024	659	738
Transpa	0	0	2981	0	380	11994	917	16360	518	0
Distrocuyo	0	0	0	0	1349	3441	437	0	507	0
Transcomahue-EPEN	0	0	0	667	0	374	1001	0	3140	0
Total	79008	15418	165084	21614	51575	317679	57696	103038	38488	10100
% Anual Sobre el Total	3,9	0,8	8,2	1,1	2,6	15,7	2,9	5,1	1,9	0,5
% Acumulado		4,7	12,8	13,9	16,5	32,2	35,0	40,1	42,0	42,5

AMBITO	2004	2005	2006	2007	2008	2009	TOTAL	% EMPRESA
Transener	6568	46116	123555	82457	593524	78944	1590750	83,7
Transroa	20230	2013	7383	760	46610	17922	166886	8,8
Transba	1178	6824	926	1167	20269	3761	81158	4,3
Transrea	289	1186	464	11617	3321	1645	55569	2,9
Transpa	0	17313	3298	905	3724	12365	70755	3,7
Distrocuyo	1764	4304	1503	8279	1920	0	23504	1,2
Transcomahue-EPEN	477	353	0	26606	0	36	32654	1,7
Total	30506	78109	137129	131791	669368	114673	2021276	100
% Anual Sobre el Total	1,5	3,9	6,8	6,5	33,1	5,7	100,0	
% Acumulado	44,0	47,9	54,7	61,2	94,3	100,0		

Fuente: Ente Nacional Regulador de Electricidad, Informe anual, varios números.

9. Conclusiones

La economía argentina enfrentó a partir del año 2006 problemas de escasez de energía. Esta escasez no es consecuencia de un extraordinario crecimiento del PBI. Esta escasez es consecuencia de una inversión insuficiente en el sector eléctrico que no pudo acompañar el extraordinario crecimiento del PBI. No obstante, el crecimiento posdevaluación demandó mucho menos electricidad que los años previos.

Durante los primeros años posteriores a la devaluación del 2001, la electricidad no fue una limitante. Durante los años noventa, se había generado una capacidad excedente que permitió abastecer la demanda que creció entre 2002 y 2006 a una tasa anual del 6,28%, en tanto que el PBI lo hizo al 8,88%. Los problemas de abastecimiento se hicieron evidentes en el año 2007, año en el que fue necesario apelar a restricciones cuantitativas que afectaron la actividad industrial y redujeron la demanda de electricidad de los grandes consumidores en 0,7%, reducción que también se produjo en el año siguiente en un 0,2%. La demanda total, sin embargo, aumentó 5,50% en 2007 y 2,90% en 2008, impulsada por los consumos residenciales y pequeños comercios e industrias.

La expansión del parque generador entre 2002 y 2009 fue de solo 3400 MW (11%) a una tasa acumulativa anual del 1,5%. Esta expansión, además, adquirió relevancia recién a partir del año 2007, una vez que habían aparecido los problemas de cortes y restricciones. Entre 2002 y 2006, se agregaron al parque generador solo 417 MW (1,8% de aumento). En 2007, fue bastante menor: 374 MW.

Entre 1992 y 2002, la capacidad de generación eléctrica se expandió en casi 10000 MW a una tasa anual del 5,32%, que representa un 74% del crecimiento total de la potencia (12983 MW) registrado entre 1992 y 2009. Entre 1992 y 2002, en consecuencia, se generó la potencia instalada del sistema eléctrico argentino que alimentó el crecimiento de la demanda y el aumento del PBI acaecido con posterioridad a la devaluación.

Los futuros aumentos de potencia no aparecen claramente despejados y no existe precisión sobre los 3000-4500 MW que podrían incorporarse en los tres o cuatro años próximos. La inversión en potencia entre 2002 y 2012 sería así la más baja de la historia, 30%-38% adicional a una tasa anual del 2,7%-3,2%, muy por debajo del 68% (5,32% anual) verificado entre 1992 y 2002.

La inversión en transporte que siguió a la devaluación no fue tampoco sustancialmente elevada. La verificada con las reglas de los noventa habría sido tal vez relativamente más importante, aunque ya en 1995 coincidían especialistas de los más diversos espectros que esas regulaciones eran inapropiadas para ampliar la capacidad de transporte y se requerían modificaciones.

La extensión de las líneas de extra alta tensión creció 2477 km (34%) entre 1992 y 2002 y la potencia de sus transformadores 2250 MVA (25%). Entre 2002 y 2009, este crecimiento fue de 2184 km (23%) y de 3100 MVA (27%).

El desempeño de la inversión en distribución troncal sin incluir la región patagónica fue también relativamente más significativo entre 1992 y 2002. La longitud de las líneas creció 28% (2705 km) y la potencia de los transformadores un 40% (2415 MVA). En el lapso 2002-2009, estos guarismos estuvieron bastante por debajo: 1619 km (13%) y 1636 MVA (19%), respectivamente.

El crecimiento de la inversión en transporte de alta tensión se produjo recién a partir del año 2005 y estuvo altamente concentrado en las obras del Plan Federal de Transporte Eléctrico en 500 KV, un importante programa de inversiones financiado en casi en su totalidad por el Estado nacional y cuyas prioridades y orden de puesta en marcha admitirían ciertos reparos. En particular, varias de las líneas ya construidas tienen carácter extratendencial y en algunos casos su justificación descansa solamente en la instalación de generación futura. Algunas de las todavía pendientes, además, son las que justamente integrarían el sistema argentino con el resto de los países de la región y quebrarían el carácter radial del sistema de transporte eléctrico del país, permitiendo el cierre en anillo del sistema interconectado nacional.

El comportamiento de la inversión en transporte eléctrico del periodo analizado permite concluir que entre 1992 y 2002 se concentró el 53% del total de la expansión de las líneas de transporte de alta tensión del periodo 1992 y 2009 (unos 4661 km), el 63% de la extensión de la líneas de distribución troncal (4324 km), el 42% de la expansión de la potencia de transformadores de la red de alta tensión (5350 MVA) y el 60% de aquella correspondiente a los transformadores de la red de distribución troncal (4051 MVA).

La gravitación relativa de las inversiones en transporte de electricidad del periodo posterior a 2002 aumenta si la variable de evaluación es el monto de las inversiones deflactadas por el índice de precios mayoristas publicadas por el Ente Nacional Regulador de Electricidad. En los años que van desde 2003 a 2009, se invirtieron, en efecto, $1172 millones a precios de 2001, que representan el 58% del total invertido entre 1994 y 2009, unos $2021 millones.

La importancia de las inversiones realizadas en el ámbito de Transener con posterioridad a 2002 es, de acuerdo con la información disponible, mayor también si se la mide en valores monetarios que si se la mide en unidades físicas, extensión en kilómetros y potencia de los transformadores en MVA, lo que podría estar sugiriendo un mayor costo unitario de las inversiones realizadas en dicho lapso que aquellas realizadas entre 1994 y 2002. Agregando las inversiones anuales del lapso 2003-2009 en el ámbito de

Transener se alcanzan los $939 millones, un 59% de los $1591 millones invertidos en el lapso de 1994 a 2009. En kilómetros, en cambio, la inversión llegó a los 2184 km, 49,5% de un total de 4410 km, y en potencia de los transformadores al 58%, unos 3100 MVA sobre una expansión total de 5350 MVA entre 1993 y 2009.

El Estado desempeñó un rol distinto al que cumplió en los años noventa. En la fase posdevaluación, decidió *per se* todo aquello que tuvo que ver con la ejecución de las inversiones (destino, valor, proceso de adjudicación, etc.) y financió en gran medida las obras ejecutadas. A veces lo hizo directamente con fondos provenientes del Tesoro Nacional y en otros casos dispuso de la aplicación de los fondos existentes al financiamiento de las obras. Esto ocurrió, por ejemplo, para la constitución del FONINVENEM, la instauración de impuestos destinados a financiar obras vía el FFTEF y el cambio de destino del FEDEI y FCT. Las inversiones en electricidad han pasado así a tener una fuerte dependencia del financiamiento estatal. Esto obliga, a su vez, a revisar las prioridades y urgencias de las importantes obras remanentes (Interconexión Comahue-Cuyo, Interconexión NOA-NEA y Programa de Transmisión del Norte Grande e Interconexión Pico Truncado-Esperanza-Río Turbio-Río Gallegos) del Plan Federal de Transporte Eléctrico buscando asegurar el rendimiento social de la inversión y su contribución a la ampliación de la oferta.

CAPÍTULO II: CARGA TRIBUTARIA SOBRE EL CONSUMO FINAL DE ELECTRICIDAD. MAGNITUD Y CARACTERÍSTICAS.[27]

1. Introducción

El consumo del servicio de electricidad es gravado en la Argentina por los tres niveles de gobierno. Aunque variable según las Provincias y municipios, la carga tributaria total medida en porcentaje del precio que recibe el productor es muchas veces muy elevada. Sin embargo, esta elevada carga tributaria parecería no estar todavía reflejada plenamente en las estadísticas disponibles, sea por limitación en su cobertura y alcance o porque los gravámenes no tienen un rendimiento acorde con aquel que sugiere a simple vista las alícuotas utilizadas.

Este capítulo se concentra en los impuestos que gravan el consumo final de electricidad, circunscribiéndose a aquellos indirectos que se imponen específicamente sobre el servicio eléctrico en la etapa final, dejando de lado los que se establecen en las etapas intermedias, los aportes patronales, los impuestos directos así como aquellos de carácter general que se imponen sobre todas las actividades y/o transacciones.

El nivel federal de gobierno grava el consumo final de electricidad con impuestos que recauda para su propio Tesoro y en otros casos impone para los gobiernos locales. Las Provincias siguen también este procedimiento, estableciendo múltiples fondos y tributos que a veces recaudan para sí y en otros casos los destinan a los municipios. Estos

---

[27] Una primera versión de este trabajo fue presentada a las 41° Jornadas Internacionales de Finanzas Públicas, 17 al 21 de septiembre de 2008, Córdoba, Argentina.

finalmente imponen variadas tasas y contribuciones: de Alumbrado Público, de instalación e inspección de medidores, de incidencia de Alumbrado Público, de protección de incendios, de mantenimiento de Alumbrado Público. Con respecto al servicio eléctrico, esta política tributaria municipal parecería inscribirse en una propensión de los municipios a recaudar tasas que funcionan en muchos casos como verdaderos impuestos.

Los gravámenes establecidos por los tres niveles de gobierno sobre el consumo de electricidad generan no solo una carga tributaria elevada, sino también una multiplicidad de impuestos y fondos sobre la misma base imponible que sugieren serios problemas de coordinación fiscal y una limitación estructural para diseñar una política tributaria eficaz y equitativa. Aparecen así con excesiva frecuencia fenómenos de imposiciones múltiples y casos de impuestos que recaen sobre impuestos.

El trabajo analiza los gravámenes sobre el consumo final de electricidad que establecen los tres niveles de gobierno. Primero, se señalan las principales características de los tributos que recauda la Nación sobre el consumo final de electricidad. Los impuestos recaudados por los municipios son analizados en la sección siguiente, poniendo énfasis en destacar las diferencias existentes entre Provincias, la magnitud de la carga y los tributos utilizados, particularmente en lo referido a la Tasa de Alumbrado Público. A continuación, se describe la política tributaria sobre el consumo final de electricidad de las Provincias exponiendo en forma detallada la multiplicidad de impuestos utilizados. En la sección siguiente, se cuantifica la carga tributaria total estableciendo las diferencias entre usuarios, Provincias y niveles de gobierno. Una sección final resume las principales conclusiones.

2. Impuestos nacionales

Los impuestos que gravan el consumo final de energía eléctrica a nivel federal se incluyen dentro de los denominados impuestos internos sobre bienes y servicios: el IVA (Ley Nº23.349 y modificatorias) y el Fondo Empresa Servicios Públicos S.E., Provincia de Santa Cruz (Ley Nº23.681).

El IVA tiene características de un impuesto general sobre los consumos que, luego de detraído los reintegros a las exportaciones, se destina al Régimen Nacional de Previsión Social (11%) y el resto a la Nación y Provincias para distribuirlos de acuerdo con el régimen de coparticipación federal de impuestos.

El impuesto Ley Nº23681 por su parte es un impuesto específico destinado a la Empresa Servicios Públicos S.E. de la Provincia de Santa Cruz. Es del tipo monofásico aplicable en todo el territorio nacional, con excepción de las Provincias de Tierra del Fuego, Santa Cruz y pequeñas zonas de otras Provincias incluidas en la legislación de zonas de frontera. La norma dispone gravar con un recargo del 0,6% el precio de venta de electricidad a los consumidores finales, "excluido todo tributo nacional, provincial o municipal que grave el consumo de electricidad".

El IVA grava las ventas de electricidad con excepción de las realizadas en Tierra del Fuego e Islas del Atlántico Sur (Ley Nº19640) con la alícuota general del 21% a usuarios residenciales, sujetos exentos y sujetos no responsables y con el 27% a los responsables inscriptos. Los responsables no inscriptos ante el IVA y los monotributistas (Ley Nº24.677) tributan un 50% adicional de la alícuota establecida para los contribuyentes inscriptos (40,5%). Los contribuyentes que no hayan acreditado su situación frente al IVA finalmente se les aplica el régimen de percepción normado por la RG de la AFIP Nº212/98, en virtud del cual las empresas de electricidad deben percibir del cliente el 13,5% del "monto total (precio neto de la operación más el importe del impuesto al valor agregado que grave la venta, locación o prestación de que se trate) consignado en la factura o documento equivalente". La alícuota en este caso pasa a ser del 44,5%.

El FNEE, creado por la ley 15336 y modificatorias, es también otro impuesto específico sobre la electricidad pero, a diferencia del instituido por la ley 23681, grava las transacciones realizadas en el mercado eléctrico mayorista con un recargo fijo por KWh. Al igual que aquél, sin embargo, tiene asignación específica. En el año 2006, generó unos $500 millones. Integra el costo que paga el distribuidor, aunque en algunas Provincias es discriminado en la factura del usuario final, como ocurre en La Pampa, Misiones y Neuquén, ciudad en la que se factura separadamente como "actualización Fondo Nacional de la Energía Eléctrica" en base a una autorización del Poder Concedente a través de una ordenanza del Consejo Deliberante, argumentándose que dichas actualizaciones habían aumentado los costos de abastecimiento y que, por ello, correspondía autorizar su inclusión en la factura en forma adicional.

La evolución de la normativa y la aplicación de ambos impuestos de asignación específica, ley 23681 y Fondo Nacional de la Energía Eléctrica, son abordados en el capítulo III.

3. Impuestos, Contribuciones y Tasas Municipales

Los municipios perciben de los usuarios del servicio eléctrico diversos gravámenes, Contribuciones, cargos y/o tasas. Con diferentes denominaciones, predominan la Tasa de Alumbrado Público y la Contribución Municipal (cuadro 1).

En el esquema tributario vigente, se denominan en general como Contribución Única (CU) o Contribución Única Municipal (CUM) cuando están impuestos por una disposición emanada de una jurisdicción superior. La Nación, en el caso de la Ciudad de Buenos Aires y los municipios bonaerenses atendidos por distribuidoras reguladas por el Estado Federal, y las Provincias en los otros casos, disponen así que el consumo de electricidad sea gravado con una Contribución destinada a los tesoros municipales. En cambio, se denominan Tasas en general cuando están establecidos por una disposición municipal.

Cuadro 1. Cargos y Contribuciones Municipales al Consumo Final de Electricidad según Provincia.

Característica predominante	Provincia
Provincias donde los municipios no Gravan el Consumo Final de Electricidad	Formosa
Jurisdicciones donde los Municipios perciben una Contribución Única como % de la factura	Ciudad de Buenos Aires, San Luis
Provincias donde los Municipios perciben solamente la tasa de alumbrado público como suma fija por período	Corrientes, Mendoza, Misiones, Salta, Santa Cruz, Tierra del Fuego
Provincias donde los Municipios perciben solamente la tasa de alumbrado público como % de la factura	Córdoba, La Rioja, Tucumán
Provincias donde los Municipios perciben la Contribución Única o Canon como % de la factura y la tasa de alumbrado público de suma fija por período	Buenos Aires, Jujuy, Neuquén, Rio Negro, Santa Fe (1)
Provincias donde los Municipios perciben la Contribución Única como % de la factura y la tasa de alumbrado público fijada como % de la factura	Entre Ríos, San Juan, Santiago del Estero(2)
Provincias donde los Municipios perciben una Tasa fija por período por el servicio de protección contra incendios y la tasa de alumbrado público de suma fija por período	Chubut (3)
Provincias donde los Municipios Perciben la Tasa de uso del Espacio Aéreo del distribuidor en $ por metro de línea, trasferida al usuario según su consumo, y un cargo por alumbrado público de suma fija por período	La Pampa
(1) En la Provincia de Santa Fe se destaca el rasgo predominante, aunque en la Ciudad de Rosario se grava al consumo con dos tasas diferentes y en algunas otros municipios con una tasa por el uso del espacio aéreo. En la Provincia de Buenos Aires los municipios siguen criterios diversos.	
(2) La práctica predominante en San Juan para la tasa de alumbrado público consiste en fijar un valor fijo por período y un % del cargo básico	
(3) El Municipio de Trelew percibe de los usuarios una tasa de Fiscalización con destino al Organo Municipal Regulador de Servicios Públicos fijada anualmente por la ordenanza tarifaria como un valor por kwh consumido	

Fuente: elaboración propia en base a Argentina (2003 a), Argentina (2002 c) y relevamientos propios.

La magnitud de la carga y los criterios utilizados para la administración de estos gravámenes municipales, particularmente de la Tasa de Alumbrado Público, son bastante disímiles, aunque no tanto como sugerirían los 2198 gobiernos locales registrados por el Censo 2001: 1144 municipios de primera, segunda y tercera categoría y 1054 otras formas administrativas de gobiernos locales. A pesar de tal diversidad, se sintetizan a continuación las principales características que asumen los gravámenes municipales en cada provincia.

El análisis de la carga tributaria municipal sobre el consumo eléctrico debe discriminar en lo posible aquellos municipios servidos por distribuidoras locales que atienden una ciudad o unos pocos municipios adyacentes o, en el otro extremo, los casos en que los distribuidores tienen alcance provincial. Dado que los municipios poseen autonomía tributaria en muchos casos, es probable que exista una correlación entre el carácter local del distribuidor de electricidad y una mayor carga tributaria municipal, en la medida que la cercanía de la empresa distribuidora podría facilitar el ejercicio del poder fiscalista del Municipio. Más aún, cuando en muchos casos el municipio es el propio poder concedente del servicio de distribución. Sin ser evidencias concluyentes, se han observado casos de algunos municipios de la Provincia de Buenos Aires, Santa Fe y de algunas Provincias del sur abastecidos por distribuidoras locales donde existen otros tributos de carácter municipal, además, de la Contribución Municipal y la Tasa de Alumbrado Público, por ejemplo: Contribuciones para los bomberos o para la biblioteca pública en la Provincia de Buenos Aires o Derecho Municipal por Uso del Espacio Aéreo en la Provincia de Santa Fe. Un caso extremo de esta situación es el Municipio de Luján en la Provincia de Buenos Aires, atendido por la Cooperativa Eléctrica y de Servicios Públicos Lujanense, donde según un estudio de la Secretaría de Energía, se detectaron en la factura del usuario del servicio eléctrico la Tasa por Servicios Asistenciales y de Acción Social, el Fondo Comunitario para Obras de Infraestructura y la Tasa por Servicios Públicos de Seguridad. O también, el municipio de Maipú atendido por la Cooperativa de Maipú en la zona de la empresa Edea que percibe la Contribución de Bomberos (2,5%) y la Contribución para el Hogar de Ancianos (2%)[28] Solamente en la Provincia de Formosa no se han detectado municipios que graven el consumo final de electricidad.

La Ciudad de Buenos Aires y los municipios de la Provincia de San Luis perciben solo la Contribución Única Municipal. En Corrientes, Mendoza, Misiones, Salta, Santa Cruz, Tierra del Fuego, Córdoba, La Rioja y Tucumán predominan también los municipios que perciben sólo un gravamen, aunque denominado en este caso como Tasa de Alumbrado Público, Incidencia de Alumbrado Público o Tasa de Inspección de Instalaciones Eléctricas, Medidores y Reposición de Lámparas de Alumbrado Público.

La Contribución Única o Contribución Única Municipal se la refiere a veces como Contribución por el Uso del Espacio Público (CUEP), Contribución por el Uso del Espacio Aéreo (CUEA), Tasa por el Uso del Espacio Aéreo (TUEA) o Tasa de Ocupación del Espacio de Dominio Público Municipal (TOEDPM). No siempre se les adjudica la misma naturaleza. La AFIP ha interpretado en algunos casos que la misma es un costo más que debe incurrirse para la prestación del servicio y consecuentemente ha

---

[28]   Las cooperativas son prestadoras de diversos servicios en todo el país. Además, del tradicional servicio de electricidad, ofrecen servicio de sepelio, internet, videocable, etc., que son discriminados en la factura. El aporte a la biblioteca y, particularmente, la tasa de capitalización o aporte accionario de los socios son conceptos que se incluyen en casi todos los casos en la factura eléctrica cuando el distribuidor es una Cooperativa.

dictaminado que está gravada con el IVA, como ocurre en Catamarca, Entre Ríos, Río Negro y San Juan. En la mayoría de las otras Provincias, a pesar de tener un significado similar, no se incluye en la base imponible del IVA. En la Provincia de San Luis hubo una importante controversia en este aspecto y la Contribución Única no es gravada con el IVA.

Las Provincias donde predominan municipios que perciben dos gravámenes sobre el consumo final de electricidad son Buenos Aires, Jujuy, Neuquén, Río Negro, Santa Fe, Entre Ríos, San Juan, Santiago del Estero, Chubut y La Pampa. Uno de los gravámenes, además, es normado por disposiciones de orden provincial, a excepción de Neuquén, Chubut y La Pampa donde predominan normas de carácter municipal. Los dos gravámenes aplicados son la ya mencionada Contribución Única, Contribución Única Municipal o Contribución por el uso del Espacio Aéreo y la Tasa, Contribución o Cargo por Alumbrado Público. En Santa Fe se llama Contribución Comunal y fue establecida por la Ley Nº7797. La Municipalidad de Rosario es por su parte una excepción en esta Provincia, ya que percibe dos gravámenes locales, adicionales a la Contribución Comunal percibida por disposición provincial y al "Valor Cuota Parte de Alumbrado Público" que cobra la empresa prestataria del Servicio de distribución provincial. Así la Ordenanza Nº1618/62 fija una tasa del 1,8% sobre el consumo básico de energía (CF + CV) de los usuarios residenciales, comerciales e industriales y la ordenanza Nº1592/62 grava con el 0,60% el consumo básico de los usuarios residenciales, comerciales e industriales. El consumo básico está constituido por el Cargo Fijo de conexión (CF) y los kilowats consumidos, el cargo variable (CV). El Código Tributario la denomina Tasa de Contraste, Contralor e Inspección de Medidores de Energía Eléctrica y de Gas y se establece en "concepto de tasa por retribución de servicios técnicos de contraste, contralor e inspección de medidores de energía eléctrica y de gas". No lo tributan el Estado nacional, provincial y municipal, con excepción "de las Empresas Estatales, entes autárquicos o descentralizados con fines comerciales, industriales, financieros o de servicios públicos, cultos religiosos, asilos y entidades de beneficencia, el Banco Municipal de Rosario, el servicio público de la vivienda de la Municipalidad, el Instituto Municipal de previsión social y las comisiones vecinales reconocidas por la municipalidad".

Contribución Municipal y Contribución por el Uso del Espacio Aéreo

La Ciudad de Buenos Aires y los municipios de la Provincia de Buenos Aires perciben esta contribución establecida en 1992 en el área de Edenor, Edesur y Edelap regulada por el Estado Federal y en 1997 en el área regulada por la Provincia de Buenos Aires. Es del 6,383% para la Ciudad de Buenos Aires, del 6,424% para los municipios del Gran Buenos Aires atendidos por Edenor, Edesur y Edelap y del 6% para aquellos servidos por Edea (Empresa Distribuidora Atlántica), Eden (Empresa Distribuidora Norte), Edes (Empresa Distribuidora Sur) y 198 Cooperativas que operan en territorio bonaerense[29] (cuadro 2).

---

[29] La información referida a la organización del mercado se basa en el Informe Estadístico del Sector Eléctrico de la Secretaría de Energía de la Nación. El cambio estructural más importante a la fecha en este aspecto parece ser la interconexión del denominado Mercado Eléctrico Mayorista Sistema Patagónico (MEMSP) al sistema eléctrico nacional y al mercado eléctrico mayorista argentino (MEM) ocurrido en marzo de 2006.

El artículo 34 del contrato de concesión estableció, por ejemplo, que Edenor y Edesur abonarán a la Municipalidad de la Ciudad de Buenos Aires

> el SEIS POR CIENTO (6%) de sus entradas brutas (netas de impuestos percibidos por cuenta de terceros) recaudadas por todo ingreso asociado al negocio de venta de energía eléctrica dentro del municipio, exceptuándose para su cómputo las entradas por venta de energía a los ferrocarriles, así como por suministro de energía eléctrica para Alumbrado Público y/o prestación de este último servicio en caso de acordarse esta última. LA DISTRIBUIDORA discriminará en la facturación al USUARIO el importe correspondiente a esta contribución del SEIS POR CIENTO (6%), a tal efecto aplicará sobre los montos facturados por el servicio prestado, según los Cuadros Tarifarios vigentes, una alícuota del SEIS CON TRESCIENTOS OCHENTA Y TRES MILÉSIMOS POR CIENTO (6,383%).

Esta contribución viene a sustituir la exención de "impuestos, tasas, contribuciones y demás gravámenes provinciales y municipales que incidan o interfieran sobre el cumplimiento del CONTRATO" de los bienes, actos obras, usos u ocupación de espacios, actividades, servicios, ingresos, tarifas y/o precios de la empresa distribuidora que se establece en las propias condiciones de otorgamiento de la concesión y en el propio contrato.

El origen de esta contribución es la Ley Nº14.772 del año 1958 que declaró de jurisdicción nacional los servicios interconectados que se brindan en la Capital Federal y los partidos de la Provincia atendidos por la Compañía Argentina de Electricidad S.A. y la Compañía de Electricidad de la Provincia de Buenos Aires Ld., prescribiéndose, además, que debería reconocerse un porcentaje sobre las entradas brutas que corresponda a cada municipio.[30]

---

[30]   El art. 5 de dicha Ley dispone "la prestación de estos servicios por parte de la nueva sociedad, así como por el Estado nacional, se desarrollará

La Contribución Municipal establecida para los municipios del área de distribución de Edea, Eden, Edes y las 198 cooperativas por su parte fue instituida por la Ley N°11969 del año 1997 incorporándola como "artículo 72 ter" a continuación del artículo 72 de la ley 11.769, ley que establece el marco regulatorio eléctrico de la Provincia de Buenos Aires. Está destinada a sustituir "todo gravamen o derecho municipal, inclusive los referidos al uso del dominio público, excepto que se trate de contribuciones especiales o de mejoras y de aquellos que correspondan por la prestación efectiva de un servicio no vinculado a su actividad". El origen de esta contribución es la Ley N°9226 del año 1979 que dispuso en su artículo primero que

> en los servicios eléctricos a cargo de Dirección Eléctrica de Buenos Aires (D.E.B.A.), cooperativas, organismos municipales, sociedades de economía mixta y particulares que desarrollan su actividad en virtud de lo establecido en el art. 4 de la Ley N°5156, las entidades correspondientes abonarán a las municipalidades de los partidos respectivos una suma equivalente al seis (6) por ciento de sus entradas brutas por venta de energía a usuarios ubicados en el ámbito de los mismos, libre de impuestos con excepción de la destinada a Alumbrado Público.

Las Provincias que privatizaron sus servicios de distribución de electricidad con posterioridad a la privatización de los servicios realizada por la Nación siguieron el mismo esquema. En San Luis, fueron concesionados a Empresa Distribuidora de Electricidad de San Luis (Edesal) en el año 1993, y en Santiago del Estero, a

---

respetando los poderes locales en todo aquello que sea compatible con la jurisdicción técnica y económica que corresponde al Estado nacional. En la reglamentación a dictar por el Poder Ejecutivo de la Nación deberá reconocerse el porcentaje que, sobre las entradas brutas, corresponda a cada municipio".

Empresa Distribuidora de Electricidad de Santiago del Estero (Edese) en el año 199; y fue fijada exactamente en el mismo valor: 6,383% del CF + CV.

En la Provincia de Catamarca es del 6% en todos los municipios y se denomina en general Tasa de Ocupación del Espacio de Dominio Público Municipal. En la Capital provincial, el Código Tributario la denomina Contribución que incide sobre la Ocupación o Utilización de Espacios de Dominio Público y la ordenanza tarifaria Nº4188 vigente la establece en el 6%.

En Río Negro, las distribuidoras abonan una contribución sobre la facturación básica de electricidad libre de impuestos, exceptuándose para su cómputo, las ventas de energía eléctrica para el Alumbrado Público y/o prestación de este último servicio. Esta contribución resarce a los municipios "por la ocupación del espacio público con los cables y el resto de las instalaciones eléctricas" de la empresa distribuidora de la energía. Varía entre los municipios, aunque la alícuota más frecuente es el 6%.

En los municipios de Neuquén y La Pampa, las normas que le dan origen tienen también alcance local. En los municipios de la primera se denomina en general "Canon" y ronda el 6%, como en la Capital Provincial o en Cutral Có y Plaza Huincul. En la Provincia de La Pampa la establecen los municipios sobre el distribuidor como una Contribución por el Uso del Espacio Aéreo, como ocurre en la capital Santa Rosa, donde se fija como un valor por metro de línea y el Poder Concedente autoriza a la Cooperativa encargada de la distribución su traslación a los usuarios en proporción al consumo.

La Contribución Municipal en la Provincia de San Juan es variable según los departamentos, alcanzando valores máximos del 12% en los departamentos de Santa Lucía, 9 de Julio, Rawson y Pocito; la alícuota más frecuente es del 6% y en la capital provincial es del 2,4%.

La distribuidora de electricidad de Jujuy, Ejesa, la percibe como Contribución Única del 6% en todos los municipios donde presta el servicio. En la Provincia de Santa Fe, es del 6% y se denomina Contribución Comunal por la Ley N°7779 del año 1976.

La Contribución Municipal no integra la base imponible del IVA y del impuesto establecido por la Ley N°23.681 en la Capital Federal y los municipios de Buenos Aires, Jujuy, Neuquén, San Luis, Santa Fe y Santiago del Estero. Integra la base imponible del IVA, en cambio, en las Provincias de Catamarca, Entre Ríos, La Pampa, Río Negro, San Juan y la del impuesto Ley N°23.681 en todas ellas a excepción de Catamarca. En este último caso, por ejemplo, se interpretó que la Contribución por la Ocupación del Espacio de Dominio Público es un ítem más de los costos de prestación del servicio y debe incluirse en la base imponible del IVA. No se sigue el mismo criterio en el caso del impuesto ley 23.681 y no integra su base imponible.

Cuadro 2. Gravámenes Municipales al Consumo Final de Electricidad: principales características según Provincias.

Provincia	Contribución Municipal(CM)/Contribución Única Municipal (CUM)/Contribución Uso del Espacio Aéreo(CUEA)/Tasa de Uso del Espacio Aéreo (TUEA)				Tasa de Inspección de Medidores e Instalaciones Eléctricas y Reposición de Lámparas de Alumbrado Público		Tasa de Protección de Incendios	Tasa o Cargo por Alumbrado Público
	%	Base Imponible	Se Incluye en la Base imponible del IVA	Se Incluye en la Base Imponible del Impuesto Ley 23681	%	Base Imponible	Modalidad	Característica
Prov. de Buenos Aires Zona Edenor/Edesur/Edelap	6,4240	CF+CV	No	No				Predominan Montos Fijos por período
Resto Prov. Bs. As.	6,0000	CF+CV	No	No				Se utilizan criterios Diversos
Ciudad de Buenos Aires	6,3830	CF+CV	No	No				
Catamarca	6,0000	CF+CV	Si	No				8 % del CV (1)
Córdoba					10	CF+CV (2)		
Corrientes								Monto fijo por período
Chubut (3)							Monto fijo por período	Monto fijo por período
Entre Ríos	8,6956	CF+CV	Si	Si	19,57	CF+CV+CM (4)		
Formosa		NC	Si	Si				
La Pampa	(5)		Si	Si				Monto Fijo por período

Provincia	Contribución Municipal(CM)/Contribución Unica Municipal (CUM)/Contribución Uso del Espacio Aéreo(CUEA)/Tasa de Uso del Espacio Aéreo (TUEA)				Tasa de Inspección de Medidores e Instalaciones Eléctricas y Reposición de Lámparas de Alumbrado Público		Tasa de Protección de Incendios	Tasa o Cargo por Alumbrado Público
	%	Base Imponible	Se Incluye en la Base Imponible del IVA	Se Incluye en la Base Imponible del Impuesto Ley 23681	%	Base Imponible	Modalidad	Característica
Jujuy	6,0000	CF+CV	No	No				Monto Fijo por período
La Rioja					20	CF+CV		Monto fijo por período
Mendoza								Monto fijo por período
Misiones								Monto fijo por período
Neuquén	6,0000	CF+CV+FNEE	No	No				Monto fijo por período
Rio Negro	6,0000	CF+CV+IDYCB	Si	Si				Monto Fijo por período
Salta								Monto Fijo por período
San Luis	6,3830	CF+CV	No	No				
San Juan	0-12	CF+CV	Si	Si				Monto Fijo y % S/ (CF+CV) (6)
Santa Cruz								Monto Fijo por período (7)
Santa Fe	6,0000	CF+CV	No	No	2,4	CF+CV (8)		Monto fijo por período (9)
Santiago del Estero	6,3830	CF+CV	No	No	14	CF+CV (10)		

Provincia	Contribución Municipal(CMI)/Contribución Unica Municipal (CUM)/Contribución Uso del Espacio Aéreo(CUEA)/Tasa de Uso del Espacio Aéreo (TUEA)				Tasa de Inspección de Medidores e Instalaciones Eléctricas y Reposición de Lámparas de Alumbrado Público		Tasa de Protección de Incendios	Tasa o Cargo por Alumbrado Público
	%	Base Imponible	Se Incluye en la Base imponible del IVA	Se Incluye en la Base Imponible del Impuesto Ley 23681	%	Base Imponible	Modalidad	Característica
Tierra del Fuego								Monto fijo por periodo
Tucumán					15	CF + CV (11)		

(1) Se liquida sobre el Cargo Variable. No tributan las medianas y grandes demandas.
(2) Corresponde a la Ciudad de Córdoba. Las medianas y grandes demandas tributan el 5 %
(3)La tasa de protección de incendios en Rawson es de $ 1,50 mensuales para consumos superiores a 100 kwh, $ 7,50 para consumos generales, $ 15 para medianos consumos, $ 75 para consumos oficiales medianos y de $ 150 para grandes consumos y grandes consumos oficiales.La tasa de alumbrado públicos es de $ 7,35 para usuarios residenciales y generales; $ 18,38 para medianos consumos y grandes consumos. No se incluye en la tarifa el cargo accionario que liquida la cooperativa distribuidora.El Municipio de Trelew percibe una Tasa de Fiscalización destinada al financiamiento del Organismo Municipal Regulador de Servicios Públicos, que según la Ordenanza Tarifaria anual de 2007 Nº 10185 es igual a $ 0,00116 por KWh
(4) Corresponde a la Ciudad de Paraná. El valor que se expone es el de la Tasa fijada por el Municipio (18 % para los consumos residenciales y 15 % para los consumos comerciales y oficiales) acrecentada en el 8,6956 % de la Contribución Municipal que integra la base imponible.
(5)La CUEA se cobra al distribuidor según $ por metro y se traslada a los usuarios según los kwh consumidos. En la Ciudad de Santa Rosa es de $ 6,10 por cada cien metros o fracción (Ord. 3626/06).
(6)La contribución municipal en el Municipio de Santa Lucía alcanza el máximo provincial del 12 %; se ha estimado que la contribución municipal para un usuario residencial de 300 kwh por bimestre en el municipio Capital es del 4,5 %. La Tasa de Alumbrado Público se cobra como un cargo fijo y una alicuota variable según el municipio y el tipo de tarifa. Un consumo residencial de 300 kwh en la capital se ha estimado que tributa más del 50 % y en el Municipio de Santa Lucía el 20 %
(7) Es percibida por la empresa prestataria de los servicios de distribución. Se percibe como un cargo mensual
(8) Corresponde solamente al Municipio de Rosario que percibe las tasas de Contraste, Contralor e Inspección de Medidores de Energia (Ord. 1592/62) y la tasa de energía eléctrica (Ord. 1618/62)
(9) La empresa provincial distribuidora de electricidad (EPESF) percibe el valor cuota parte del alumbrado, como un monto fijo según escala de kilowats consumidos.
(10) Varía según los municipios y tipo de tarifas. Corresponde a la Capital provincial donde la empresa distribuidora no la percibe de las grandes demandas
(11) Corresponde a la Capital de la Provincia

Fuente: elaborado en base a Argentina (2003 a), Argentina (2002 c) y relevamientos propios.

El caso de la Contribución Municipal
en la Provincia de Entre Ríos

Los Municipios de esta Provincia perciben por disposiciones provinciales la Contribución Municipal sobre el consumo de electricidad del 8,6956% calculada sobre la denominada facturación básica del servicio (CF + CV).

El esquema y sus características son muy similares a la Contribución Municipal que se percibe en las otras Provincias. Pero su tratamiento impositivo es distinto.

La provincia de Entre Ríos concesionó su empresa estatal de distribución eléctrica a mediados del año 1996 a Edeersa (Empresa Distribuidora de Electricidad de Entre Ríos).[31] El esquema impositivo siguió los lineamientos de las privatizaciones precedentes, estableciendo que los bienes, actos, actividades, servicios, tarifas y/o precios de los distribuidores "están exentos de impuestos, tasas, contribuciones y demás gravámenes municipales que incidan o interfieran sobre el cumplimiento del contrato". En su lugar, la distribuidora debe abonar a las Municipalidades en cuya jurisdicción preste el servicio público "una contribución del ocho por ciento de sus entradas [...] brutas recaudadas por el negocio de venta de energía eléctrica dentro de cada Municipio, exceptuándose para su cómputo, las entradas por ventas de energía eléctrica para Alumbrado Público". Precisamente, el art. 34 del contrato de concesión dispuso que

> LA DISTRIBUIDORA discriminará en la facturación al usuario el importe correspondiente a ésta contribución del OCHO POR CIENTO (8%). A tal efecto aplicará sobre

---

[31]   El contrato fue rescindido por incumplimientos contractuales a fines de 2003 y actualmente el servicio es prestado por Enersa (Energía de Entre Ríos), una Sociedad Anónima del Estado Provincial. Las cooperativas tienen en esta Provincia un importante papel en el sistema eléctrico: distribuyeron el 27% de la energía total facturada en el año 2005.

los montos facturados por el servicio prestado, según los Cuadros Tarifarios vigentes, una alícuota del ocho con seis mil novecientos cincuenta y seis diez milésimos por ciento (8,6956%).

El Ente Regulador Provincial entendió en su momento que, a pesar de ser un tributo a cargo de la distribuidora, quedaba claro, según su interpretación de lo dispuesto en el art. 34 del contrato de concesión, que el mismo debía adicionarse a los precios de venta establecidos en los cuadros tarifarios vigentes, autorizando su discriminación y facturación por separado del precio básico.

Las interpretaciones impositivas siguen la línea trazada por la AFIP en este sentido. La Contribución Municipal integra los costos del servicio y consecuentemente debe incluirse en la base imponible del IVA y del Impuesto Ley Nº23.681. Por ello, la alícuota de ambos impuestos pasan a ser en la Provincia de Entre Ríos un 8,6956% más que en las otras Provincias si se la mide respecto de los CF + CV del servicio.

Hasta aquí aparecen las semejanzas con el tratamiento dado a la Contribución Municipal en Catamarca, Río Negro o San Juan. Pero en la Provincia de Entre Ríos la Contribución Municipal integra también la base imponible de los otros tributos provinciales y municipales que se imponen sobre el consumo de electricidad. Como se describe más adelante, los municipios perciben la Tasa de Inspección e Instalación de Medidores y Reposición de Lámparas de Alumbrado Público y la Provincia percibe sobre el consumo residencial un impuesto que denomina Fondo de Desarrollo Eléctrico de Entre Ríos (FDEER). Ambos gravámenes se calculan sobre la base imponible que incluye la Contribución Municipal. Y esto no ocurre en ninguna otra provincia.

En Entre Ríos, en consecuencia, el mismo nivel de gobierno, el municipio, grava con la Tasa de Inspección e Instalación de Medidores y Reposición de Alumbrado Público el precio del servicio eléctrico que ya incluye otro gravamen, la Contribución Municipal. Asimismo, la Provincia hace otro tanto: recauda el Fondo el Fondo de Desarrollo Eléctrico de Entre Ríos (FDEER) sobre el CF + CV de la factura de los hogares incluida la Contribución Municipal. Este no es el tradicional efecto en cascada descripto en la literatura cuando se analiza el Impuesto a los Ingresos Brutos. Tampoco es la imposición múltiple en el sentido de que la misma base imponible es gravada con más de un tributo como, por ejemplo, ocurre en la Provincia de Buenos Aires con los diversos gravámenes existentes sobre el consumo eléctrico.

La práctica tributaria en esta Provincia es un especial e inédito caso de tributo sobre tributo ejercido por dos niveles de gobierno que, dadas las elevadas alícuotas de los gravámenes no solo del IVA, sino también de la Tasa de Alumbrado Público municipal y el FDEER provincial, alejan al sistema impositivo de las técnicas aceptadas tornándolo arbitrario, distorsivo, poco transparente y excesivamente gravoso para los usuarios del servicio eléctrico.

Tasa o Cargo de Alumbrado Público

Los municipios son los encargados de brindar el Alumbrado Público y en la mayoría de los casos el precio del servicio es percibido mediante una tasa recaudada por cuenta y orden del municipio en la factura de electricidad que emite la empresa distribuidora.

A diferencia de los impuestos, las tasas son un pago que realiza cada contribuyente a cambio de los servicios que recibe. La tasa se basa conceptualmente en el principio del beneficio, siendo la contraprestación que erogan los habitantes del municipio de acuerdo con el beneficio recibido. Los tributos, en cambio, los fija el Estado coactivamente y sin tener en cuenta los beneficios individuales que recibe cada contribuyente de dicha fuente de financiamiento. Los impuestos financian gastos que benefician a la comunidad en su conjunto. La Tasa de Alumbrado Público, sin embargo, no es voluntaria y esto la aleja del significado usual que se le atribuye cuando se la caracteriza como un precio. Tampoco parecería fijarse en función del beneficio recibido, particularmente en aquellos casos en que se liquida como un porcentaje de la factura. En este caso, se asemeja más a un impuesto que a una tasa que, además, impactaría regresivamente si es que los hogares de menores ingresos gastan en electricidad una proporción mayor de su renta.

Si bien la tasa es un derecho que paga el contribuyente en oportunidad de la prestación de un servicio, puede tener diferentes connotaciones: puede ser fijada para compensar exactamente el costo de prestación del servicio y distribuida en base a los beneficios efectivamente percibidos por cada contribuyente (tasa por servicios sanitarios); puede alejarse en más o en menos de ese nivel (tasa por inspección de seguridad e higiene), o puede también estar alejada del beneficio efectivamente percibido por el contribuyente individual (tasa por inscripción de nacimiento) (Nuñez Miñana, 1998).

Los municipios de Formosa y San Luis por regla no perciben la Tasa de Alumbrado Público en la factura de electricidad. En estos casos, se incluye en la Tasa Inmobiliaria o Contribución sobre Inmuebles. Así se percibe también, por ejemplo, en la Ciudad de Buenos Aires, La Plata, Bahía Blanca, San Isidro o Mar del Plata, denominándose a veces como Tasa de Alumbrado, Barrido y Limpieza o como Tasa de Alumbrado, Limpieza y Conservación de la Vía Pública. Una variante de este procedimiento se incluye en una tasa más general y permite su desglose para ser cobrada en forma separada cuando corresponda. En La Matanza, por ejemplo, integra la Tasa de Servicios Generales pero puede ser desglosada en forma separada por el servicio de Alumbrado Público y percibida de acuerdo con el régimen especial de la Ley N°10740 que regula su percepción en la provincia. En La Plata, por su parte, la Tasa por Servicios Urbanos Municipales tiene como hecho imponible la "prestación de los servicios de alumbrado común o especial, recolección de residuos domiciliarios, barrido, riego y conservación y ornato de calles, plazas o paseos", y la base imponible es la valuación de la propiedad, pero admite también que el importe correspondiente a la Tasa de Alumbrado Público y mantenimiento sea percibido por la empresa distribuidora, determinado por el Departamento Ejecutivo según zonas de la ciudad y ser deducido del importe total que corresponda abonar al contribuyente por la Tasa de Servicios Urbanos Municipales.

La tasa por alumbrado, barrido y limpieza retribuye el servicio de limpieza de calles, recolección de residuos y Alumbrado Público y su base imponible es el valor del inmueble. La tasa de alumbrado, barrido y limpieza a veces excede también el estricto marco de un precio por la prestación del servicio e incorpora en su determinación otros elementos destinados a gravar en forma distinta según el nivel socioeconómico de sus propietarios. Por estas razones, se ha concluido que el esquema de tasas utilizado en el nivel municipal excede el principio del beneficio que le da justificación, fijándolas en base a consideraciones de equidad, con el evidente objetivo de provocar efectos redistributivos; o también, en niveles que exceden largamente los costos de producción (López Murphy y Moskovits, 1998). Los municipios en ciertas ocasiones obtienen recursos mediante instrumentos que denominan tasas, cuando en realidad están imponiendo verdaderos tributos basados en la capacidad de pago de los contribuyentes; son impuestos ocultos detrás de la denominación de tasas pues tienen poco que ver con el principio del beneficio que las caracteriza (Braceli *et alli*, no datado).

La utilización de tasas cobradas en una gran cantidad de municipios argentinos no presenta una estricta correspondencia con los beneficios brindados que le sirven como justificación. La Tasa de Alumbrado Público que utilizan los municipios del país es probable que exhiba esta limitación considerando la elevada magnitud que a veces asume, la disparidad de criterios utilizados y la ausencia de pautas de costo precisas al momento de su imposición.

La Tasa de Alumbrado Público se ha individualizado en muy pocos casos a la hora de comparar la carga tributaria sobre el consumo final de electricidad entre Provincias y municipios. Esto se ha hecho cuando es establecida por los municipios como un porcentaje del CF + CV de la factura, caso que las ordenanzas municipales llaman en general Tasa de Inspección de Medidores e Instalaciones Eléctricas y Reposición de Lámparas de Alumbrado Público o Tasa de Energía Municipal (TEM).

Sin embargo, no se incluye en las comparaciones cuando se percibe como una suma fija por periodo de facturación, procedimiento que es el más difundido entre los municipios del país. Por ello, resulta relevante individualizarla en todos los municipios y computarla a los efectos de comparar la carga tributaria total, más aún cuando en muchos casos asume elevados valores relativos que sugieren una regresiva exacción encubierta en lugar del precio de un servicio.

Características de la Tasa de Alumbrado Público

La Tasa de Alumbrado Público es percibida por los municipios de diferentes formas (cuadro 2). Las modalidades de percepción en la factura del servicio eléctrico pueden ser agrupadas en tres:

1. La Tasa se fija a nivel local como porcentaje del CF + CV de la factura, con bastante dispersión en los valores como ocurre en los municipios de Córdoba, Entre Ríos, La Rioja, Santiago del Estero y Tucumán; o como un porcentaje sólo del CV y exhibe una elevada homogeneidad como en Catamarca. En estos casos, además, predominan una denominación más extensa y compleja que la de "Tasa de Alumbrado Público" tal como la que usan los municipios de Entre Ríos ("Tasa de Inspección de Medidores e Instalaciones Eléctrica y Reparación de Lámparas de Alumbrado Público) o de Córdoba ("Tasa de Prestación de Alumbrado Público, Inspección Mecánica e Instalación y Suministro de Energía Eléctrica");

2. La Tasa se liquida como un valor fijo por periodo de facturación a nivel local, procedimiento que es el más difundido entre los municipios de las Provincias de Corrientes, Chubut, Jujuy, La Pampa, Misiones, Neuquén, Río Negro, San Juan y Tierra del Fuego;

3. El precio del servicio de Alumbrado Público está unificado a nivel provincial y la empresa distribuidora de electricidad lo percibe como un valor fijo por periodo como en Mendoza, Santa Cruz y Santa Fe, como un impuesto provincial, como en el Chaco o de acuerdo con los KWh asignados por tipo de usuario liquidados a un precio como en Salta.

Salvo la Provincia de Buenos Aires, donde los diversos municipios utilizan los dos primeros criterios en mayor o menor medida, en el resto de las Provincias predomina uno de ellos.

Los municipios de la Provincia de San Juan apelan a la fijación de un cargo fijo mínimo y un porcentaje del CF + CV. Los valores fijos varían en torno a los $8 por bimestre y los porcentajes oscilan según los municipios entre un 0% y un máximo del 12%.

Esto hace que la tasa resulte sumamente gravosa para los bajos consumos: un usuario residencial de 250 KWh por bimestre, por ejemplo, pagó en concepto de Tasa de Alumbrado Público el 60% de la facturación básica del servicio. Los 19 municipios provinciales utilizan este procedimiento y distinguen a su vez tres grupos: pequeñas demandas, medianas demandas y grandes demandas. Se genera de este modo una gran diversidad. Esta práctica puede evidenciar que la Tasa de Alumbrado Público es muchas veces, más que el precio de un servicio, una exacción tributaria que poco tiene que ver con el beneficio recibido y puede tener efectos redistributivos de dudoso impacto.

El cargo por Alumbrado Público en la Provincia del Chaco es percibido por un impuesto provincial del 10,74% sobre las tarifas residenciales y comerciales, exceptuándose las tarifas industriales, electrificación rural y riego agrícola. Fue establecido por la Ley Nº3052 del año 1985 y percibido en la factura del servicio emitida por la empresa del Estado provincial, Servicios Eléctricos del Chaco Sociedad del Estado Provincial (SECHSEP), debiéndose destinar su producido a financiar el consumo de energía eléctrica y reposición de Alumbrado Público en todo el territorio provincial.

Los municipios de las Provincias de Tucumán, Córdoba, Entre Ríos, La Rioja, Santiago del Estero y Catamarca perciben la tasa como un porcentaje de la facturación. En Córdoba, esta tasa puede llegar al 20%, aunque en la capital y otras ciudades importantes de la Provincia sea del 10%. En la capital de La Rioja es del 20% y en algunos municipios de Entre Ríos se han observado en un pasado reciente casos con porcentajes mayores (Argentina, 2003a). El esquema convencional en este caso puede ser el que se adopta en la capital de Córdoba: se denomina Tasa de Prestación de Alumbrado Público, Inspección Mecánica e Instalación y

Suministro de Energía Eléctrica; remunera los servicios municipales de Alumbrado Público, de vigilancia e inspección de instalaciones, artefactos eléctricos, mecánicos y suministro de energía eléctrica, debiéndose pagar una contribución general por el consumo de energía eléctrica y contribuciones especiales por inspección de instalaciones o artefactos eléctricos o mecánicos, conexiones de energía eléctrica, solicitud por cambio de nombre, aumento de carga y permiso provisorio (art. 327, Código tributario, ordenanza Nº10.363/00). La empresa distribuidora actúa como agente de recaudación de la contribución sobre el consumo de energía en tanto que los instaladores de artefactos eléctricos o mecánicos son responsables del pago de las contribuciones por la inspección. El CF + CV constituye la base imponible de lo establecido en el primer caso y en el segundo la base imponible es cada artefacto u otra unidad de medida que fije la Ordenanza Tarifaria anual. El art. 330 establece que "pueden ser exentos los consumidores de energía eléctrica dedicados exclusivamente a la actividad industrial". La tasa grava en la capital de la Provincia con el 10% del importe neto total de la factura a todos los usuarios, con excepción de los grandes consumidores "con demanda autorizada en punta y fuera de punta de media tensión excepto medición baja tensión, en los que la alícuota se establece en el 5%" (Art. 88, Ordenanza Tarifaria Anual Nº10587/02).

La Tasa de Alumbrado Público en los municipios de Tucumán asume un valor en torno al 15%. En la capital provincial es del 15% del CF + CV. En el cercano municipio de Yerba Buena, sin embargo, es bastante mayor. En la capital de La Rioja es del 20%; se denomina Contribución que incide sobre la Inspección Mecánica e Instalación y Suministro de Energía Eléctrica y están exentos los bodegueros de grandes demandas.

Los municipios de Santiago del Estero denominan a la Tasa de Alumbrado Público como Tasa de Energía

Municipal (TEM) oscilando su valor entre un 10% y un 20% para los clientes residenciales y entre un 8% y un 14% para los clientes generales. En la capital de la Provincia es del 14% sobre el CF + CV de usuarios residenciales, comerciales e industriales, aunque no es percibida de los clientes de grandes demandas. En la Provincia de Catamarca, esta Tasa está unificada en los 36 municipios en torno al 8%, pero su base imponible es solamente el Cargo Variable (CF) de la facturación.

Los municipios de Entre Ríos han utilizado tradicionalmente una alícuota muy elevada para la Tasa de Alumbrado Público, detectándose entre ellos no solo valores dispares, sino también criterios disímiles. Algunos municipios gravan con menores alícuotas los consumos residenciales, otros privilegian los consumos industriales y/o comerciales, estando incluso aquellos que gravan con un porcentaje mayor a los consumos oficiales. En la capital de la Provincia se denomina Tasa de Inspección de Instalaciones y Medidores Eléctricos y Reposición de Lámparas de las redes de Alumbrado Público, aunque la Tasa General Inmobiliaria sea definida en el art. 1º del Código Tributario vigente en la Ciudad de Paraná (t.o. Decreto Nº2422/95) como "la prestación pecuniaria anual que debe efectuarse al municipio por los servicios de barrido, riego, recolección de basura, Alumbrado Público, abovedamiento, arreglo de calles". Es del 18% para los usuarios residenciales y del 15% para los usuarios comerciales,[32] calculándose sobre el CF + el CV de la factura en la mayoría

---

[32]   En la Ciudad de Concordia, segunda ciudad provincial, la ordenanza tributaria del año 2007 establece un 23% para inmuebles con iluminación a gas de sodio, 18% con gas de mercurio, 13% para inmuebles con iluminación no incluida en los anteriores y 6% para conexiones correspondientes a consumos industriales. El Decreto provincial Nº3830/07 ha establecido a partir del 1 de agosto de 2007 un límite del 16% a las tasas municipales que gravan el consumo. Este límite, sin embargo, no se considera en lo que sigue al entenderse que todavía no ha impactado en las legislaciones de los respectivos municipios.

de los municipios, aunque en algunas localidades pequeñas se liquida solamente sobre el Cargo Variable de la factura. Siguiendo el criterio imperante en la provincia, ya señalado más arriba, la Tasa de Alumbrado Público en los municipios es calculada sobre el CF + CV acrecentado en el 8,6956% de la Contribución Única Municipal.[33] De esta manera, en la ciudad de Paraná, se fijan en la ordenanza tributaria la Tasa de Alumbrado Público del 18% para las residencias y del 15% para los usuarios comerciales, lo que pasa a ser de 19,56% y del 16,30% respectivamente cuando se las mide respecto del CF + CV de la factura.

La Tasa de Alumbrado Público percibida como una suma fija por periodo de facturación por su parte es utilizada en forma predominante por los municipios de Corrientes, Chubut, La Pampa, Jujuy, Mendoza, Misiones, Neuquén, Río Negro, Salta, Santa Cruz, Santa Fe y Tierra del Fuego. Si se agrega Buenos Aires y San Juan con su sistema mixto descripto más arriba, se concluye que en 13 Provincias los municipios utilizan en forma predominante este procedimiento (cuadro 2). Se observan entre ellos una elevada diversidad (cuadro 3). La tasa es mayor en los Municipios de Chubut y Jujuy, principalmente para los consumos residenciales que tributan en Rawson $7,35 por mes. En Salta Capital es elevada para los consumos de tipo general y particularmente para los Grandes demandantes ($39,65 por mes), en tanto que en la ciudad de Corrientes las tarifas generales para consumos mayores a 800 KWh bimestrales tributan una Tasa de Alumbrado Público relativamente alta, unos $20 por mes. Los municipios del conurbano bonaerense relevados muestran valores muy dispersos, aunque bastante menores en algunos casos a los de Rawson o San Salvador de Jujuy. Pequeños consumos residenciales de

---

[33] En los municipios donde es calculada sólo sobre el Cargo Variable la base imponible también incluye la contribución municipal del 8,6956%.

Tilcara, La Quiaca o Palpalá tributan entre $4 y $5, algo menos que en la capital jujeña.

En los municipios de La Pampa y Santa Fe pueden destacarse ciertas particularidades. La Cooperativa de Santa Rosa de La Pampa, que abastece a la capital pampeana y a seis municipios cercanos, percibe el valor a cambio del servicio que presta de acuerdo con lo que el municipio le ha encomendado para financiar los costos de instalación, mantenimiento y suministro de energía para abastecer la red de Alumbrado Público; este valor es variable según el tipo de servicio que recibe el inmueble del usuario frentista, que puede pagar desde $1,94 hasta $9,80 por mes, lo que representa entre un 4% y 35% del CF + CV para un usuario residencial de 300 KWh bimestrales. Este valor no tributa el IVA de acuerdo con las exenciones que se prevén en dicha ley sobre el Alumbrado Público. En Santa Fe, en cambio, la empresa provincial EPESF liquida un "valor cuota parte" por periodo de facturación que varía según tramos de consumo pero sobre el cual la empresa factura el IVA. Esta cuota parte asume valores entre un mínimo de $1,129 por mes para un consumo que no supere los 60 KWh por bimestre hasta $7,83 como máximo para consumos que superen los 999 KWh bimestrales, de modo que a tarifas vigentes un usuario residencial de 300 KWh bimestrales paga en concepto de servicios de Alumbrado Público el 15% de su CF + CV. No obstante, si sobre dicha tasa se incluye el IVA, dicho porcentaje pasa a ser del 18%.

El precio del servicio de Alumbrado Público en Mendoza es también una suma fija por periodo fijado centralizadamente a nivel provincial. Varía según el tipo de usuario y el tipo de servicio, oscilando entre un mínimo de $3,11 por bimestre para un usuario residencial con servicio de alumbrado en cada esquina con iluminación incandescente y un máximo de $16,70 que paga un usuario de grandes demandas que tiene un servicio de alumbrado de mercurio con lámparas cada 30 metros.

La Tasa de Alumbrado Público en la Provincia de Buenos Aires

La Ley provincial Nº10.740 del año 1989 dispone que las empresas prestadoras del servicio público de electricidad deben percibir a solicitud de los municipios y en su representación la tasa por Alumbrado Público que fijen y a la que están autorizados por la ley orgánica de municipalidades. Un convenio entre el municipio y la empresa distribuidora debe regular de acuerdo con esta ley la percepción de la tasa y la adhesión del municipio debe ser realizada por ordenanza sancionada por el Concejo Deliberante. La ley, asimismo, dispone las características y pautas que deberán incluirse en el contrato de adhesión celebrado y en la rendición de la recaudación, aunque la fiscalización y el control del régimen quedan a cargo de la respectiva Municipalidad.

El Ente Nacional Regulador de Electricidad (ENRE) ha dictado diversas normas para el funcionamiento de la operatoria, dirigidas a que el procedimiento de percepción y rendición de la tasa no afecte el propio servicio prestado por la empresa distribuidora. En particular, la Resolución ENRE Nº151/96 establece recaudos para el funcionamiento del proceso y las Nº725/96 y Nº639/97 disponen los requisitos y características de los procedimientos y convenios que se celebren para regular las relaciones entre las partes.

La Tasa de Alumbrado Público en los municipios bonaerenses adquiere también una elevada diversidad. El Censo del año 2001 computó 134 municipios muy dispares, de los cuales 34 se incluyen en lo que se denomina Gran Buenos Aires. Edenor había celebrado convenio para el cobro de la Tasa de Alumbrado Público en el marco de la Ley Nº10740 con nueve municipios de los veinte del conurbano en los que presta servicio: Marcos Paz, General Las Heras, Morón, Merlo, San Miguel, Malvinas Argentinas, Moreno, General Rodríguez y José C. Paz. Edesur, por su parte, lo había hecho con los de San Vicente, Presidente Perón, Cañuelas, Ezeiza, Berazategui y Florencio Varela, de un total de 12 partidos del GBA en que brinda el servicio de distribución.

La diversidad de los numerosos municipios bonaerenses torna difícil precisar la magnitud y características que asume la Tasa de Alumbrado Público. En Argentina (2003a), se había señalado que la Tasa de Alumbrado Público en la zona de Ezeiza, por ejemplo, es del 14% mensual, en Florencio Varela del 9% mensual y en el municipio de La Plata del 15,8% mensual. En general, se destaca que las tasas oscilan entre un 5% y un 14% mensual. Otro estudio realizado sobre 38 cooperativas eléctricas de la Provincia de Buenos Aires permite concluir que los municipios perciben la Tasa de Alumbrado en la mayoría de los casos al amparo de la Ley Nº10740 según diversas modalidades y que cuando se liquida como un porcentaje del CF + CV puede oscilar entre un 5% y un 20% (Argentina 2002 a).

En los partidos del Gran Buenos Aires, prima un valor fijo para la tasa incluida en las facturas de los usuarios. De acuerdo con la información relevada a partir de las ordenanzas, la Tasa es de $9 por bimestre en Almirante Brown; $13,2 en Temperley; $8 en Avellaneda y $6 en Ensenada (cuadro 3). Estos valores reflejan la contraprestación que abona bimestralmente todo el grupo familiar por el servicio de Alumbrado Público, lo que reduciría los valores pagados per cápita a uno o dos pesos por mes. En términos relativos, sin embargo, adquieren magnitudes importantes y dignas de ser tenidas en cuenta al evaluar el impacto sobre los consumos familiares y los costos totales del servicio de electricidad. Así, los $10 de Tasa de Alumbrado Público bimestral de Avellaneda representan un 47% de la factura básica para un consumo familiar de 250 KWh, aunque se reduce al 24% si el consumo alcanza los 600 KWh. Los $13,20 de Temperley representan un 42% de un consumo familiar de 360 KWh por bimestre; un consumo familiar de 650 KWh de Ezeiza tributaba en concepto de Alumbrado Público el 20%

del CF + CV de la factura, aunque esta proporción crecía al 31% si el consumo familiar se reduce a 300 KWh por bimestre.

En otras zonas de distribución de la Provincia de Buenos Aires, pueden encontrarse ejemplos de los más diversos. En La Plata, municipio cuya distribuidora es Edelap, la Tasa de Alumbrado Público es también de un valor fijo por bimestre de $6, pero representa un 20% del CF + CV del servicio a las tarifas vigentes para un consumo residencial de unos 300 KWh. En San Andrés de Giles, un municipio de poco más de 20 mil habitantes que se encuentra en la zona de distribución de Eden, la Tasa de iluminación se fija como proporción del CF + CV de la conexión, y actualmente es del 14%. Esto significa, por ejemplo, $6,50 por bimestre para un consumo residencial de unos 300 KWh. En Campana, por su lado, se denomina Tasa de Iluminación municipal y es del 11% del CF + CV. Edea es el distribuidor del partido de General Belgrano. La Tasa de Alumbrado Público es del 31% del CF + CV. En San Clemente, zona de distribución también de Edea, la tasa, en cambio, es un valor fijo ($7,08), que representa un 15% de un consumo residencial de unos 300 KWh por bimestre a los valores actuales.

De la Tasa de Alumbrado Público en la Provincia de Buenos Aires, en consecuencia, puede concluirse que asume modalidades diversas y valores muy dispares, con alícuotas equivalentes que pueden oscilar entre un 0% y un 50% del CF + CV. Se han detectado también municipios en los cuales al servicio de Alumbrado Público es incluido en Tasas más generales que incluyen, además, otros servicios y es liquidado en base al valor de la propiedad, reduciéndose en este caso los cargos que pagan los usuarios del servicio de electricidad. Particularmente en los municipios del conurbano, además, es una práctica muy generalizada percibir la Tasa de Alumbrado Público como un monto fijo por conexión, independiente del consumo de electricidad, lo que aumenta su impacto relativo en los usuarios de bajos consumos.

Cuadro 3. Tasa de Alumbrado Público percibida como suma fija. Municipios seleccionados según Provincias (pesos por mes, agosto 2007)

Provincia	Residencial Consumos bimestrales				Comercial/Generales Consumo Bimestral			Industrial	C.Oficiales		Grandes Usuarios	Grandes Potencias
	<100	101-200	201-400	>400	<400	401-800	>800		Bajos	Medianos		
Provincia de Buenos Aires												
La Matanza/ Ensenada/La Plata							3					
Almirante Brown							4					
Ezeiza/Berazategui/ Quilmes							4,5					
Avellaneda							5					
Temperley							6,6					
Corrientes	0,73	1,75	3,8	7,35	5	10,1	20,2	20,2		20,2	27,1	27,1
Chubut (Rawson)			7,35			7,35		18,38		18,38	18,38	18,38
Chubut (Esquel) (1)			4,94					15,21				
La Pampa (Santa Rosa)	Varía entre $ 1,94 para usuarios sin servicio hasta $ 9,80 para servicio con 5 o más luminarias por cuadra con lámpara de mercurio de 25"W hasta 400 W o sodio de 150 W											
Jujuy (San Salvador) (2)			6,83			6,11-11,10			6,11	6,83	16	31,3
Mendoza(3)		1,55-3,04				3,92-7,92		3,04-6,26	3,02-6,20		8,35	
Misiones (Puerto Iguazú)	S/d	S/d	1,25	6,5	S/d	S/d	S/d	S/d		S/d	S/d	S/d

Provincia	Residencial Consumos bimestrales				Comercial/Generales Consumo Bimestral			Industrial	C.Oficiales		Grandes Usuarios	Grandes Potencias
	<100	101-200	201-400	>400	<400	401-800	>800		Bajos	Medianos		
Neuquén (Capital) (4)	3,8-7,7				3,8-7,7			S/d	S/d	S/d	S/d	
Rio Negro(Viedma)	S/d	S/d	S/d	10,01	S/d	S/d	S/d	S/d	11,01	11,01	S/d	
Salta (Capital)	3,7	3,7	3,7	5,29	11,9	11,9	11,9	13,22	S/d	S/d	39,65	39,65
Santa Cruz (Rio Gallegos)	S/d	S/d	3,96	S/d	S/d	S/d	S/d	S/d	S/d	S/d	S/d	S/d
Santa Fe (5)	1,129	2,88761	3,70841	5,141449	Los consumos entre 400 y 599 kwh $ 5,1449; entre 600 y 999 kwh $ 6,17095 y más de 999 Kwh $ 7,82726							
Tierra del Fuego (Rio Grande)	S/d	S/d	3,96	4,98	S/d	S/d	S/d	S/d	S/d	S/d	S/d	S/d

(1) Corresponde a iluminación de HG para inmuebles con 10 metros de frente. El metro excedente se liquida a razón de $ 0,32 para residencias y de $ 0.7 para usos generales, industrial y oficial
(2) Valores estimados. El valor depende del tipo de servicio: alumbrado público incandescente o con lámparas a descarga gases de vapor de sodio o mercurio
(3) Corresponde a las tarifas de EDEMSA según el tipo de servicio:incandescente con una lámpara por cuadra hasta mercurio con tres lámparas por cuadra
(4) No incluye el cargo por mantenimiento. El valor mínimo es para usuarios sin iluminación de vereda y el máximo para usuarios con iluminación de vereda.
(5) El intervalo de 0 a 60 kwh no paga este cargo. La escala de consumo se aplica a todo tipo de tarifas. Los valores no incluyen el IVA

Fuente: elaborado en base a relevamientos propios.

Si se excluye la Tasa de Alumbrado Público, o su denominación equivalente al estilo de "Tasa de Inspección
de Medidores e Instalaciones Eléctricas y Reposición de
lámparas de Alumbrado Público", las municipalidades que
perciben gravámenes sobre el consumo de electricidad
son la Ciudad de Buenos Aires y aquellas de las Provincias
de Buenos Aires, Catamarca, Entre Ríos, La Pampa, Jujuy,
Neuquén, Río Negro, San Luis, San Juan, Santa Fe y Santiago
del Estero. Como máximo, la tasa es del 8,6956% del CF +
CV que perciben las de Entre Ríos. En Rosario la Comuna
percibe dos tasas adicionales: Tasa de Constraste, Contralor
e Inspección de Medidores (Ordenanza 1592/62) y Tasa de
Energía Eléctrica (Ordenanza 1618/62 (cuadro 2).

La Tasa de Alumbrado Público se percibe como un porcentaje de la factura en los municipios de cinco Provincias aunque
con denominaciones diferentes (Córdoba, Entre Ríos, La Rioja,
Santiago del Estero y Tucumán) y en ciertos municipios de la
Provincia de Buenos Aires. En las Provincias restantes y en
muchos de la Provincia de Buenos Aires, la Tasa de Alumbrado
Público se percibe como una suma fija por periodo.

Excluir la Tasa de Alumbrado Público puede ocultar en
algunos casos una parte muy importante de la carga tributaria municipal, sobre todo la que incide sobre el consumo
hogareño. Incluirla demanda ciertos procedimientos com-
plementarios para realizar comparaciones incorporando
la incidencia en aquellos casos que se perciben como un
valor fijo por periodo. Esto es lo que se hace con los usuarios
residenciales en lo que sigue para evaluar la magnitud total
de los impuestos municipales al consumo de electricidad.

Al incorporar en la carga tributaria de las residencias la
incidencia de la Tasa de Alumbrado Público para un nivel dado
de consumo, 300 KWh por bimestre, se concluye que el total
de tasas, cargos y contribuciones destinados al nivel municipal
de gobierno del país que gravan el consumo residencial de
electricidad puede llegar a superar el 50% de la facturación
básica; esto es del cargo fijo (CF) y del cargo variable (CF). La

Tasa o Contribución de Alumbrado Público explica la mayor parte de este total en casi todos los casos (cuadro 4).

La carga tributaria municipal más elevada sobre los usuarios residenciales se registra en los municipios de Río Negro (41%) y de San Juan (54,50%). En algunos del conurbano bonaerense también se registran valores semejantes, tales como en Temperley y Avellaneda. Sin embargo, el elevado porcentaje que representan las cargas tributarias en muchos municipios, en particular los del conurbano bonaerense servidas por Edenor, Edelap y Edesur, se explica por las reducidas tarifas del servicio que exhiben. Así, 300 KWh bimestrales de un hogar servido por estas empresas cuestan $29, menos que en cualquier otra provincia, de manera que los $6 o $10 que se cobran en estos municipios bonaerenses representan una elevada proporción.

La capital de Córdoba y de Santa Cruz, los municipios de San Luis, Misiones y la Ciudad de Buenos Aires se encuentran en el otro extremo, donde los gravámenes destinados a los tesoros municipales no sobrepasan el 10%. A excepción de Misiones, en el resto los gravámenes se perciben como una alícuota sobre el CF + CV de la factura.

Con una carga tributaria municipal sobre los usuarios residenciales que oscila entre el 10% y el 20% se ubican los de Catamarca, Corrientes, La Rioja, Mendoza, Salta, Tierra del Fuego y Tucumán. En el escalón siguiente, entre 20% y 40% del CF +CV, se encuentran los de Chubut, Entre Ríos, La Pampa, Neuquén, Santa Fe y los del sur del conurbano bonaerense. En este grupo predominan los municipios que perciben la Tasa de Alumbrado Público como una suma fija, a excepción de los de Entre Ríos, La Rioja, Catamarca y Tucumán.

La Tasa de Alumbrado Público representa la mayor proporción de la carga tributaria total municipal sobre los usuarios residenciales que consumen 300 KWh por bimestre. Afecta entre el 60% y el 90% del total y, en la mayoría de los casos, a aquellos que fijan la Tasa de Alumbrado Público como una suma fija por periodo de facturación.

Cuadro 4. Consumo Residencial de Electricidad: Impuestos percibidos por los Municipios (% del CF + CV de un consumo bimestral de 300 (KWh)

Provincia	Contribución Municipal/ Contribución Única/Tasa de Uso del Espacio Aéreo (I)	Tasa de Inspección de Medidores/Tasa de Energía Municipal (II)	Tasa de Protección de Incendios (III)	Tasa o Cargo por Alumbrado Público (IV)	Carga Tributaria Total (I)+(II)+(III)+(IV)
Prov. de Buenos Aires Zona Edenor/Edesur/Edelap. Municipios Seleccionados					
Avellaneda	6,424			34	40,42
A.Brown/Berazategui/Ezeiza	6,424			31	37,42
La Plata	6,424			21	27,42
Quilmes	6,424			31	37,42
Temperley	6,424			47	53,42
Resto Prov. Bs. As.	6			5-30	11-36
Ciudad de Buenos Aires	6,383				6,38
Catamarca	6			5,8 (1)	11,80
Córdoba		10 (1)			10,00
Corrientes				18 (1)	18,00
Chaco					0,00
Chubut			6	30 (2)	36,00
Entre Ríos	8,6956	19,57 (1)			28,26
Formosa					0,00
La Pampa	1,5			17 (3)	18,50
Jujuy	6			25 (1)	31,00
La Rioja		20			20,00
Mendoza				13 (4)	13,00
Misiones				10 (5)	10,00
Neuquén	6			20 (6)	26,00
Río Negro	6			35 (7)	41,00
Salta				15 (8)	15,00
San Luis	6,383				6,383
San Juan(9)	4,5			50 (9)	54,50
Santa Cruz				9 (10)	9,00

Provincia	Contribución Municipal/ Contribución Única/Tasa de Uso del Espacio Aéreo (I)	Tasa de Medidores/Tasa de Inspección de Energía Municipal (II)		Tasa de Protección de Incendios (III)	Tasa o Cargo por Alumbrado Público (IV)	Carga Tributaria Total (I)+(II)+(III)+(IV)
Santa Fe	6	2,4	(11)		15 (12)	23,40
Santiago del Estero	6,383	14	(13)			20,38
Tierra del Fuego					13 (14)	13,00
Tucumán		15				15,00

(1)Corresponde a la Capital Provincial para un consumo residencial de 300 kwh bimestrales. En la Provincia de Entre Ríos predomina el 18 % para los consumos residenciales y el 15 % para el resto de los usuarios, aunque una reciente disposición de la Provincia ha establecido un límite máximo del 16 % para esta tasa; su base imponible incluye el 8,6956 % de la Contribución Municipal.
(2) Los valores están estimados para un consumo residencial de 220 kwh por mes en la Ciudad de Rawson. En Esquel se estima para un consumo residencial de 300 kwh por bimestre una Tasa de Bomberos voluntarios del 11 % y de alumbrado público igual 11 % para un domicilio con no más de 10 metros de frente e iluminación de Hg.
(3)La Tasa de Uso del Espacio aéreo y la tasa de alumbrado público se calculan en la capital de la provincia.La Tasa alumbrado público se calcula para un servicio de alumbrado público intermedio. Para el servicio mínimo de alumbrado público el precio es un 9 % del CF + CV y para el servicio mas caro de 44 %. La tarifa no incluye la tasa de capitalización de la Cooperativa distribuidora.
(4) Estimado para un usuario residencial de 300 kwh bimestrales para un servicio intermedio con lámpara incandescente ubicadas a 30 metros; para la máxima prestación del servicio, (con lámparas de mercurio ubicadas a 30 metros) la tarifa es el 18 % del CF + CV y para el servicio de menor valor (lámpara incandescente en cada esquina) del 9 %
(5) Corresponde a Puerto Iguazú
(6)El % estimado corresponde a un servicio de iluminación sin vereda en la Ciudad de Neuquén de un usuario residencial que consume 300 kwh por bimestre,incluyéndose en la tarifa la discriminación del FNEE y no incluyéndose el aporte de capitalización para la cooperativa distribuidora.El porcentaje es del 45 % si se computa el valor fijo pagado mensualmente por un servicio con iluminación de vereda
(7) Estimado para un consumo residencial de 400 kwh bimestrales en la Ciudad de Viedma
(8)Se estima para un consumo bismestral de 300 kwh el concepto"incidencia de alumbrado público" que factura la empresa distribuidora en la capital provincial.
(9) Se cobra como un cargo fijo y una alicuota variable según el municipio y el tipo de tarifa. Valor estimado para un consumo residencial de 300 kwh en la capital provincial.
(10) Es liquidado por la empresa provincial que presta el servicio de distribución. Calculado a razón de $ 1,98 por mes para la Ciudad de Rio Gallegos para un consumo residencial de 220 kwh por mes.
(11) Corresponde solamente al Municipio de Rosario que percibe dos tasas según ordenanzas 1592/62 y 1618/62
(12) La empresa distribuidora de electricidad percibe el valor cuota parte del alumbrado, variable según la cantidad de kwh consumidos. Corresponde a un valor estimado para 300 kwh bimestrales residenciales.
(13) Varía según los municipios y tipo de tarifas. Corresponde a la Capital provincial donde da la empresa no la percibe de las grandes demandas
(14) Estimado para la Ciudad de Río Grande para un consumo residencial de 300 kwh bimestrales

Fuente: elaborado en base a los cuadros 2 y 3.

4. Impuestos provinciales

El tratamiento impositivo que brindan las Provincias al consumo de energía eléctrica presenta importantes diferencias (cuadro 5).

Los impuestos provinciales más elevados son aplicados por Buenos Aires y Entre Ríos a los usuarios residenciales, en tanto que son mucho menores aquellos que gravan el resto de los usuarios. Los tributos sobre los usuarios residenciales están en torno al 15% de la facturación básica, aunque cuando se considera la zona de la Provincia de Buenos Aires regulada por las leyes provinciales, atendida por Edea, Eden, Edes y las cooperativas, sobrepasa el 20% y contrasta con la menor presión impositiva que establece la legislación nacional en la zona del Gran Buenos y Gran La Plata atendida por Edenor, Edesur y Edelap. Asimismo, en Buenos Aires esta presión impositiva se consigue con un variado número de tributos, que incluyen Fondos para Obras Públicas y de Compensaciones Tarifarias, en tanto que en Entre Ríos la regla es un solo tributo con elevada alícuota.

Los tributos en Córdoba, Mendoza y San Juan tienen menores alícuotas, son tributos variados y gravan en forma similar a todo tipo de consumos, pudiéndose estimar que oscilan aproximadamente entre un 5% y un 10%.

En San Juan, la carga total de la Provincia puede presumirse bastante mayor. Se utilizan aquí no solo varios y diversos impuestos, sino también algunos de ellos de suma fija que dificultan una rápida comparación. La Provincia de Mendoza grava con el Impuesto a los Ingresos Brutos excepto a las ventas residenciales, cobra una tasa para el ente regulador, otra para compensar costos entre usuarios y recauda fondos con destino a construir obras públicas. Córdoba, por su parte, recauda tributos para financiar obras públicas, al ente regulador y las actividades de lucha contra el fuego; este último es una suma fija por periodo que alcanza un peso elevado en los consumos residenciales de 300 KWh bimestrales.

En el espectro provincial, contrastan los Estados provinciales que no gravan el consumo de electricidad (Corrientes, Formosa, Neuquén, San Luis, Santa Fe, Santa Cruz, Santiago del Estero, Tucumán)[34] con aquellos donde los gravámenes son numerosos (Buenos Aires, Mendoza, Córdoba, San Juan), o elevados (Buenos Aires, Entre Ríos, San Juan), o también que aplican el Impuesto a los Ingresos Brutos, un tributo peculiar que provoca efectos diferenciales (Catamarca, La Pampa, Mendoza, Río Negro, San Juan). A los efectos de su descripción, conviene agruparlas y presentar sus principales características en cada caso.

Provincias que gravan con bajos impuestos

Se incluyen dentro de este grupo las Provincias de Jujuy, La Rioja, Salta, Misiones, y Tierra del Fuego. En las tres primeras la distribución fue concesionada entre 1995 y 1996: Ejesa y Ejedesa en Jujuy, Edelar en La Rioja y Edesal en Salta. En Misiones es una empresa del Estado Provincial, EMSE, y algunas cooperativas. En Tierra del Fuego es la Dirección Provincial de Energía y la Cooperativa de Servicios Públicos, Asistenciales, Consumo y Vivienda de Río Grande. La participación de las cooperativas es importante solamente en el caso de Tierra del Fuego, ya que distribuyó el 44% del total facturado en la Provincia.

En Jujuy se grava a todos los consumos con un 1,5% del cargo básico en concepto de tasa de Fiscalización del ente regulador, la Superintendencia de Servicios Públicos (SU.

---

[34]   En este grupo, se encuentran Provincias que centran sus sistemas de distribución en torno a empresas privadas (Formosa, San Luis, Santiago del Estero y Tucumán), Cooperativas (Neuquén) y Entes o empresas estatales (Corrientes, Santa Cruz y Santa Fe).

SE.PU.). En La Rioja, por su parte, se grava con un concepto similar cuya alícuota es del 1,35%; en Misiones con un 1,5% destinado al financiamiento del sistema jubilatorio; en Salta con un cargo de denominado "canon ampliaciones mayores" y en Tierra del Fuego con un cargo denominado Fondo Permanente de Apoyo a los Bomberos, calculado como un valor por KWh consumido.

Provincias que gravan con impuestos medios

Se incluyen en este grupo las Provincias de Córdoba, Chaco y Chubut. En Córdoba y Chaco la distribución está a cargo de empresas estatales y en Chubut el esquema de distribución es altamente descentralizado en Cooperativas de alcance local o regional. Al 31 de diciembre de 2005, operaban en la Provincia treinta cooperativas que abastecían al 95% de los 135507 usuarios del servicio eléctrico provincial. En el Chaco, por su parte, operan muy pocas cooperativas, solamente dieciocho que atienden apenas a 8000 usuarios. En Córdoba, en cambio, juegan un importante rol dentro del sistema de distribución complementando el accionar de la Empresa Provincial de Energía (EPEC): 168 cooperativas distribuyeron en el año 2005 el 29% del total provincial, siendo las más importantes las de Las Varillas, Laboulaye, Río Tercero y Morteros.

Los impuestos que establece el Estado provincial en Córdoba son de los más variados: el Fondo para la Prevención y Lucha Contra el Fuego, un cargo fijo que alcanza a todos los usuarios del sistema que varía según tipo de tarifas y magnitud de los consumos a excepción de los usuarios de la tarifa social y los consumos oficiales; la Tasa de Financiamiento del Ente Regulador de Servicios Públicos (Ersep) que grava con el 0,4% del CF + CV de todos los usuarios del servicio; y el Fondo Infraestructura Eléctrico que grava con el 1,5% del CF + CV a todos los consumos con excepción de los usuarios de la tarifa social, los usuarios residenciales que consuman menos de 1000 KWh bimestrales y los consumos de los tres niveles de gobierno y el Alumbrado Público. Si bien el Fondo para la Prevención y Lucha Contra el Fuego es un monto fijo por periodo, puede estimarse que a las tarifas vigentes representa un 7% para un consumo residencial de 200 KWh por bimestre y de 17% para uno de 300 KWh. Un usuario residencial en Córdoba tributa al Estado provincial en consecuencia el 7,4% del CF + CV si consume 200 KWh, un 17% si consume 300 KWh por bimestre y una proporción menor a medida que su consumo supere este valor.

Un solo tributo provincial grava el consumo final de electricidad en Chubut y en el Chaco. El 8% del CF + CV en el primer caso con el objeto de financiar las pequeñas cooperativas del interior provincial según se establece en la ley provincial Nº1098. En el Chaco por su parte se grava con el 10,74% a la facturación básica de todos los usuarios residenciales y comerciales del servicio, encontrándose exentos los usuarios industriales, rurales y de riego agrícola; su fin es financiar el servicio de Alumbrado Público.

Provincias que gravan con impuestos elevados

En este grupo se incluyen las Provincias de Buenos Aires y Entre Ríos. Las Provincias de San Juan y Mendoza imponen también una elevada carga tributaria sobre el consumo final de electricidad. Sin embargo, son incluidas dentro del grupo de Provincias que gravan con el Impuesto a los Ingresos Brutos y por ello descriptas más adelante.

En la Provincia de Entre Ríos, el Estado Provincial grava los consumos finales de electricidad solamente de los usuarios residenciales con un tributo destinado a constituir el Fondo de Desarrollo Eléctrico de Entre Ríos (FDEER). Su alícuota es del 13% para aquellos usuarios residenciales que consumen entre 150 KWh y 400 KWh mensuales y del 18% para aquellos que superan este límite, quedando exceptuadas residencias cuyo consumo sea inferior a los 150 KWh por mes. La base imponible de este tributo es el CF + CV de la factura acrecentada por la Contribución Municipal del 8,6956% que perciben los municipios por disposición provincial. En consecuencia, el peso efectivo del FDEER crece y el precio del servicio que deben pagar los usuarios aumenta a un 14,13% en lugar del 13% si su consumo está entre los 150 KWh y 400 KWh mensuales y a 19,57% en lugar del 18% si su consumo supera los 400 KWh por mes.

Los impuestos en la Provincia de Buenos Aires con destino al tesoro bonaerense son de los más variados, pero sobre todo gravan con una carga total elevada a los consumos residenciales.

La Contribución Provincial establecida en la legislación nacional en el área de distribución de Edenor, Edesur y Edelap grava con el 0,6424% el CF + CV de todos los usuarios a excepción del Alumbrado Público. Su origen es sustituir impuestos existentes al momento de la concesión de índole fiscal o en razones de uso del espacio público. A diferencia de la contribución municipal ya descripta, cuyos orígenes se remontaban a leyes anteriores, esta contribución no reconoce ningún antecedente similar (Barreiro, 2002). En el área regulada por la Provincia a través del Órgano de Control Eléctrico de la Provincia de Buenos Aires (OCEBA), la Ley N°11.969 (art. 72 bis) fija esta contribución en el 0,6% de las ventas que se realicen a usuarios o consumidores finales de energía eléctrica, exceptuándose las tarifas de Alumbrado Público y los distribuidores municipales que "se trasladará en forma discriminada en la facturación del usuario". Esta contribución es sustitutiva de los impuestos inmobiliarios, a los automotores y de sellos y del impuesto sobre los ingresos brutos en la medida en que mantengan su vigencia los gravámenes establecidos por los Decretos leyes N°7290/67 y N°9038/78 y sus modificatorios.

El Impuesto al Servicio de Electricidad grava solamente los consumos residenciales de toda la Provincia con el 10% del CF + CV; tiene su origen en el Decreto ley N°7290/67, que unificó dos tributos existentes hasta ese momento (Fondo Especial para Obras Eléctricas e Impuesto al Consumo de Energía Eléctrica), pasando su producido a integrar el "Fondo Especial de Desarrollo Eléctrico de la Provincia de Buenos Aires", cuya finalidad es costear estudios, proyectos, obras y adquisiciones destinadas a reestructurar, expandir y crear sistemas y servicios públicos de electricidad de la Provincia y financiar obras interprovinciales que hagan al interés de la Provincia. En ningún caso indica la ley que "los recursos del Fondo podrán ser aplicados a sufragar gastos de explotación". Inicialmente, el tributo gravaba con alícuotas menores los servicios residenciales y mayores para los consumos comerciales e industriales. A partir de la Ley N°11.801 y el Decreto N°1160 este tributo sólo grava los consumos residenciales con el 10% de la facturación básica.

El Fondo Especial Grandes Obras Eléctrica Provinciales grava sólo los consumos residenciales de toda la Provincia con el 5,5% de la facturación básica (Ley N°9038/78); su origen es la Ley N°8372 del año 1977, en tanto que la Ley N° 9038/78 fijó un adicional destinado a la financiación de las inversiones que demanda "la Central de Acumulación por Bombeo de Laguna La Brava, radicación de potencia de base en el área de Bahía Blanca y sus interconexiones". La Ley N°10431 del año 1986 elevó el adicional al actual 5,5% hasta tanto se cumplan "las obligaciones originadas en la obra Central Eléctrica Comandante Luis Piedrabuena de Bahía Blanca". La Ley N°12698 de junio del año 2001 por su parte redujo "total y transitoriamente" los impuestos creados por los Decretos leyes N°7290/67 y N°9038/78 para aquellos usuarios residenciales que hayan sido incluidos en la Tarifa Eléctrica de Interés Social, una tarifa que reduce un 40% las tarifas reguladas para aquellos consumos de hasta 150 KWh mensuales.

El Fondo Provincial de Compensaciones Tarifarias (FPCT) se aplica solamente a los usuarios del área de distribución de Edea, Eden, Edes y las cooperativas bonaerenses. Grava la facturación básica con el 5% de todo tipo de tarifas a excepción del Alumbrado Público, las grandes demandas, los servicios de peajes y los distribuidores municipales. Sus recursos tienen por objeto compensar diferencias de costos de distribución entre diferentes prestatarios del servicio y unificar tarifas, buscando que consumos similares de usuarios abonen valores similares.

Un usuario residencial de la Provincia de Buenos Aires tributa para el tesoro provincial, en consecuencia, un 21,1424% si es abastecido por Edenor, Edesur y Edelap y un 21,10% si es abastecido por alguna otra distribuidora que opera en territorio bonaerense. Un usuario comercial o industrial tributa un 5,6424% o 5,5% respectivamente, siempre y cuando su tarifa no sea de grandes demandas. En este último caso, en cambio, sólo tributará el 0,6425% si se encuentra en la zona de distribución de Edenor, Edesur y Edelap, y 0,6% si es atendido por otra empresa distribuidora.

Provincias que gravan con el Impuesto a los Ingresos Brutos

El Impuesto a los Ingresos Brutos es un tipo de impuesto que adquiere relevancia especial cuando se considera la carga tributaria de un bien o servicio que es gravado por diversos niveles de gobierno. Su base imponible son las ventas brutas netas de IVA en cada etapa y por ello da lugar al fenómeno de impuesto sobre impuesto.

El Impuesto a los Ingresos Brutos agranda la brecha entre el precio que paga el usuario del servicio y el precio que recibe el distribuidor de electricidad. Definida como carga tributaria, esta brecha crece no solo por su impacto directo, sino también por los impactos "indirectos" que provoca. Estos impactos indirectos derivan en primer lugar de los gravámenes municipales, tales como la contribución municipal o la tasa de uso del espacio aéreo, que amplían su propia base imponible. En Segundo término, derivan de los impuestos nacionales, el IVA y el impuesto Ley N°23681, que ven su base imponible ampliada como consecuencia de la existencia de los tributos locales, el Impuesto a los Ingresos Brutos entre ellos.

Cinco Provincias en el país gravan el servicio eléctrico con el Impuesto a los Ingresos Brutos: Catamarca, La Pampa, Río Negro, San Juan y Mendoza. En San Juan, los municipios perciben la Contribución Municipal y en Catamarca y La Pampa predominan aquellos que perciben la Tasa por Uso del Espacio Aéreo. En todas estas Provincias, el consumo del servicio eléctrico está gravado con el IVA y el impuesto Ley N°23.681.

La distribución es realizada en La Pampa por la Administración Provincial de Energía (Apelp) que ha concesionado el servicio a 29 cooperativas; en Mendoza por Edemsa (concesionaria desde el año 1997), Edestesa (concesionaria desde el año 2000) y un pequeño número de cooperativas; en Río Negro por Edemsa (concesionaria desde el año 1996) y las Cooperativas de Río Colorado y de Bariloche; en San Juan por EJS S.A. (concesionada en 1996) y la ex cooperativa de Caucete y en Catamarca por Edecat (concesionaria desde 1996).

Antes de analizar las consecuencias y características del Impuesto a los Ingresos Brutos, se describen a continuación los tributos existentes en cada una de las Provincias incluidas en este grupo (cuadro 5).

La Provincia de Catamarca grava con el Impuesto a los Ingresos Brutos la actividad de generación, transporte y distribución de electricidad con una alícuota del 3%. Adicionalmente, percibe la Tasa de Fiscalización y Control del 1,5% de la facturación a todos los usuarios del servicio.

En la Provincia de la Pampa y en la Provincia de Río Negro el único tributo provincial es el Impuesto a los Ingresos Brutos, cuya alícuota es del 2,5% en el primer caso y del 1,8% en el segundo. En el caso de Río Negro, las cooperativas, que distribuyeron el 15% de la energía y atendieron el 21% de los usuarios provinciales en el año 2005, están exentas de este impuesto.

La Provincia de San Juan grava el consumo final de energía eléctrica con cinco impuestos:

1. El Impuesto a los Ingresos Brutos grava con la alícuota general del 3%;

El Impuesto Lote Hogar (ILH) es un adicional del 20% del Impuesto a los Ingresos Brutos;

2. El Fondo Solidario Hospitalario (FSH) es un impuesto de suma fija por bimestre que varía según el tipo de tarifas y los KWh consumidos. Aunque variable, se puede estimar para un consumo residencial de 300 KWh que el monto fijo del impuesto ($5,00 por bimestre) representa alrededor del 12% del CF + CV. Para un usuario de 400 KWh bimestrales, en cambio, su peso relativo se reduce a 10%.

3. El Fondo para la Línea de Interconexión en 500 KV se liquida como un cargo fijo por mes y un cargo variable por KWh consumido, estando exentos los usuarios residenciales y generales de pequeñas demandas inferiores a 350 KWh por bimestre; para un consumo residencial de 400 bimestrales, este cargo representa a las tarifas vigentes alrededor del 7% del CF + CV;

4. El Fondo del Plan de Infraestructura Eléctrica Provincial Ley Nº7638 para el Desarrollo Socioeconómico y Productivo (FONDO PIEDE) cuyos montos deben ser

determinados por el Ente Regulador Provincial de Energía de acuerdo con diversos criterios. La ley prescribe en su artículo primero que el Fondo creado no deberá tener impactos en las tarifas de los usuarios del servicio público de distribución "con respecto a los valores vigentes previos a la sanción de la presente ley, con excepción de los derivados de variaciones en el costo de desarrollo que se dispusieran a través de Audiencias Públicas, en el marco de la normativa vigente y de la evolución de precios y cargos derivados del mercado Eléctrico Mayorista". A mediados de año, un usuario residencial de unos 400 KWh por bimestre registraba en su factura con destino a este Fondo algo más del 12% del CF + CV, aunque dicho cargo era simultáneamente acreditado en la misma factura de acuerdo con las normas de facturación vigentes.

En Mendoza, por último, los tributos establecidos por la legislación provincial son:

1. La Tasa de fiscalización y control grava con el 1,5% las actividades de generación, transporte y distribución de electricidad;

2. La Sobretasa del 3% (Ley Nº6498) grava con el 3% la facturación básica de los usuarios residenciales;

3. La Contribución para Compensación de Costos Eléctricos (CCCE) grava con el 2,5% del Costo Medio de Distribución exceptuándose a los usuarios residenciales cuyos consumos no superen los 300 KWh bimestrales o 150 mensuales;

4. El Impuesto a los Ingresos Brutos grava con el 3% las actividades de generación, transporte y distribución, aunque la distribución a consumidor final se encuentra aún exenta al no haber podido entrar en vigencia el tributo sobre los usuarios residenciales a raíz de recursos judiciales.

Cuadro 5. Impuestos y Contribuciones provinciales al Consumo Final de Electricidad: características según Provincias.

Provincia		Impuesto/Gravamen/Cargo	Base Imponible	Alícuota según Tipo de Tarifa (% del CF+CV)		
				Residencial	Comercial	Industrial
Buenos Aires	Zona de Distribución de Edenor/ Edesur/Edelap	Fondo Especial Grandes Obras Eléctricas Provinciales. Ley 9038/78	CF+CV	5,5	0	0
		Fondo Especial de Desarrollo Eléctrico. Ley 7290/67	CF+CV	10	0	0
		Contribución Provincial (Art. 34)	CF+CV	0,6424	0,6424	0,6424
	Zona de Distribución de EDES/ EDEA/EDEN/ Cooperativas	Fondo Especial Grandes Obras Eléctricas Provinciales. Ley 9038/78	CF+CV	5,5	0	0
		Fondo Especial de Desarrollo Eléctrico. Ley 7290/67	CF+CV	10	0	0
		Ley 11969/1997	CF+CV	0,6	0,6	0,6
		Fondo de Compensaciones Tarifarias. Ley 11769 (1)	CF+CV	5	5	0
Ciudad de Buenos Aires		No corresponde				
Catamarca		Tasa de Fiscalización y Control	CF+CV	1,5	1,5	1,5
		Impuestos a los Ingresos Brutos	CF+CV+IIB	3	3	3
Chaco		Cargo Adicional por Alumbrado Público	CF+CV	10,74	10,74	Exento
Chubut		Impuesto p/Coop. Del Interior (Ley 1098)	CF+CV	8	Exento	Exento
Córdoba		Fondo p/Prevención Lucha contra el Fuego(Ley 9147) (2)	N/C	$ 8,40 por bimestre	$ 12,50 por bimestre	$ 210 por bimestre
			N/C	17	S/d	S/d
		Fondo Infraestructura Eléctrica(3)	CF+CV	1,5	1,5	1,5
		Tasa de Financiamiento Ente Regulador	CF+CV	0,4	0,4	0,4
Corrientes						
Entre Ríos		Fondo de Desarrollo Eléctrico de Entre Ríos(4)	CF+CV+CM	14,13-19,57		

Provincia	Impuesto/Gravamen/Cargo	Base Imponible	Alícuota según Tipo de Tarifa (% del CF+CV)		
			Residencial	Comercial	Industrial
Formosa					
Jujuy	Tasa de Fiscalización y Control	CF+CV	1,5	1,5	1,5
La Pampa	Impuestos a los Ingresos Brutos(IIB)(5)	CF+CV+CUEA+FNEE+IDYCB+IIB	2,5	2,5	2,5
La Rioja	Tasa de Fiscalización y Control	CF+CV	1,35	1,35	1,35
Mendoza	Fondo Fiduciario de Obras Públicas (Ley 6498)	CF+CV	3		
	Contribución p/Compensación de Costos Eléctricos(CCC) (6)	Costo Medio de Distribución	2,5	2,5	2,5
	Tasa de Fiscalización y Control	CF+CV	1,5	1,5	1,5
	Impuesto a los Ingresos Brutos	CF+CV+IIB		3	3
Misiones	Aporte para Jubilados	CF+CV+FNEE	1,5	1,5	1,5
Neuquén					
Río Negro	Impuesto a los Ingresos Brutos(7)	CF+CV+IIB+CUEA+IDYCB	1,8	1,8	1,8
Salta	CanonAmpliaciones Mayores	S/d	S/d	S/d	S/d
	Impuestot a los Ingresos Brutos	CF+CV+IIB+CUEA+ILH	3	3	3
	Impuesto Lote Hogar(ILH)	CF+CV+IIB+CUEA+ILH	0,6	0,6	0,6
San Juan	Fondo Solidario Hospitalario(FSH)(2)	N/C	$ 5 por bimestre	$ 6 por bimestre	$ 20 por bimestre
		N/C	12		
	Fondo Línea Interconexión 500 KV(8)	N/C	Cargo fijo por mes y cargo por kwh consumido	Cargo fijo por mes y cargo por kwh consumido	Cargo fijo por mes y cargo por kwh consumido
	Fondo Piede	N/C	S/d	S/d	S/d
		N/C	S/d	S/d	S/d
San Luis					
Santa Cruz					

Provincia	Impuesto/Gravamen/Cargo	Base Imponible	Alícuota según Tipo de Tarifa (% del CF+CV)		
			Residencial	Comercial	Industrial
Santa Fe					
Santiago del Estero					
Tierra del Fuego	Fondo Permanente de Apoyo a los bomberos Voluntarios (9)	CV	Recargo por kwh consumido	Recargo por kwh consumido	Recargo por kwh consumido
Tucumán		CV	0,5	S/d	S/d

(1) La Resolución 665 lo ha fijado en el 5 % del CF + CV de todo tipo de tarifas(residencial, servicio general de bajos y altos consumos, medianas demandas de suministros de baja y media tensión y pequeñas demandas rurales) con excepción de las de alumbrado público, las grandes demandas, los servicios de peaje y los distribuidores municipales.
(2) Estimado para un consumo residencial de 300 kwh por bimestre
(3) Se exceptúan los consumos residenciales menores a los 1000 kwh bimestrales y los consumos oficiales.
(4) Consumos de 300 kwh bimestrales o menos están exentos;consumos entre 301 kwh y 800 tributan 13 %; consumos superiores a 800 kwh bimestrales tributan el 18 %. La base imponibl incluye la Contribución Municipal (CM) del 8,6956 %.
(5) Se discrimina en la factura el Impuesto a los débitos y creditos bancarios (Ley 25413) (IDYCB) y el Fondo Nacional de Energía Eléctrica (FNEE)(Ley 25457). CUEA es la Contribución Municipal por el Uso del Espacio Aéreo
(6) Grava con el 2,5 % los costos medios de distribución. Están exentos los consumos residenciales menores a 300 kwh por bimestre
(7) Las cooperativas se encuentran exentas (Cooperativa de Bariloche y de Río Colorado)
(8) Las tarifas residenciales o generales de pequeñas demandas con consumos menores a 350 kwh por bimestre están exentos siempre y cuando reúnan ciertas condiciones.
(9) Estimado para un consumo residencial de 300 kwh en la Ciudad de Río Grande
N/C: No corresponde.

Fuente: elaborado en base a Argentina (2003 a), Argentina (2002 c) y relevamientos propios.

La Carga Tributaria de Ingresos Brutos y la Contribución Municipal

Características del Impuesto a los Ingresos Brutos

El Impuesto a los Ingresos Brutos es un antiguo impuesto que apareció en la legislación argentina por primera vez en el Código Fiscal de la Provincia de Buenos Aires del año 1948, luego en la Capital Federal y con posterioridad en todas las Provincias. Antes de la denominación actual, se llamó "Impuesto a las actividades lucrativas" e "Impuesto de Patente por el Ejercicio de Actividades con Fines de Lucro" (Di Gresia, 2003). La utilización del Impuesto a los Ingresos Brutos para gravar el proceso de generación y comercialización del servicio eléctrico estuvo limitado en el país, primero por el carácter estatal de los principales operadores y participantes de dicho proceso, y luego por la reestructuración de la industria eléctrica, su concesión en muchos casos a operadores privados y los sucesivos pactos fiscales firmados entre la Nación y las Provincias que acotaban su utilización.

Al igual que el IVA, se trata de un impuesto a las ventas que se aplica en las diversas etapas del proceso de producción y consumo y termina afectando el precio del producto o servicio. El IVA grava solamente el valor que se añade en cada etapa, en tanto que el Impuesto a los Ingresos Brutos grava las ventas en todas las etapas del proceso de producción y consumo y, por ello, es de carácter acumulativo. En este aspecto, suelen distinguirse los efectos de acumulación y piramidación. Denominado también efecto en "cascada", el efecto de acumulación alude a una reiterada imposición del mismo bien o servicio en el todo o en algún insumo, ocurriendo así una múltiple imposición de la misma base imponible en virtud de la cual se aplica el impuesto sobre el propio impuesto incorporado en fases o etapas previas del proceso. El precio final del bien o servicio termina así creciendo significativamente.[35] En IDIED (1998) se distingue el efecto de acumulación del efecto de "piramidación" en virtud del cual la aplicación del impuesto provoca un aumento del precio del bien superior al monto recaudado del impuesto. El Impuesto a los Ingresos Brutos es del tipo de los impuestos indirectos, dentro de los cuales se incluye también el IVA. Adoptada por la Constitución argentina, esta distinción tiene varias acepciones: según las finanzas públicas italianas, los impuestos indirectos son aquellos que constituyen una manifestación mediata de riqueza. Para el sistema tributario anglosajón, en cambio, son aquellos que pueden ser trasladados a otras personas vía aumento de los precios, a diferencia de los impuestos directos en los cuales el contribuyente de derecho coincide con el contribuyente de facto y no se verifica la traslación.[36] En la Argentina, la traslación ha sido tradicionalmente el criterio para distinguir los impuestos indirectos de los directos, aunque progresivamente se ha ido abandonando (Nuñez Miñana, 1998).

---

[35]   Una comparación entre el IVA y un impuesto multifásico acumulativo como el impuesto a los ingresos brutos muestra que si la alícuota en ambos casos es la misma, el precio del producto en el caso del Impuesto a los Ingresos Brutos termina creciendo más que en el caso del IVA por el carácter acumulativo de aquel. Sin embargo, si la comparación se realiza de modo que ambos impuestos generen la misma recaudación y, por lo tanto, el mismo aumento en el precio final del bien o servicio, no se ve alterada la distribución de la carga entre etapas suponiendo plena traslación hacia delante del impuesto. Con cualquiera de los dos tipos de impuestos, el valor agregado de cada etapa no cambia y los impuestos indirectos de los directos, aunque progresivamente se ha ido abandonando (Nuñez Miñana, 1998).

[36]   IDIED (1998) agrega un tercer criterio para distinguir los impuestos directos de los indirectos. Es el criterio francés que se basa en que los impuestos directos tienen carácter permanente y afectan capitales y rentas de los contribuyentes y los indirectos gravan hechos aislados de producción, consumo o transferencia.

El impuesto a ingresos brutos es también del tipo de los impuestos reales: recae sobre los ingresos gravables y no tiene en cuenta la situación personal del contribuyente. Recae también sobre las actividades gravadas dentro de una jurisdicción o ámbito físico y se utiliza con alícuotas proporcionales.

El Impuesto a los Ingresos Brutos es incluido entre los denominados impuestos distorsivos. De acuerdo a Llach y Harriage (2005), los impuestos distorsivos son aquellos que inciden directamente en los costos o en los precios de la producción, reduciendo selectivamente la rentabilidad y sesgando la asignación de recursos entre sectores de la economía o entre empresas, sin que existan para ello justificaciones económicas o de equidad.

Por ultimo, el Impuesto a los Ingresos Brutos es del tipo de impuestos que se calcula sobre una base imponible que incluye el propio impuesto. Integra la categoría de los impuestos "por dentro" para diferenciarlo de aquellos impuestos que se calculan sobre una base imponible que no incluye el propio impuesto, como el IVA, que integran por esto el grupo de los impuestos "por fuera" (Chambouleyron y Viecens, 2004). Estas características de impuesto "por dentro" hacen que TEIIB, la carga efectiva del impuesto medida en porcentaje del precio que recibe el distribuidor de electricidad, el CF + CV (la denominada facturación básica), resulte igual a:

$$TEIIB = [TNIIB / (100 - TNIIB)] \times 100.$$

siendo TNIIB la alícuota del Impuesto a los Ingresos Brutos que define la legislación provincial expresada en porcentaje de BIIIB, su base imponible igual a:

$$BIIIB = CF + CV + [(TNIIB \times BIIIB) / 100].$$

Procedimiento de Medición

La carga tributaria del Impuesto a los Ingresos Brutos medida con respecto al precio que recibe el distribuidor de electricidad (CF + CV) crece en la medida en que existan impuestos municipales que amplíen su base imponible, tales como la contribución Municipal o la Tasa de Uso del Espacio Aéreo. El impacto del IVA y del impuesto Ley N°23681 sobre el precio que paga el usuario también crece en la medida que los impuestos provinciales y municipales (Impuesto a los Ingresos Brutos, Contribuciones Municipales y Tasa de Uso por el Espacio Aéreo) amplían la base sobre la que se calculan. En este apartado, se desarrolla una expresión para cuantificar el efecto que tienen los tributos municipales sobre la carga efectiva del Impuesto a los Ingresos Brutos y una expresión que precisa el impacto de los impuestos locales sobre la carga tributaria efectiva del IVA y del impuesto Ley N°23.681.

En la medida en que el Impuesto a los Ingresos Brutos grave la fase de generación, transporte y distribución de electricidad, el usuario final pagará un precio que refleje estos aumentos de los costos impositivos en las tres fases. Sin embargo, el análisis se centrará en los aumentos de precios del servicio originados solamente en el Impuesto a los Ingresos Brutos que grava la fase final de distribución.

La carga tributaria total del Impuesto a los Ingresos Brutos se mide en porcentaje del precio que percibe el distribuidor (CF + CV). Es la diferencia entre el precio del servicio que paga el usuario y el que recibe el distribuidor eléctrico expresada en porcentaje de CF + CV, que en lo que sigue se denomina alícuota efectiva del Impuesto a los Ingresos Brutos (TEIIB):

$$TEIIB = [(TNIIB \times BIIIB) / (CF + CV)]$$

Tomando el caso de la Provincia de San Juan, donde se aplica el Impuesto a los Ingresos Brutos, el Impuesto

Lote Hogar (ILH) como un adicional del Impuesto a los Ingresos Brutos igual al 20% y la Contribución Municipal (CUM), la base imponible del Impuesto a los Ingresos Brutos (BIIIB) resulta igual:

$$BIIIB = [CF + CV] + [(TNIIB \times BIIIB)/100] + [(TCUM \times BICUM)/100] + ILH$$

donde TCUM es la alícuota de la Contribución Única Municipal medida en porcentaje de BICUM, su base imponible, e ILH es el Impuesto Lote Hogar. Siendo el ILH provincial el 20% del Impuesto a los Ingresos Brutos, o sea ILH = 0,002 (TNIIB x BIIIB) y la BICUM=CF + CV, la carga total del Impuesto a los ingresos brutos medida como porcentaje del CF + CV, resulta:

$$TEIIB = = [TNIIB / (100 - 1,2 \times TNIIB] \times [100 + TCUM] \quad [1]$$

que permite desagregar la carga tributaria del Impuesto a los Ingresos Brutos en dos componentes: uno atribuible a la política tributaria provincial (Ingresos Brutos e ILH), impuestos ambos del tipo de impuestos "por dentro", y el otro originado en la Contribución Municipal.

La carga tributaria del Impuesto Lote Hogar (TEILH) medida en porcentaje del precio del servicio que percibe el distribuidor es igual a:

$$TEILH = (0,2 \times TNIIB \times BIIIB) / (CF + CV)$$

Luego,

$$TEILH = [(0,20 \times TNIIB) / (100 - 1,2 \times TNIIB)] \times [100 + TCUM]$$

El Impuesto Lote Hogar (ILH) de la Provincia de San Juan es un impuesto del mismo tipo del Impuesto a los Ingresos Brutos, un impuesto "por dentro". Su carga tributaria expresada como porcentaje del CF + CV se descompone en dos efectos: uno que cuantifica el impacto de la política tributaria provincial y otro que refleja el impacto de la contribución municipal. Para una contribución municipal del 12%, como en el municipio de Santa Lucía y un Impuesto Lote Hogar del 20% del Impuesto a los Ingresos Brutos, TNIIB = 3%, la carga efectiva del Impuesto Lote Hogar resulta igual a 0,697%, un 16% más que lo que sugiere su alícuota nominal, 0,6%. La elevada alícuota de la Contribución Municipal del 12% responde en gran parte a este aumento. En las otras Provincias donde solamente existe el Impuesto a los Ingresos Brutos y no hay ningún adicional al estilo del ILH de San Juan, la carga tributaria total TEIIB resulta:

TEIIB = [TNIIB / (100 − TNIIB)] x [100 + TCUM]

Resultados

El impacto del Impuesto a los Ingresos Brutos sobre las tarifas eléctricas de los usuarios residenciales no carece de importancia. En las Provincias donde es recaudado su gravitación crece en presencia de la Contribución Municipal y la Tasa de Uso del Espacio Aéreo. Dicho impacto es también bastante más significativo que el sugerido por la alícuota legal TNIIB. Esto es lo que se muestra en el cuadro 6.

El encarecimiento del servicio que provoca el Impuesto a los Ingresos Brutos cuando se aplica conjuntamente con las contribuciones municipales que integran su base imponible alcanza valores nada despreciables. Dados los supuestos utilizados, es del 3,28% en Catamarca, 10% más que lo que sugiere su alícuota nominal del 3% y 3,49% en San Juan, 16% más que la TNIIB = 3%. Utilizando la expresión desarrollada en [1], el estado sanjuanino en este último caso es responsable por el 3,11% y la Contribución Municipal por casi el 0,38%.

La Carga Tributaria de los impuestos nacionales
en presencia del Impuesto a los Ingresos
Brutos y la Contribución Municipal

Procedimiento de Medición

El impacto del IVA y del impuesto Ley N°23.681 con respecto al precio que percibe el distribuidor de electricidad crece cuando es aplicado en presencia del Impuesto a los Ingresos Brutos y ciertos tributos municipales. Estos impuestos locales aumentan la base imponible de aquellos impuestos nacionales y su incidencia con respecto al CF + CV aumenta. El IVA y el impuesto Ley N°23.681 provocan así un aumento del precio del servicio que paga el usuario mayor al que provocan en aquellas Provincias donde no existen. Se interpreta aquí que la política tributaria local sobre el consumo de electricidad, provincial y municipal, acrecienta la carga tributaria de los impuestos nacionales, según se deduce del análisis de las facturas de servicios emitidos en las Provincias evaluadas.

La carga tributaria del IVA medida en porcentaje del precio que recibe el distribuidor, TEIVA, se expresa como:

$$TEIVA = (TNIVA \times BIIVA) / (CF + CV)$$

donde TNIVA es la alícuota del IVA expresada en porcentaje de BIIVA, la base de cálculo del débito fiscal. Definiendo BIIVA de forma amplia que contemple la situación de la Provincia de San Juan donde existen el Impuesto a los Ingresos Brutos (IIB), el adicional del 20% con destino al lote hogar (ILH) y la Contribución Única Municipal (CUM), las ventas sobre las que se calcula el IVA se expresan como:

$$BIIVA = (CF + CV) + [(TCUM \times BICUM) / 100)] + [(TNIIB \times BIIIB) / 100] + [(0,2 \times TNIIB \times BIIIB) / 100]$$

de modo que la carga total del IVA en la Provincia de San Juan como porcentaje del CF + CV resulta igual a:

$$TEIVA = TNIVA \{1 + [TCUM/100] + [(1,2 \times TNIIB)/$$
$$(100 - 1,2 \times TNIIB))] + [0,012 \times TCUM \times TNIIIB) / (100-1,2$$
$$\times TNIIIB)]\} [2]$$

La carga total del IVA con respecto al CF + CV que abona un consumidor de energía en la Provincia de San Juan puede descomponerse en la alícuota del IVA que establece el Estado nacional y los aumentos que experimenta como consecuencia de los tributos locales que establecen la Provincia y los municipios.

En el caso de las otras Provincias donde no existe ningún adicional sobre los ingresos brutos, la expresión anterior se transforma en:

$$TEIVA = TNIVA\{1 + [TCUM/100] + [(TNIIB / (100 - TNIIB)] + [(TCUM \times TNIIB \times 0.01) / (100 - TNIIB)]\}$$

La base imponible del impuesto establecido por la Ley N°23.681 es igual a la base imponible del IVA y del Impuesto a los Ingresos Brutos en los casos de las Provincias de La Pampa, Mendoza, Río Negro y San Juan. No ocurre así en la Provincia de Catamarca, que sólo se liquida sobre la facturación básica (CF + CV). En aquellas cuatro Provincias, en consecuencia, la carga tributaria del impuesto Ley N°23.681 medida como porcentaje del CF + CV (TEILEY) puede calcularse en base a la expresión desarrollada más arriba para el IVA, sustituyendo TNIVA por la alícuota del impuesto Ley N°23.681(TNILEY).

Resultados

Los efectos de los impuestos nacionales sobre el precio del servicio eléctrico en presencia de impuestos provinciales, como el Impuesto a los Ingresos Brutos y municipales como la Contribución por el Uso del Espacio Aéreo, adquieren magnitudes relativas de importancia según los cálculos expuestos en el cuadro 6.

Cuadro 6. Consumo Residencial de Electricidad: Efectos Estimados del Impuesto a los Ingresos Brutos y la Contribución Municipal sobre la Carga Tributaria Total (% del CF + CV).

Impuesto	Impuesto/ Tasa/ Cargo	Catamarca	La Pampa	Río Negro	San Juan
		Alícuota (% del CF + CV)			
Impuestos Municipales	A.Contribución Municipal/Tasa Uso Espacio Aéreo	6,00	1,50 (1)	6,00	12,00 (3)
	B.Tasa de Alumbrado Público	5,80 (1)	17,00 (2)	30,00 (1)	20,00 (3)
	Total Impuestos Municipales(A+B)	11,80	18,50	36,00	32,00
Impuestos Provinciales	C.Tasa de Fiscalización y Control	1,50	0,00	0,00	0,00
	D.Alícuota efectiva Ingresos Brutos(TEIIB) (I+II)	3,28	2,60	1,94	3,49
	(I)Alícuota Nominal(TNIIB)	3,00	2,50	1,80	3,00
	(II)Efecto Tributos Locales(TEIIB-TNIIB)	0,28	0,10	0,14	0,4855
	E.Alícuota Efectiva Impuesto Lote Hogar(III+IV)	N/C	N/C	N/C	0,70
	(III)Alícuota Nominal(TNILH)				0,60
	(IV)Efecto Tributos Locales (TEILH-TNILH)				0,10
	F. Fondo Solidario Hospitalario				12,00 (1)
	Total Impuestos Provinciales(C+D+E+F)	4,78	2,60	1,94	16,18
Impuestos Nacionales	G.Alícuota Efectiva IVA(V+VI)	22,96	21,86	22,67	24,40
	(V)Alícuota Nominal (TNIVA)	21,00	21,00	21,00	21,00
	(VI)Efecto Tributos Locales (TEIVA-TNIVA)	1,96	0,86	1,67	3,40
	H.Alícuota Efectiva Impuesto Ley 23681(VII+VII)	0,60	0,62	0,65	0,70
	(VII)Alícuota Nominal	0,60	0,60	0,60	0,60
	(VIII)Efectos Tributos Locales (TEILEY-TNILEY)	N/C	0,02	0,05	0,10
	Total Impuestos Nacionales(G+H)	23,56	22,49	23,32	25,10
Carga Tributaria Total		40,14	43,59	61,26	73,28

(1) Estimado sobre la base de un consumo de 300 kwh bimestrales
(2) Estimado para un servicio de alumbrado público intermedio ($4,49 por mes) y un consumo bimestral de 300 kwh.
(3) Valores estimados para el Municipio de Santa Lucía

Fuente: elaboración propia. Ver texto.

Un usuario residencial del servicio eléctrico de cualquier provincia paga tarifas eléctricas 21% mas elevadas que el CF + CV como consecuencia de la existencia del Impuesto al Valor Agregado. Un usuario de Catamarca, en cambio, tributa con el mismo fin un 22,96%, uno de Río Negro algo menos y uno de San Juan el 24,4%, casi un 16% más. La Contribución Municipal responde en gran parte a ese aumento y el Impuesto a los Ingresos Brutos por bastante menos. De acuerdo con la expresión [2], la Nación responde por 21 puntos de aquel 24,4%, la Provincia por 0,65% y el resto es explicado por la existencia de la Contribución Municipal.

Una situación similar ocurre con el denominado impuesto Ley N°23.681. Un usuario residencial del servicio eléctrico del país tributa el 0,6%, un usuario de Río Negro tributa el 0,65% y uno de San Juan el 0,70%. En Catamarca, en cambio, la carga tributaria efectiva de este impuesto es igual a la del resto del país, dado que su base imponible no incluye la tasa municipal ni el Impuesto a los Ingresos Brutos.

5. Carga Tributaria Total

Procedimiento

La cuantificación de la carga tributaria total sobre el consumo final de electricidad en las diversas Provincias y municipios requiere realizar correcciones a los efectos de hacer comparables las cifras.

La primera corrección tiene que ver con la Tasa de Alumbrado Público. En la mayoría de los municipios del país se fija en base a una suma fija por periodo; sólo en los de Entre Ríos, La Rioja, Córdoba, Santiago del Estero, San Juan, Tucumán y Catamarca se lo hace como un porcentaje del CF + CV. En los de Catamarca y en pequeños municipios de Entre Ríos, además, este porcentaje se calcula sólo sobre el CV. Para contemplar esta situación, se realizan dos procedimientos:

primero, se compara la carga tributaria entre Provincias sin incluir la Tasa de Alumbrado Público distinguiendo entre consumos residenciales, comerciales e industriales (cuadro 7); segundo, se compara la carga tributaria entre Provincias incluyendo la Tasa de Alumbrado Público pero sólo para los consumos residenciales, suponiendo su incidencia en un consumo bimestral de 300 KWh (cuadro 8).

Una segunda corrección tiene que ver con los cargos municipales. En la mayoría de los municipios se liquidan como un porcentaje del CF + CV, con la excepción de los Municipios de Chubut y La Pampa. En los primeros, la tasa de protección de incendios se aplica como un cargo fijo por periodo. En Santa Rosa de La Pampa, la Tasa por Uso del Espacio Aéreo se aplica como un cargo por metro de línea sobre la empresa distribuidora que lo traslada a los usuarios en proporción al consumo. En Entre Ríos se incluye en la base imponible de todos los otros tributos no sólo nacionales, sino también provinciales y municipales, incluso en la base imponible de la Tasa de Inspección e Instalación de Medidores y Reposición de Lámparas de Alumbrado Público. Para ello, en Entre Ríos, se calcula una nueva alícuota para todos aquellos tributos que se liquidan sobre una base imponible ampliada en un 8,6956% de la Contribución Municipal, en tanto que en aquellas Provincias donde se percibe como un monto fijo se estima su incidencia en los consumos de las residencias para un consumo bimestral de 300 KWh.

Una tercera corrección se relaciona con los tributos provinciales que liquidan como un monto fijo por periodo, como ciertos tributos de Córdoba y San Juan; con gravámenes de Salta y Tierra del Fuego que no han podido ser precisamente cuantificados y con uno de los impuestos de Mendoza que utilizan como base imponible el Costo Medio de Distribución. Esta limitación es contemplada sólo cuando se comparan los consumos residenciales estimando su incidencia sobre un consumo bimestral de 300 KWh en aquellos casos que se dispuso de información y no se realiza ningún procedimiento adicional para los otros tipos de usuarios. La existencia del Impuesto a los Ingresos Brutos requiere un tratamiento especial. Para ello, la carga tributaria en las Provincias de Catamarca, La Pampa, Mendoza y Río Negro es reestimada cuantificando las alícuotas resultantes y la carga tributaria efectiva que resulta de la existencia conjunta de los impuestos a los Ingresos Brutos, la Contribución Municipal, el Impuesto al Valor Agregado y el Impuesto Ley N°23.681.

Finalmente, el peso de algunos impuestos municipales, provinciales y nacionales es distinto según sea su base imponible. A los ya señalados efectos del Impuesto a los Ingresos Brutos, la Contribución Municipal y Contribución por el Uso del Espacio Aéreo, deben agregarse los que se producen cuando el IVA se liquida a usuarios de Provincias donde las tarifas eléctricas discriminan la incidencia de otros tributos nacionales. Esto es lo que ocurre, por ejemplo, con el Impuesto a los débitos y créditos bancarios (Ley N°25.413) en Río Negro y La Pampa y el Fondo Nacional de la Energía Eléctrica (Ley N°25.957) en La Pampa, Misiones y Neuquén. Los cálculos expuestos no tienen en cuenta esta situación.

Carga Tributaria Total sobre Usuarios Comerciales e Industriales

La Provincia de San Juan es la que presenta la carga tributaria local más elevada según las hipótesis adoptadas para el cálculo: un 48,25% del CF + CV. El 27,6% tendría origen en los tributos nacionales y el resto en la política tributaria local (Cuadro 7). No se incluyen aquí los impuestos que gravan el consumo de electricidad con montos fijos que se pagan por periodo de facturación, denominados Fondo Solidario Hospitalario, el Fondo Línea de Interconexión de 500 KV y el Fondo PIEDE (cuadro 5). De modo que la carga tributaria total sobre el servicio eléctrico demandado por los comercios e industrias sanjuaninos puede presumirse bastante mayor al 50% cuando se computen, no solo estos tres tributos, sino también el impacto del Impuesto a los Ingresos Brutos en las otras etapas del proceso y el cargo por Alumbrado Público. Incluyéndose todos estos gravámenes, la carga tributaria sobre estos usuarios sanjuaninos se presume que supere el 70%, ya que sólo de Alumbrado Público se tiene en algunos municipios el 12%.

La presión tributaria sobre el consumo eléctrico de los comercios e industrias es también relativamente elevada en Catamarca, la Provincia de Buenos Aires, Entre Ríos, Río Negro, Santa Fe y Mendoza. El total está entre el 36% y el 41% y el exceso de los tributos locales sobre los nacionales se ubica entre un mínimo de 9% (Mendoza) y un máximo en torno al 13% (Catamarca.). En estas dos Provincias se aplica el Impuesto a los Ingresos Brutos así que la presión tributaria total es mayor a la computada. En Catamarca, además, la Tasa de Alumbrado Público municipal es de 8% sobre el CV, de modo que agregando ambos efectos se llega a superar el 50% del CF + CV. En Rosario, los gravámenes municipales son, a su vez, mayores que en el resto de las ciudades santafesinas.

En la zona de distribución de Edea, Eden, Edes y las cooperativas de la Provincia de Buenos Aires, se observa que las grandes demandas en las que puede presumirse que predominan las industrias son gravadas preferencialmente con menores impuestos provinciales. Estos usuarios, en efecto, están exentos del gravamen del 5% instituido por la Ley provincial Nº11.769 del Fondo de Compensaciones Tarifarias. Todos los usuarios bonaerenses que adquieren su energía a Edenor, Edesur y Edelap, regulados por legislación nacional, tienen una presión tributaria menor al no existir en esta jurisdicción un tributo similar al fijado por la Ley Nº11.769 para la zona abastecida por Edea, Eden, Edes y las cooperativas.

Los comercios e industrias de la Provincia de Entre Ríos tienen la mayor carga tributaria del país cuando se computa la Tasa de Alumbrado Público, un porcentaje de la facturación, variable según la ciudad pero en general muy elevado. La carga total sobre los usuarios con tarifas del tipo comercial en la ciudad de Paraná, por ejemplo, pasa a ser de casi el 70% del CF + CV y algo mayor en Concordia, segunda ciudad de la provincia. En Paraná, los consumos industriales no tributan esta Tasa, lo que deja el total de gravamen en 38,70% del CF + CV. En la ciudad de Concordia, en cambio, los usuarios industriales tributan el 6%, que en Entre Ríos se calcula sobre una base imponible acrecentada en el 8,6956% de la Contribución Municipal, de modo que el total de tributos sobre el consumo de electricidad de las industrias de esta ciudad se ubica cercano al 50% del CF + CV, entre los más altos del país.

Las Provincias donde la presión diferencial de los gobiernos locales sobre el consumo eléctrico de los comercios sería nula de acuerdo a estas estimaciones son Chaco, Chubut, Corrientes, Formosa, Salta, Santa Cruz, Santiago del Estero, Tucumán y Tierra del Fuego (Cuadro 7). Salta y Tierra del Fuego se incluyen aquí, solo porque no fue posible cuantificar la magnitud de los tributos provinciales: el Canon por Ampliaciones Mayores, en la primera, y el Fondo Permanente de los Bomberos Voluntarios, en la segunda. Si se incluye la Tasa de Alumbrado Público, debe destacarse lo que ocurre con los valores de Chaco, Santiago del Estero y Tucumán, que tienen estas tasas con alícuotas elevadas: 15% del CF + CV en el caso de los comercios e industrias de Tucumán, 15% en el caso de los comercios de Santiago del Estero y del 10,74% para los comercios de Chaco. Las tasas de Alumbrado Público en las otras Provincias mencionadas se establecen con valores fijos por periodo que sólo en los consumos de pocos kilowatts alcanzan un peso relativo de relevancia.

Los consumos eléctricos de comercios e industrias de Jujuy, la zona de la Provincia de Buenos Aires abastecida por Edenor, Edesur y Edelap, la Ciudad de Bueno Aires, San Luis, Neuquén y La Pampa, tienen una carga tributaria total sin incluir la Tasa de Alumbrado Público que oscila entre 35% (Jujuy) y 31% (La Pampa). La presión tributaria crecerá en

Santa Rosa de La Pampa cuando se incluya el impacto de la Tasa de Uso del Espacio Aéreo y el impacto del Impuesto a los Ingresos Brutos en todas las etapas. Si se agrega la Tasa de Alumbrado Público, esta situación no cambiará radicalmente, ya que en la mayoría de estas jurisdicciones predominan municipios que la perciben como un monto fijo por periodo que se espera que no alcancen valores relativos significativos. Restan destacar las Provincias de Córdoba, Misiones y La Rioja. En la Provincia de Córdoba, los resultados muestran una presión tributaria total sobre el consumo eléctrico de los comercios e industrias del 29,5% sin incluir la Tasa de Alumbrado Público, muy poco por encima de los impuestos nacionales, aunque los cálculos no computen la incidencia del Fondo para la Prevención y Lucha contra el Fuego (Ley Nº9147), un cargo fijo que puede llegar a representar $210 por bimestre para las grandes demandas y $12,50 para un pequeño comercio u oficina. La carga tributaria en Córdoba y La Rioja puede cambiar significativamente si se incluye la Tasa de Alumbrado Público: 10% para comercios y 5% para industrias en la capital de Córdoba, pero bastante mayor en otros municipios de la provincia, y 20% para todos los consumos en la capital de La Rioja, a excepción de los usuarios de bodegas. Incorporando estos conceptos, la carga tributaria total de un comercio o industria en La Rioja puede alcanzar el 51% del CF + CV, entre los más altos del país, y más del 40% para uno de la capital cordobesa.

Carga Tributaria Total sobre los usuarios residenciales

Las Provincias de Entre Ríos, San Juan y Buenos Aires tienen las tarifas eléctricas residenciales con mayor carga impositiva (cuadro 8). Sin incluir la Tasa de Alumbrado Público, se ubica entre un 45% y un 53%; 21,6% con origen en los tributos nacionales y el resto en la política tributaria provincial y municipal. Las políticas tributarias sobre la demanda de electricidad de las Provincias de Entre Ríos y Buenos Aires muestran, además, un fuerte sesgo en contra de los usuarios residenciales.

En otras Provincias, la carga tributaria total estimada sin computar el Alumbrado Público es también elevada: Córdoba (39%), Chubut (35,60%), Río Negro (31,26%), Jujuy (29,10%) y Mendoza (28,60%).

Sin incluir el cargo por el Alumbrado Público, los hogares que tienen una tarifa eléctrica con menor presión impositiva son los que residen en las Provincias de Chaco, Corrientes, Formosa, Santa Cruz, Tierra del Fuego y Tucumán, que solo tributan los impuestos nacionales y ninguna carga adicional de Provincias y municipios. Santa Cruz y Tierra del Fuego por su parte están exentos del impuesto nacional establecido por Ley N°23.681 y Tierra del Fuego agrega también la exención del IVA.

Al agregarse el cargo por Alumbrado Público, estos resultados experimentan algunos cambios importantes. En algunos municipios, la alícuota es elevada y, en aquellos donde es establecida como una suma fija, adquiere a veces un peso significativo, resultado en algunos casos de niveles absolutamente altos, pero también en otros de tarifas eléctricas reducidas. En algunos municipios del Gran Buenos Aires, que tienen las tarifas eléctricas residenciales más bajas del país, las prácticas seguidas y los niveles de las sumas fijas del Alumbrado Público adoptadas son relativamente muy elevados para los consumos de 300 KWh bimestrales,[37] dando por resultado que el servicio de Alumbrado Público cuesta entre un 30% y un 50% del propio servicio eléctrico. La inclusión de la Tasa de Alumbrado Público en los cómputos hace que muchos hogares que residen en municipios del Gran Buenos Aires abastecidos por Edenor, Edesur y Edelap, paguen en

---

[37]   Edenor, Edesur y Edelap perciben $29 por 300 KWh bimestrales a agosto de 2007. En otras zonas del país, estos valores son sustancialmente mayores: $50-$54 en el resto de la Provincia de Buenos Aires, $50 en la Provincia de Santa Fe, $42 en Neuquén, $38 en San Juan, Chubut y Río Negro y $33 en Mendoza.

concepto de tasas y gravámenes provinciales y municipales sobre su consumo de electricidad de 300 KWh por bimestre más del 90% del CF + CV (cuadro 8).

En algunos otros municipios, como los de Chubut, el peso relativo de la suma fija que perciben los municipios en concepto de Tasa de Alumbrado Público que se muestra en el cuadro 8 se reduce significativamente sólo porque las tarifas del servicio eléctrico son mayores.

La Tasa de Alumbrado Público percibida como suma fija por periodo tiene también un impacto relativo importante en los municipios de Río Negro, Chubut, Jujuy, Neuquén, La Pampa, Mendoza y Santa Fe. Esto eleva considerablemente la presión tributaria total de las tarifas residenciales, que se mueven según la provincia entre un mínimo de 40% y cerca del 70%. En cualquiera de estos casos, estos valores significan que los impuestos y cargos provinciales y municipales superan largamente la presión tributaria nacional de sólo el 21,6%, fruto de la elevada incidencia que tiene la Tasa de Alumbrado Público sobre las familias de bajos consumos cuando los municipios las perciben como una suma fija.

Los municipios de La Rioja, Santiago del Estero y Tucumán utilizan una alícuota muy elevada para recaudar la Tasa de Alumbrado Público, aunque la denominen de otra forma (Tasa de Inspección de Medidores y de Instalaciones Eléctricas). Pero nuevamente merecen destacarse en este contexto los de las Provincias de San Juan y Entre Ríos que no solo la liquidan con una alícuota muy elevada, sino también que la aplican simultáneamente con otro gravamen que denominan Contribución Municipal. En el caso de Entre Ríos, además, sobre una base imponible que ya incluye la propia Contribución Municipal. De este modo, los municipios ejercen una notable exacción impositiva sobre el usuario del servicio eléctrico, reñida a veces con cualquier técnica impositiva e incluso legal, aunque oculta detrás de su carácter de prestador del servicio de Alumbrado Público.

Cuadro 7. Carga Tributaria Total sobre el Consumo Final de Electricidad excluido el Cargo por Alumbrado Público. Estimación según nivel de gobierno, tipo de usuario y Provincia (% del CF + CV)

Provincia	Impuestos Nacionales (Incluye IVA e impuesto Ley 23.681 (1))			Impuestos y Contribuciones Provinciales (1)			Contribución Única Municipal y Tasa de Uso del Espacio Aéreo — Tipo de Usuario			Carga Tributaria Total Sin Alumbrado Público"			Tasa de Inspección de Medidores o Tasa de Alumbrado Público		
	Residencial	Comercial	Industrial	Residencial	Comercial	Industrial	Residencial	Comercial	Industrial	Residencial	Comercial	Industrial	Residencial	Comercial	Industrial
Buenos Aires Zona EDENOR/EDESUR/EDELAP	21,60	27,60	27,60	16,1424	0,6424	0,6424	6,424	6,424	6,424	44,17	34,67	34,67	Predominan Montos Fijos por Período		
Buenos Aires Zona Edea/Eden/Edes	21,60	27,60	27,60	21,10	5,60	0,60	6,00	6,00	6,00	48,70	39,20	34,20	Se utilizan montos fijos por período o % del CF + CV según el municipio		
Ciudad de Buenos Aires	21,60	27,60	27,60				6,383	6,383	6,383	27,98	33,98	33,98			
Catamarca	23,56	30,11	30,11	4,78	4,78	4,78	6,00	6,00	6,00	34,34	40,89	40,89	8 % sobre CV		
Chaco	21,60	27,60	27,60							21,60	27,60	27,60	10,74	10,74	Exento
Chubut	21,60	27,60	27,60	8,00			Monto Fijo por período(2)			29,60	27,60	27,60	Monto Fijo por período		
Córdoba(3)	21,60	27,60	27,60	1,90	1,90	1,90				23,50	29,50	29,50	10,00	10,00	5,00
Corrientes	21,60	27,60	27,60							21,60	27,60	27,60	Suma fija por período		
Entre Ríos(4)	23,48	30,00	30,00	19,57			8,6956	8,6956	8,6956	51,74	38,70	38,70	19,57	16,30	16,30
Formosa	21,60	27,60	27,60				6,00	6,00	6,00	21,60	27,60	27,60			
Jujuy	21,60	27,60	27,60	1,50	1,50	1,50	6,00	6,00	6,00	29,10	35,10	35,10	Suma fija por período		

Provincia	Impuestos Nacionales (Incluye IVA e impuesto Ley 23.681 (1)) Residencial	Comercial	Industrial	Impuestos y Contribuciones Provinciales (1) Residencial	Comercial	Industrial	Contribución Única Municipal y Tasa de Uso del Espacio Aéreo (Tipo de Usuario) Residencial	Comercial	Industrial	Carga Tributaria Total Sin Alumbrado Público" Residencial	Comercial	Industrial	Tasa de Inspección de Medidores o Tasa de Alumbrado Público Residencial	Comercial	Industrial
La Pampa(5)	22,49	28,31	28,31	2,60	2,56	2,56	1,50	Según el consumo	Según el consumo	26,50	30,87	30,87	Suma fija por período	Suma fija por período	Suma fija por período
La Rioja	21,60	27,60	27,60	1,35	1,35	1,35				22,95	28,95	28,95	20,00	20,00	20,00
Mendoza(6)	21,60	28,45	28,45	7,00	7,09	7,09				28,60	35,55	35,55	Suma fija por período	Suma fija por período	Suma fija por período
Misiones(7)	21,60	27,60	27,60	1,50	1,50	1,50				23,10	29,10	29,10	Suma fija por período	Suma fija por período	Suma fija por período
Neuquén	21,60	27,60	27,60				6,00	6,00	6,00	27,60	33,60	33,60	Suma fija por período	Suma fija por período	Suma fija por período
Río Negro	23,32	29,79	29,79	1,94	1,94	1,94	6,00	6,00	6,00	31,26	37,73	37,73	Suma fija por período	Suma fija por período	Suma fija por período
Salta	21,60	27,60	27,60	S/d (8)	S/d (8)	S/d (8)				21,60	27,60	27,60	Suma fija por período	Suma fija por período	Suma fija por período
San Juan(9)	25,10	32,07	32,07	4,18	4,18	4,18	12,00	12,00	12,00	41,28	48,25	48,25	Suma Fija y % del CF + CV		
San Luis	21,60	27,60	27,60				6,383	6,38	6,38	27,98	33,98	33,98			
Santa Cruz	21,00	27,00	27,00							21,00	27,00	27,00	Suma fija por período	Suma fija por período	Suma fija por período
Santa Fe(10)	21,60	27,60	27,60				8,40	8,40	8,40	30,00	36,00	36,00	Suma fija por período	Suma fija por período	Suma fija por período
Santiago del Estero	21,30	27,60	27,60				6,383	6,383	6,383	27,98	33,98	33,98	14,00	14,00	S/d
Tierra del Fuego(11)	Exento			Recargo por kwh consumido									Cargo por Kwh consumido		
Tucumán	21,60	27,60	27,60							21,60	27,60	27,60	15,00	15,00	15,00

Provincia	Impuestos Nacionales (Incluye IVA e impuesto Ley 23.681 (1))			Impuestos y Contribuciones Provinciales (1)			Contribución Única Municipal y Tasa de Uso del Espacio Aéreo			Carga Tributaria Total Sin Alumbrado Público"			Tasa de Inspección de Medidores o Tasa de Alumbrado Público		
	Tipo de Usuario														
	Residencial	Comercial	Industrial	Residencial	Comercial	Industrial	Residencial	Comercial	Industrial	Residencial	Comercial	Industrial	Residencial	Comercial	Industrial

(1) En Catamarca, La Pampa, Río Negro, San Juan y Mendoza se computa el efecto de la Contribución Municipal y del Impuesto a los Ingresos Brutos en la última etapa sobre el IVA y el impuesto Ley 23.681

(2) Corresponde a la Tasa de Protección de Incendios de Rawson que se liquida como un monto fijo por período; no se incluye en la carga tributaria total.

(3) No se incluye el impuesto provincial destinado al Fondo del Fuego, un monto fijo por período, y se incluye el Fondo de Infraestructura Eléctrica como el 1,5 % no obstante estar exentos de este tributo los consumos residenciales menores a 1000 KWh

(4) Se incluye como alícuota del IVA la alícuota general sobre la base imponible acrecentada en el 8,6956 % de la Contribución Municipal; la alícuota del Fondo de Desarrollo de Entre Ríos se calcula como un 18 % del CF + CV acrecentado en un 8,6956, tal como se gravan los consumos residenciales superiores a 400 kwh mensuales.La tasa de Inspección de Medidores (Tasa de Alumbrado Público) se calcula como 18 % para residencias y 15 % para otros usuarios sobre el CF + CV acrecentado en la magnitud de la Contribución Municipal (8,6956 %)

(5) Se estima la incidencia de la Tasa de Uso del Espacio Aéreo sólo para usuarios residenciales

(6) El cargo por compensación de costos es el 2,5 % de los costos medios de distribución; aquí se computa como un 2,5 % del CF + CV

(7) El impuesto provincial del 1,5 % y el IVA se liquidan sobre el CF+CV más el cargo Ley 25.957, que en esta provincia es discriminado en la factura. Los cálculos expuestos sólo lo computan sobre el CF + CV

(8) El impuesto provincial se denomina "Canon Ampliaciones Mayores" que no es cuantificado.

(9) Incluye sólo los impuestos provinciales de Ingresos Brutos e Impuesto Lote Hogarla contribución única municipal se estima en 12 % para todo tipo de usuarios; no se incluyen el impuesto con destino al Fondo Solidario Hospitalario, el Fondo Línea Interconexión 500 KV y el Fondo PIEDE

(10) En los impuestos municipales se incluye la contribución comunal que se aplica en toda la provincia y el 2,40 % que se aplica sólo en la Ciudad de Rosario.

(11) No se incluye el impuesto provincial con destino a los bomberos voluntarios

Fuente: elaborado en base a cuadros 4, 5 y 6.

Cuadro 8. Consumo Residencial de Electricidad: Carga Tributaria Total Estimada y Carga Tributaria Diferencial (Exceso sobre los tributos nacionales en porcentaje del CF + CV para un consumo de 300 KWh bimestrales).

Provincia	Impuestos Nacionales (Incluye IVA e impuesto Ley 23.681)	Impuestos y Contribuciones Provinciales	Contribución Unica Municipal y Tasa de Uso del Espacio Aéreo	Carga Tributaria Total Sin Alumbrado Público	Tasa de Alumbrado Público	Carga Tributaria Total	Carga Tributaria Diferencial	Observaciones
	(I)	(II)	(III)	(IV)	(V)	(VI)= (IV)+(V)	(VII)= (VI)-21,6	
Buenos Aires Zona EDENOR/ EDESUR/EDELAP	21,6	16,14	6,42	44,17	5,00- 20,00	49,00- 64,00	27,4- 42,4	
Alte.Brown/ Berazategui/ Ezeiza	21,6	16,14	6,42	44,17	31	97,73	76,13	
Avellaneda	21,6	16,14	6,42	44,17	34	100,73	79,13	
La Plata	21,6	16,14	6,42	44,17	21	87,73	66,13	
Quilmes	21,6	16,14	6,42	44,17	31	97,73	76,13	
Temperley	21,6	16,14	6,42	44,17	47	113,73	92,13	
Resto provincia de Buenos Aires	21,6	21,1	6	48,7	5,00- 30,00	53,00- 89,00	31,40- 67,40	
Ciudad de Buenos Aires	21,6		6,38	27,98		27,98	6,38	

Provincia	Impuestos Nacionales (Incluye IVA e impuestos to Ley 23.681) (I)	Impuestos y Contribuciones Provinciales (II)	Contribución Única Municipal y Tasa de Uso del Espacio Aéreo (III)	Carga Tributaria Total Sin Alumbrado Público (IV)	Tasa de Alumbrado Público (V)	Carga Tributaria Total (VI)=(IV)+(V)	Carga Tributaria Diferencial (VII)=(VI)-21,6	Observaciones
Catamarca	23,56	4,78	6	34,34	5,8	40,14	18,54	Incluye Tasa de Fiscalización y Control y el efecto del Impuesto a los Ingresos Brutos y la Tasa de Uso del espacio aéreo.
Chaco	21,6			21,6	10,74	32,34	10,74	El impuesto provincial de Alumbrado Público se incluye en la columna (V)
Chubut	21,6	8	6	35,6	30	65,6	44	La incidencia de la Tasa de Protección de Incendios y de la Tasa de Alumbrado Público se estima para un consumo de 220 kwh por mes en Rawson; en Esquel se estima para un consumo residencial de 300 kwh bimestrales son: Tasa de Bomberos voluntarios 11 % y de alumbrado público del 11 % para un domicilio con no más de 10 metros de frente e iluminación de Hg.
Córdoba	21,6	17,4		39	10	49	27,4	Se incluye el impuesto provincial destinado al Fondo Prevención Contra el Fuego y se excluye el Fondo de Infraestructura que no grava los consumos bimestrales inferiores a 1000 kwh.
Corrientes	21,6			21,6	18	39,6	18	
Entre Rios	23,48	14,13	8,6956	46,3	19,56	65,86	44,26	El IVA incluye la alícuota general sobre la base imponible acrecentada por la contribución municipal (8,6956 %); el FDEER se calcula como un 13 % y la Tasa de Inspección de Medidores como un 18 % sobre la base imponible incluida la Contribución Municipal.
Formosa	21,6			21,6		21,6	0	
Jujuy	21,6	1,5	6	29,1	25	54,1	32,5	Corresponde a la Capital Provincial

Provincia	Impuestos Nacionales (Incluye IVA e impuesto Ley 23.681)	Impuestos y Contribuciones Provinciales	Contribución Única Municipal y Tasa de Uso del Espacio Aéreo	Carga Tributaria Total Sin Alumbrado Público	Tasa de Alumbrado Público	Carga Tributaria Total	Carga Tributaria Diferencial	Observaciones
	(I)	(II)	(III)	(IV)	(V)	(VI)= (IV)+(V)	(VII)= (VI)-21,6	
La Pampa	22,49	2,6	1,5	26,5	17	43,5	21,9	Valores estimados en la Capital de la Provincia para un servicio de alumbrado público intermedio; para el servicio mínimo de alumbrado público es un 9 % del CF + CV y para el servicio mas caro de 44 %; se incluyen los efectos del Impuesto a los ingresos brutos y de la tasa de uso del espacio aéreo que se estima en 1,5 % del CF + CV
La Rioja	21,6	1,35		22,95	20	42,95	21,35	
Mendoza	21,6	7		28,6	13	41,6	20	El alumbrado público se estima para un servicio intermedio con lámpara incandescente ubicadas a 30 metros; para la máxima prestación del servicio la tasa es 18 % del CF + CV y para el servicio de menor valor (lámpara incandescente en cada esquina) del 9 %; la compensación de costos se computa como el 2,5 % del CF + CV.
Misiones	21,6	1,5		23,1	10	33,1	11,5	Corresponde a Puerto Iguazú.El 1,5 % provincial y el IVA se calculan sobre el CF+CV más el cargo Ley 25.957.
Neuquén	21,6		6	27,6	20	47,6	26	El % estimado corresponde a un servicio de iluminación sin vereda en la Ciudad de Neuquén; se incluyé en la tarifa la discriminación del FNEE y no se incluye el aporte de capitalización para la cooperativa distribuidora.El porcentaje es del 45 % si se computa el valor fijo pagado mensualmente por un servicio con iluminación de vereda

Provincia	Impuestos Nacionales (Incluye IVA e impuesto Ley 23.681) (I)	Impuestos y Contribuciones Provinciales (II)	Contribución Unica Municipal y Tasa de Uso del Espacio Aéreo (III)	Carga Tributaria Total Sin Alumbrado Público (IV)	Tasa de Alumbrado Público (V)	Carga Tributaria Total (VI)=(IV)+(V)	Carga Tributaria Diferencial (VII)=(VI)-21,6	Observaciones
Rio Negro	23,32	1,94	6	31,26	35	66,26	44,66	Estimado para un consumo residencial de 400 kwh bimestrales en la Ciudad de Viedma. Incluye el efecto de ingresos brutos y contribución municipal sobre el IVA y el impuesto Ley 23.681
Salta	21,6	S/d		S/d	15	S/d	S/d	No se incluye el Canon Ampliaciones Mayores.La "incidencia de alumbrado público" está estimada.
San Juan	25,1	16,18	12	53,28	20	73,28	51,68	No se incluye el Fondo de Interconexión de línea de 500 KV y el Fondo Piede; se estima una contribución municipal del 12 % y una tasa de alumbrado público del 20 %: se incluye los efectos del impuesto a los ingresos brutos y la contribución municipal.
San Luis	21,6		6,38	27,98		27,98	6,38	
Santa Cruz	21			21	9	30	9	Los impuestos nacionales son sólo el 21 % del IVA
Santa Fe	21,6		8,4	30	15	45	23,4	Corresponde a la Ciudad de Rosario; no se incluye el IVA sobre el valor cuota parte del alumbrado público.
Santiago del Estero	21,6		6,38	27,98	14	41,98	20,38	
Tierra del Fuego	0	0,5		0,5		0,5	0,5	Todos los consumos se hallan exentos de los impuestos nacionales-Valores estimados para la ciudad de Rio Grande.
Tucumán	21,6			21,6	15	36,6	15	

Fuente: elaborado en base a cuadros 4, 5, 6 y 7.

6. Conclusiones

La Nación grava el consumo final de electricidad con dos impuestos: el IVA y el impuesto Ley N°23.681. El primero es un impuesto general cuya alícuota en el primer caso es del 21% si se trata de un consumidor final y del 27% si se trata de un responsable inscripto. La Ley N°23.681, a su vez, grava específicamente el consumo final con una alícuota del 0,6%. Las Provincias tienen una política tributaria muy heterogénea: se han detectado ocho Provincias que no imponen ningún gravamen y las restantes que apelan a un variado conjunto que en algunos casos llega a cinco tributos distintos sobre la misma base imponible, pudiendo la carga tributaria provincial superar el 20% de la facturación básica. A nivel municipal, la heterogeneidad es también manifiesta: en algunos municipios pueden llegar a aplicarse cinco o seis tasas y contribuciones y la carga tributaria ser significativamente mayor al 30%.

El impuesto establecido por la Ley N°23.681 generó en el año 2006 unos $55 millones de los cuales fueron transferidos a la Provincia de Santa Cruz $35 millones. Dado que este impuesto grava con el 0,6% el consumo final de electricidad con muy pocas exenciones, su recaudación puede ser utilizada para estimar el rendimiento fiscal de los otros tributos nacionales, provinciales y municipales que se liquiden sobre una base imponible similar.

Las Provincias de Entre Ríos, San Juan y Buenos Aires tienen la carga tributaria total más elevada sobre el consumo residencial de electricidad. Sin incluir la Tasa de Alumbrado Público, los hogares de estas Provincias tributan aproximadamente un 45%-53%. Solamente 21,6 puntos porcentuales tienen origen en la Nación y el resto se explica por la política tributaria provincial y municipal. En algunas otras Provincias, estos valores son también elevados: Córdoba (39%), Chubut (36%), Río Negro (31%), Jujuy (29%)

y Mendoza (29%). Los usuarios residenciales que tienen la menor carga tributaria son los de Corrientes, Santiago del Estero, Formosa, Santa Cruz, Tierra del Fuego y Tucumán; como máximo, un 28% sobre el CF + CV.

En la Provincia de San Juan es también muy importante la carga impositiva sobre los usuarios comerciales e industriales. Llega a un 48,25% computando solamente el impacto del Impuesto a los Ingresos Brutos en la etapa final y sin incluir el Fondo Solidario Hospitalario, el Fondo Línea de Interconexión de 500 KV, el Fondo PIEDE y la Tasa de Alumbrado Público, que en esta Provincia se percibe en varios departamentos como una proporción alta del CF + CV. En Catamarca, Entre Ríos y Río Negro el consumo eléctrico de comercios e industrias tiene también una carga total significativa, un 40% sin incluir la Tasa de Alumbrado Público. Esta a su vez es del 6% en Catamarca y cercana al 20% para ciertas demandas comerciales en algunos municipios de Entre Ríos.

Aunque determinados usuarios comerciales de servicio eléctrico de la Provincia de Buenos Aires puedan llegar a tener una carga tributaria de magnitud, debe señalarse que las grandes demandas tienen un trato impositivo preferencial, lo que deja la presión tributaria total cerca del 34% sin incorporar la incidencia de la Tasa de Alumbrado Público.

Los comercios e industrias cuyo consumo eléctrico no es gravado con ningún tributo provincial son aquellos de Chaco, Chubut, Corrientes, Formosa, Neuquén, Santa Cruz, Santa Fe, Santiago del Estero y Tucumán.

Los impuestos provinciales sobre el consumo residencial son elevados en Buenos Aires (16% -21%), Entre Ríos (14,13% - 19,57%) y en menor nivel Mendoza (7%). En Buenos Aires y en alguna medida en Mendoza, dicha carga tributaria se logra con un heterogéneo conjunto de impuestos y contribuciones. En Entre Ríos, en cambio, se utiliza sólo uno, el Fondo de Desarrollo Eléctrico de Entre

Ríos, que, además, se liquida sobre la facturación básica del servicio más la Contribución Municipal, dando lugar así a un agudo fenómeno de impuesto sobre impuesto.

Aunque algo menores, los impuestos provinciales sobre los consumos hogareños son también elevados en Córdoba, Chaco y Chubut. En la primera, se imponen diversos tributos (Tasa de Financiamiento del Ente Regulador, el Fondo de Infraestructura Eléctrico y el Fondo de Prevención y Lucha Contra el Fuego que, al ser de suma fija, incide significativamente en los bajos consumos) y se dispensa un trato preferencial a los usuarios residenciales, en tanto que en las otras se apela solamente a un tributo: para financiar el Alumbrado Público en el caso del Chaco y para apoyar las cooperativas del interior provincial en el segundo. Otras Provincias, por su parte, imponen tributos reducidos. Son los casos de Jujuy, La Rioja, Salta, Misiones y Tierra del Fuego. Ningún gravamen provincial recae sobre la demanda en las restantes: Corrientes, Formosa, San Luis, Santa Cruz, Santa Fe, Santiago del Estero, Neuquén y Tucumán.

Las Provincias de Catamarca, La Pampa, Río Negro, San Juan y Mendoza utilizan el Impuesto a los Ingresos Brutos. Su impacto efectivo, sumado al de los otros impuestos provinciales existentes y a la contribución municipal, haría que los tributos provinciales aumenten el precio del servicio para los hogares en casi un 5% en Catamarca, 2,6% en Río Negro, 2% en La Pampa y 16,18% en San Juan. El impacto de los impuestos nacionales se acrecienta por la política tributaria local en estas cinco Provincias y en Entre Ríos por los tributos utilizados y por la forma de liquidación. Esto es resultado de la existencia del Impuesto a los Ingresos Brutos en algunos casos, de las contribuciones municipales y tasas de Alumbrado Público en otros y del tratamiento de la Contribución Municipal en la Provincia de Entre Ríos. Como consecuencia, los usuarios residenciales de energía del país pagan un 21,6% del CF + CV en concepto de IVA e impuesto Ley N°23.681, en tanto que los usuarios de estas tributarían según las estimaciones realizadas bastante más: 22,49% en La Pampa; 23,56% en Catamarca, 23,48% en Entre Ríos, 23,32% en Río Negro y 25,10% en San Juan.

El análisis de la política tributaria municipal finalmente ha permitido identificar ciertas características. En las Provincias de Buenos Aires, Jujuy, Neuquén, Río Negro, Entre Ríos, San Juan, Santiago del Estero, Chubut y La Pampa predominan los municipios que perciben al menos dos gravámenes sobre el consumo de electricidad. En la mayoría de los casos, uno de ellos es establecido por una disposición nacional o provincial, la Contribución Municipal, y el otro por normas locales, la Tasa de Alumbrado Público, Tasa de Inspección de Medidores e Instalaciones Eléctricas o alguna denominación equivalente.

La Contribución Municipal, Tasa de Uso del Espacio Aéreo o Contribución Comunal es percibida en general por la Ciudad de Buenos Aires y los municipios de Buenos Aires, Catamarca, Entre Ríos, La Pampa, Jujuy, Neuquén, Río Negro, San Luis, San Juan, Santa Fe y Santiago del Estero. Se ha identificado una alícuota máxima del 12% del CF + CV, como en algunos municipios de San Juan, y del 8,6956% como en los municipios de Entre Ríos.

Esta Contribución Municipal integra la base imponible del IVA en las Provincias de Catamarca, Entre Ríos, La Pampa, Río Negro y San Juan. En todas ellas, a excepción de Catamarca, el impuesto Ley N°23.681 es también liquidado sobre una base imponible que incluye la Contribución Municipal. La contribución Municipal, en cambio, no integra la base imponible de ninguno de estos dos impuestos nacionales en la Capital Federal y en las Provincias de Buenos Aires, Jujuy, Neuquén, San Luis, Santa Fe y Santiago del Estero. Solamente la Ciudad de Buenos Aires y los municipios de Formosa y San Luis no perciben la Tasa de Alumbrado Público en la factura de electricidad.

La modalidad predominante de recaudación de la Tasa de Alumbrado Público es la suma fija por periodo en la mayoría de las Provincias. En la Provincia de Buenos Aires, sin embargo, se utilizan ambas modalidades. La suma fija es implementada con diversos criterios y los valores utilizados parecerían ser más dispares. Para usuarios residenciales, los valores van desde $3 por mes (La Matanza o Ensenada), $5 (Avellaneda), $6,6 (Temperley), $7,35 (Rawson), $6,83 (San Salvador de Jujuy), $6 (Mendoza), $6,5 (Puerto Iguazú), $10 (Viedma), $3,7 (Salta), $3,96 (Río Gallegos), $3,71 (Santa Fe) y $4,98 (Río Grande).

La Tasa de Alumbrado Público liquidada como una suma fija adquiere una importancia relativa en los bajos consumos, como consecuencia en algunos casos de tasas elevadas y en otros de tarifas eléctricas residenciales relativamente reducidas. Un usuario residencial tipo puede erogar en concepto de Tasa de Alumbrado Público bastante más de un 30% de su CF + CV, como en San Juan, Temperley, Avellaneda, Viedma o Rawson; o también menos del 15% como en Mendoza, Misiones, Salta, Santa Fe o algún municipio de Santa Cruz o Tierra del Fuego. El elevado peso que adquiere así la Tasa de Alumbrado Público puede llevar la carga tributaria total de los municipios sobre los consumos residenciales de 300 KWh por bimestre a superar el 50% del CF + CV, como los casos detectados en los municipios de San Juan o algunos del conurbano bonaerense. Aunque menores, los gravámenes de los municipios de Río Negro, Jujuy o Chubut alcanzan también elevados registros.

Una alícuota sobre el CF + CV es el procedimiento que prima, en cambio, para recaudar la Tasa de Alumbrado Público en los municipios de Córdoba, Entre Ríos, La Rioja,

Santiago del Estero y Tucumán, aunque su denominación no describa totalmente su justificación: Tasa de Inspección de Medidores e Instalaciones Eléctricas, Tasa de Energía Municipal o Tasa de Prestación de Alumbrado Público, Inspección Mecánica e Instalación y Suministro de Energía Eléctrica. Las alícuotas llegan hasta el 20%, como en la capital de La Rioja o algunos municipios de Entre Ríos. En esta Provincia, además, las comunas la liquidan sobre una base imponible que incluye la propia Contribución Municipal, convirtiéndose así en un excepcional caso de impuesto sobre impuesto.

Las Tasas de Alumbrado Público percibidas como porcentaje del CF + CV muchas veces son elevadas e iguales para todo tipo de tarifas. En estos casos, la carga tributaria total de los municipios resulta significativa no solo para los hogares, sino también para los usuarios comerciales e industriales. Ejemplos típicos son los municipios de Entre Ríos, Santiago del Estero y La Rioja, donde el total de tributos y tasas que los municipios perciben de los usuarios del servicio eléctrico puede alcanzar, respectivamente, un 28.26%, un 20,38% y un 20%. Puede presumirse en estos casos que no solo la recaudación municipal por estos conceptos será elevada, sino también que estos gravámenes lejos están de ser el precio del servicio de Alumbrado Público y lejos también están de basarse en el principio del beneficio que tradicionalmente da justificación a las Tasas.

CAPÍTULO III: UN EXAMEN DE LA ASIGNACIÓN DE LOS IMPUESTOS SOBRE LA ELECTRICIDAD.[38]

1. Introducción

El nivel federal de gobierno grava el servicio eléctrico con el Fondo Empresa Servicios Públicos S.E. de la Provincia de Santa Cruz (Ley Nº23.681) y el Fondo Nacional de Energía Eléctrica (Ley Nº15.336 y modificatorias). El primero recae sobre el consumo final y el segundo grava la compra de energía eléctrica en el mercado mayorista.

La recaudación obtenida tiene asignación específica y financia transacciones condicionadas. Aquella proveniente de la Ley Nº23681 debe ser asignada a la Provincia de Santa Cruz. Los recursos generados por el Fondo Nacional de Energía Eléctrica (FNEE) deben aplicarse a construir obras eléctricas y a igualar las tarifas eléctricas en todo el país.

Existe un numeroso conjunto de leyes especiales que regulan las relaciones fiscales entre la Nación y las Provincias. Si la Ley Nº23.548 de coparticipación federal es el mecanismo "general" que transfiere recursos de "libre disponibilidad", existen otros establecidos por "leyes especiales" que financian transferencias, condicionadas en algunos casos, que representaron el 31%% del total de transferencias automáticas desde el nivel federal. Los impuestos nacionales que gravan la electricidad son una de esas "leyes especiales" a cuyo amparo la Nación transfiere recursos con el exclusivo mandato de ser aplicados

---

[38] Una primera versión de este trabajo fue presentada a las 43ª Jornadas Internacionales de Finanzas Públicas, 22 al 24 de septiembre de 2010, Córdoba, Argentina.

por las Provincias a destinos específicos. Su relevancia no deriva tanto de su magnitud, apenas representaron el 0,8% del total de transferencias automáticas, sino del tipo de tributo y del carácter de asignación específica que tiene su recaudación. Son tributos que encarecen el precio final del servicio que justifican su existencia con el destino de su recaudación. Los numerosos gravámenes y cargos sobre el consumo de electricidad que establecen las Provincias y municipios, que en algunas Provincias llegan a ser cinco y en ciertos municipios otro tanto, son también justificados asignándoles destinos específicos que van desde los tradicionales fondos para obras públicas hasta tasas para financiar el hospital zonal, los bomberos o el hogar de ancianos del municipio.

Los impuestos a la electricidad que recauda la Nación se inscriben en la tradición tributaria argentina de gravámenes específicos destinados a la inversión en infraestructura que se distribuyen y administran con la intervención de un Consejo Federal, una institución que ya tiene más de cincuenta años y que en los últimos años se ha difundido en las materias más diversas, pero que muestra ciertas características de diseño y funcionamiento que inciden decisivamente en la distribución resultante.

El trabajo expone en una primera sección la magnitud, características y aplicación de los recursos generados por la Ley Nº23681. En las secciones siguientes, se analizan la normativa y características del FNEE y los diversos instrumentos que regulan la distribución entre la Nación y el conjunto de Provincias y de las Provincias entre sí. Adoptando como punto de referencia la Ley de Coparticipación Federal de Impuestos, el trabajo examina los arreglos institucionales y los mecanismos diseñados para distribuir los fondos transferidos. De esta manera, se evalúan los criterios y la distribución resultante de los aportes no reintegrables que provienen del Fondo Especial

de Desarrollo Eléctrico del Interior (FEDEI), de los préstamos a cooperativas y municipios financiados con el FEDEI,
del Fondo Subsidiario para Compensaciones Regionales
de Tarifas Eléctricas (FCT) y del Fondo Fiduciario de
Transporte Eléctrico Federal (FFTEF). Una sección final
resume las principales conclusiones.

2. Fondo Empresa Servicios Públicos S.E. de la Provincia de Santa Cruz

Este impuesto fue establecido por la Ley N°23681 del
15 de Junio de 1989. Es un impuesto del tipo monofásico
aplicable en todo el territorio nacional que grava con el
6% o las tarifas vigentes en cada periodo y en cada zona
del país aplicada a los consumidores finales con algunas
excepciones. El "producto total" del recargo se "destinará
a la Empresa Servicios Públicos Sociedad del Estado de la
Provincia de Santa Cruz, con el objeto de realizar inversiones en los sectores eléctricos y reducir el nivel de las tarifas
aplicadas a los usuarios de electricidad que sean servidos
directamente por la empresa a los efectos de que las tarifas tiendan a alcanzar los niveles promedio del resto del
país" (art. 3). El art. 6 dispone, a su vez, que "la Provincia
de Santa Cruz será beneficiada por el gravamen del seis
por mil (6%o) hasta la interconexión de la misma con el
Sistema Interconectado Nacional". Según se consideró en
su momento, el recargo era una forma de que todos los
consumidores de energía eléctrica del país "afrontaran
solidariamente los mayores costos que debían enfrentar
los habitantes de la Provincia de Santa Cruz al no estar
vinculados al Sistema Argentino de Interconexión".

La Ley N°22.938 de 1983 es el antecedente de la Ley
N°23681 que estableció un recargo de "hasta el 6% o de las
tarifas vigentes en cada periodo y en cada zona del país

aplicadas a los consumidores finales" (art. 1), siendo el producido total destinado a disminuir las tarifas aplicadas a los usuarios de la Empresa Electricidad de Misiones S.A. a los efectos que tiendan a alcanzar los niveles vigentes "en el resto del área noreste del país" (art. 3). Disponía que el recargo debiera mantenerse hasta que la Provincia de Misiones sea abastecida través de algún acuerdo de interconexión energética con países limítrofes o hasta que el sistema eléctrico de Misiones se integre al sistema interconectado nacional o algún sistema interconectado regional. La Resolución Nº153/96 de la Secretaría de Energía dispuso que los agentes de percepción del recargo cesaran de incluirlo en la facturación, a raíz de haber entrado en servicio la interconexión del Sistema Misiones Noroeste de Corrientes (SMC) con el resto del Sistema Argentino de Interconexión (SADI).

La recaudación del tributo fue plenamente transferida a la Provincia de Santa Cruz hasta 1998. Las transferencias fueron limitadas por Ley Nº25.064 a partir del ejercicio 1999 fijándolas en $26,2 millones, debiendo ingresarse al Tesoro Nacional el excedente. A partir de 2005, dicho límite fue aumentado a $35.000.000 por Ley Nº25.967, representando en dicho año el 83% de la recaudación. El monto transferido se mantuvo fijo a partir de aquel año y las transferencias fueron perdiendo peso a partir de 2006 a medida que crecía la recaudación. En 2009, se transfirieron el 38% de los $91 millones recaudados (cuadro 1).

La Ley Nº23681 dispuso que la Provincia de Santa Cruz sería beneficiaria del impuesto hasta tanto se produzca su interconexión al sistema nacional. El Decreto Nº1378/01 dispuso mantener el recargo luego de su efectiva inter-conexión y estableció que fuera destinado a constituir un Fondo Fiduciario con el objeto "único y exclusivo" de atender el costo de la obra de interconexión. Ordenó asi-mismo realizar las acciones tendientes a la construcción de la obra "Línea de Trasmisión de electricidad en 500 KV desde la Ciudad de Choele Choel en Río Negro hasta Puerto Madryn en la Provincia de Chubut", lo que permitiría la interconexión de esta última al Sistema Argentino de Interconexión y por añadidura la interconexión de la Provincia de Santa Cruz, dentro del marco de lo que en ese momento comenzó a denominarse Plan Federal de Transporte Eléctrico.[39] Señalaba, por ultimo, que la solución adoptada "importa la creación de un recurso no tributario con afectación específica para el desarrollo" de dicha obra de infraestructura.

La obra de interconexión fue adjudicada en marzo de 2004, finalizada en diciembre de 2005 y puesta a operar comercialmente el 28 de febrero de 2006. El Fondo Fiduciario Para el Transporte Eléctrico Federal (FFTEF) financió el 69% y Aluar Aluminio Argentino SAIC e Hidroeléctrica Futaleufú S.A., el 31% restante. El valor del contrato a fines de 2005 fue de $281,5 millones, poco más de seis veces la recaudación del año 2005.[40].

La Nación continuó transfiriendo a la Provincia de Santa Cruz $35 millones luego de la interconexión, a pesar de haber desaparecido el motivo que le dio origen a la asignación del tributo. Más aún, la recaudación del tributo debe ser destinada, una vez construida la obra, a constituir un Fondo Fiduciario con el fin de atender su financiamiento según lo dispuesto por el Decreto Nº1378/01.

---

[39]   El contenido del Plan Federal en 500 KV así como las características de la Interconexión Choele Choel-Puerto Madryn fueron descriptos en el capítulo I.

[40]   Esta información proviene del sitio de internet del Consejo Federal de la Energía Eléctrica (www.cfee.gov.ar).

Cuadro 1. Impuesto Ley N°23681: Recaudación y Transferencias a Empresa de Servicios Públicos Sociedad del Estado de Santa Cruz (millones de pesos corrientes)

| Año | Recaudación | Transferido a Empresa Eléctrica de Santa Cruz | | | |
| | | Devengado | | Pagado | |
		mill. $	% de Recaudación	mill. $	% de Recaudación
1995	26,53	24,27	91,5	20,95	79,0
1996	23,82	23,82	100,0	18,30	76,8
1997	26,71	26,41	98,9	24,50	91,7
1998	26,64	26,51	99,5	23,58	88,5
1999	27,24	22,81	83,7	20,32	74,6
2000	26,22	26,11	99,6	21,01	80,1
2001	26,20	26,29	100,4	19,74	75,4
2002	24,75	23,90	96,6	23,90	96,6
2003	31,20	26,20	84,0	26,20	84,0
2004	36,78	26,20	71,2	26,20	71,2
2005	43,85	38,39	87,5	36,59	83,4
2006	54,52	35,00	64,2	35,00	64,2
2007	67*	s/d	s/d	35,00	52,2*
2008	78*	s/d	s/d	35,00	44,9*
2009	91*	s/d	s/d	35,00	38,5*
* Estimado					

Fuente: Contaduría General de la Nación y Dirección Nacional de Coordinación Fiscal con las Provincias.

No se ha podido disponer de información sobre el grado de cumplimiento de lo dispuesto en el art. 8 de la Ley N°23.681, que *in fine* establece que "la Secretaría de Energía verificará la aplicación de los importes transferidos a los fines previstos", es decir, la realización de inversiones en los sectores eléctricos y acercar las tarifas a niveles promedio del resto del país. Aunque sea una evidencia fragmentaria, las tarifas eléctricas de Santa Cruz para un consumo residencial de 300 KWh bimestrales rondaban a mediados de

2007 los $42, muy lejos de los valores más baratos del país, como $29 en Capital Federal y Tucumán, pero también mucho menos que los $50-$60 que pagaban usuarios que residían en la Provincia de Buenos Aires o Salta.

Los cálculos expuestos en el cuadro 2 muestran también para diferentes momentos de tiempo, enero de 2009 y diciembre de 2000, que los niveles de las tarifas residenciales de la Provincia de Santa Cruz son en muchos casos relativamente más elevados.[41] Las estimaciones realizadas en Argentina (2000) para usuarios comerciales e industriales permiten obtener conclusiones similares. Aunque más matizados, los cálculos expuestos en Cont (2007) se orientan en la misma dirección.

Cuadro 2. Tarifa Eléctrica de Usuarios Residenciales para Consumo Típico de 120 KWh por mes (pesos por KWh)

Jurisdicción	Empresa	A diciembre 2000		A Enero 2009	
		En $	Indice Santa Cruz=100	En $	Indice Santa Cruz=100
Chubut	DGESP	0,065	44	0,176	114
La Pampa	APELP	0,094	64	0,177	115
Tucumán	EDETSA	0,094	64	0,154	99
Entre Ríos	EDEERSA	0,096	65	0,145	94
Capital Federal	EDENOR	0,096	65	0,100	64
GBA	EDENOR	0,096	65	0,100	64
Corrientes	DPEC	0,100	68	0,215	139
Córdoba	EPEC	0,105	71	0,168	109
Mendoza	EDEMSA	0,108	73	0,114	74
S. del Estero	EDESESA	0,109	74	0,132	86
Salta	EDESA SA	0,109	74	0,211	136
La Rioja	EDELARSA	0,113	76	Sin datos	Sin datos
T. del Fuego	DPE	0,117	79	0,302	195

---

[41]   Otras comparaciones de tarifas en las Provincias son presentadas en el Capítulo IV.

Jurisdicción	Empresa	A diciembre 2000		A Enero 2009	
		En $	Indice Santa Cruz=100	En $	Indice Santa Cruz=100
San Juan	EJS SA	0,118	79	0,191	123
Chaco	SCHEEP	0,121	82	0,128	83
Catamarca	EDECAT SA	0,122	82	0,126	82
Jujuy	EJE SA	0,123	83	0,226	146
Santa Fe	EPE	0,124	84	0,06	39
Misiones	EMSA	0,125	84	0,133	86
Neuquén	EPEN	0,134	91	0,417	270
San Luis	EDESAL	0,138	93	0,206	133
Santa Cruz	SPSE	0,148	100	0,155	100
Río Negro	EDERSA	0,150	101	0,174	112
Buenos Aires	EDEA	0,155	105	0,200	129
Formosa	EDEFORSA	0,163	111	0,238	154

Fuente:Argentina (2000) y elaboración propia en base a Cuadros Tarifarios publicados por la Secretaría de Energía

Fuente: Argentina (2000) y elaboración propia en base a Cuadros Tarifarios publicados por la Secretaría de Energía.

3. Fondo Nacional de la Energía Eléctrica

Normativa

El Fondo Nacional de la Energía Eléctrica (FNEE) es un antiguo mecanismo de distribución de recursos entre la Nación y las Provincias. Creado en 1960 por la Ley N°15.336 con el fin de contribuir a la financiación de los planes de electrificación, se integraba con diversos recursos, incluyendo aportes del Tesoro Nacional, el 50% como mínimo del producido de la recaudación del Fondo Nacional de la Energía y un recargo de m$n 0,10 por kilovatio-hora sobre el precio de venta de la electricidad. Debía destinarse el 80% a estudios, construcción y ampliación de las centrales, redes y obras complementarias o conexas que ejecute el

Estado nacional, y el 20% al Fondo Especial de Desarrollo Eléctrico del Interior (FEDEI). Este fondo debe ser administrado por la propia Secretaría de Energía de la Nación (art. 32) y distribuido con intervención del Consejo Federal de la Energía Eléctrica (CFEE).

La Ley N°24065 de 1991 alteró las características del gravamen, produciendo una marcada descentralización de los recursos a favor de las Provincias. Fijó el valor del recargo en Australes 30 por KWh comercializados en el mercado eléctrico mayorista (cuadro 3) y dispuso que la recaudación obtenida se distribuya en su totalidad entre las Provincias a través de dos mecanismos, el Fondo Subsidiario para Compensaciones Regionales de Tarifas (FCT) y el Fondo Especial de Desarrollo Eléctrico del Interior, en una proporción de 60% y 40% respectivamente (cuadro 4). El gravamen así creado es un tributo monofásico aplicable en todo el territorio nacional sobre la compra o importación de energía eléctrica; es trasladado al consumidor final vía la facturación y son los generadores y la Compañía Administradora del Mercado Mayorista Eléctrico Sociedad Anónima (CAMMESA) perceptores y responsables de su ingreso al fisco.

La Ley N°24065 modificó la distribución del FNEE. Un recargo que desde su implantación era "coparticipado" entre la Nación y las Provincias en una proporción de 80% y 20%, pasó a transferirse íntegramente a las Provincias. En este contexto, el CFEE ha hecho su propia interpretación distinguiendo entre los Fondos Nacionales que integran el patrimonio nacional, "los recauda la Nación a través de sus órganos de percepción y de los cuales separa para sí una parte y otra parte la reparte entre todas las Provincias, donde se incluye la coparticipación federal de impuestos"; y los Fondos Federales, como el Fondo Nacional de la Energía Eléctrica, "que corresponden a las Provincias y la Nación los recauda por imperio legal para repartirlos integralmente entre las Provincias sin separar parte alguna para la Nación". Estos fondos, interpreta en definitiva el CFEE, no pueden ser apropiados por la Nación y deben ser administrados por sus titulares, las Provincias (Argentina, 2009b). Dicha interpretación parecería ser un elemento más en la disputa Nación-Provincias por los recursos tributarios.

La Ley Nº25.019[42] de Régimen Nacional de Energía Eólica y Solar agregó como beneficiarios del gravamen a los generadores de energía eólica: aumentó el recargo hasta un máximo de $0,3 $/MWh para remunerar en un centavo por KWh (0,01 $/KWh) efectivamente generados por sistemas eólicos que vuelquen su energía en los mercados mayoristas y/o estén destinados a la prestación de servicios públicos (art. 5). El valor del recargo se mantuvo fijo hasta el año 1999 y a partir de allí sufrió varias modificaciones (cuadro 3).

A fines de 1999, se incorporó otro beneficiario del FNEE, el Fondo Fiduciario para el Transporte Eléctrico Interprovincial creado por la Secretaría de Energía. Este Fondo se alimentaria con un aumento del gravamen de $0,0006 por KWh comercializado en el mercado eléctrico mayorista, con el "único y exclusivo" fin de participar en el financiamiento de las obras identificadas como ampliaciones interprovinciales de la red de transporte destinadas al abastecimiento de la demanda. Una Resolución posterior de la Secretaría de Energía, Nº174/00, lo designó como Fondo Fiduciario para el Transporte Eléctrico Federal (FFTEF) y amplió su objeto.

El incremento del FNEE destinado al pago del art. 5º de la Ley Nº25.019 recién se instrumentó a partir del

---

[42]   Promulgada parcialmente el 19/ de octubre de 1998. Dispuso que el CFEE promoverá la generación de energía eólica y solar pudiendo afectar recursos del FEDEI con ese fin. El art. 5 fue observado por el Decreto Nº1220/98, aunque la Cámara de Diputados y el Senado de la Nación insistieron en su sanción.

primero de noviembre del 2000. El Decreto reglamentario N°1597/99 encargó en definitiva a la Secretaría de Energía la determinación de los valores del gravamen necesarios para remunerar la generación de energía eólica y la proporción de la recaudación necesaria para tal fin. Para ello, el FNEE tuvo dos aumentos en el año 2000.

En el año 2004, la Ley N°25.957 introdujo un mecanismo de actualización trimestral del gravamen en base al valor medio de facturación de la energía comercializada, cuya aplicación provocó tres aumentos sucesivos en 2005, aunque con posterioridad las actualizaciones fueron suspendidas de hecho y el valor del recargo se mantiene en la actualidad en $/KWh de 0,0054686. El cuadro 5 muestra el impacto sobre la recaudación que tuvo la aplicación de los mecanismos de actualización.

El recargo destinado a subsidiar la generación de energía eólica pasó a partir de 2007 por Ley N°26.190 a conformar el Fondo Fiduciario de Energías Renovables a ser administrado por el CFEE, siendo su destino "remunerar energía generada por sistemas eólicos, fotovoltaicos, hidroeléctricas de menos de treinta megavatios de potencia y otros generadores no convencionales" con el objeto de lograr una contribución de las fuentes de energía renovables del 8% del consumo de energía eléctrica del país en un plazo de 10 años. La Ley N°26.190 fue reglamentada en mayo de 2009 por Decreto N°562, encargándose al Ministerio de Planificación Federal, Inversión Pública y Servicios la elaboración del Programa Federal para el Desarrollo de las Energías Renovables y designando al CFEE como órgano administrador del Fondo Fiduciario de Energías Renovables y responsable de la recepción y evaluación de los proyectos a promover mediante incentivos fiscales.

La introducción del Régimen de Energía Eólica en 1998 y del Fondo Fiduciario de Transporte Eléctrico Federal en 1999 implicó entonces cambios en el valor del gravamen

y en la distribución del FNEE. Las Provincias vieron reducida así la participación dispuesta por la Ley N°24.065 y
una parte de los recursos generados por el gravamen se
distribuyó de acuerdo con otros criterios, la generación de
energía eólica y las obras financiadas por el FFTEF. Como
consecuencia, las Provincias recibieron un 79%-80% del
total recaudado a partir del año 2000 (cuadro 4).

Los recursos del FNEE se distribuyen actualmente así:

1. El 0,70% a remunerar la energía generada por sistemas eólicos que se vuelquen a los mercados mayoristas y/o
se destinen a la prestación de servicios; deben engrosar el
Fondo Fiduciario de Energías Renovables (FFER);

2. El 19,86% al Fondo Fiduciario para el Transporte
Eléctrico Federal (FFTEF);

3. El 79,44% al Fondo Subsidiario para Compensaciones
regionales de Tarifas a usuarios finales (FCT) y al Fondo
Especial para el Desarrollo Eléctrico del Interior (FEDEI)
en una proporción de 60% y 40% respectivamente.

El Consejo Federal de la Energía Eléctrica

El Consejo Federal de la Energía Eléctrica (CFEE) es el
encargado de administrar el FNEE y los fondos relacionados, el Fondo Especial de Desarrollo Eléctrico del Interior
y el Fondo de Compensaciones Regionales de Tarifas a
Usuarios Finales. Asimismo, participa en la selección de
obras a financiar por el Fondo Fiduciario para el Transporte
Eléctrico Federal y designa representantes en su Consejo de
Administración y el Comité de Auditoría, debiendo, además,
administrar el Fondo Fiduciario de Energías Renovables
cuando sea creado.

Es una institución creada por la Ley N°15.336 y su
Decreto reglamentario N°2073/60 como un órgano dependiente de la Secretaría de Energía y Combustibles la
que reglamenta su funcionamiento. Se incluyen entre sus

fines considerar y coordinar los planes de desarrollo de los sistemas eléctricos del país y someterlos a la aprobación de los respectivos poderes jurisdiccionales, actuar como consejo asesor del Gobierno Nacional y de los Gobiernos provinciales y proponer las modificaciones necesarias para la mejor aplicación de la ley y su reglamentación.

El CFEE surgió junto con otras organizaciones del mismo tipo que hoy ya tienen más de 50 años: el Consejo Vial Federal y el Consejo Federal de Catastro aparecieron en 1958 como los primeros intentos de articulación y coordinación de políticas entre diversos niveles de gobierno. En 1959, se constituye el Consejo Federal de Inversiones y luego aparecerían el Consejo Federal de la Vivienda (1962), el Consejo Federal de Educación y el Consejo Federal de Bienestar Social, ambos en 1972, aunque sería a partir de los años noventa cuando se multiplicaron llegando a constituir un heterogéneo grupo que supera los cuarenta; surgieron principalmente al amparo del proceso de descentralización de muchos servicios y de una supuesta capacidad para articular decisiones entre diferentes niveles de gobierno. Serafinoff (2008) ha reducido ese grupo a 32 considerando solo a aquellos que son instancias con un cierto nivel de formalización, tienen como misión coordinar áreas específicas de políticas públicas e involucran autoridades de nivel nacional y provincial. Se ha concluido que, en general, este tipo de instrumentos ha tenido una baja efectividad, no resultan apropiados para articular decisiones en contextos conflictivos, su accionar depende del rol activo que asuma el representante del nivel federal y muchas veces dejan un importante bache entre lo que podrían hacer y lo que efectivamente hacen; serían más aptos, en cambio, para generar apoyaturas explícitas a las políticas del ejecutivo nacional y consolidar lazos informales e intercambio de experiencias.

El Consejo Federal de la Energía Eléctrica lo integran el Secretario de Energía, quien es su Presidente, el Presidente del Comité Ejecutivo, en representación de la Secretaría de Energía, y un representante titular y un alterno de cada Provincia y de la Ciudad Autónoma de Buenos Aires.[43] Pueden participar en el Plenario hasta tres miembros designados por la Cámara de Diputados y tres por la Cámara de Senadores de la Nación.

El Comité Ejecutivo, por su parte, se ocupa de someter al Consejo los estudios que le encomiende, ejercer las funciones que este le delegue, tratar los asuntos remitidos por los Comités Zonales y expedirse en todos los asuntos de carácter urgente. Se integra con un representante de la Secretaría de Energía, que ejerce la Presidencia, los representantes de las jurisdicciones que ejerzan la Presidencia de cada uno de los cinco Comités Zonales y con el representante que elija el Plenario del Consejo entre aquellas jurisdicciones que no integran el Comité Ejecutivo.

Los gastos de funcionamiento del CFEE, así como aquellos que demande la administración del FEDEI, son financiados con recursos que el propio CFEE debe fijar, destinándose para ello como máximo el uno por ciento de los recursos totales anuales del FEDEI (art. 24 de la Ley Nº23.966). Estos recursos fueron luego aumentados al ampliarse la base de cálculo del porcentaje que, de acuerdo con el art. 24 de la Ley Nº25.967, debe calcularse "también sobre los recursos establecidos en el artículo 70 de la Ley Nº24065 ", esto es sobre los recursos del FEDEI y del FCT.

El Plenario del CFEE resuelve las cuestiones por simple mayoría y cada jurisdicción o Provincia posee un voto de acuerdo con su Reglamento. La distribución de los fondos administrados reflejará en consecuencia este mecanismo

---

[43]   Reglamento Interno aprobado por Resolución de la Secretaría de Energía Nº1077/04.

de decisión basado en "una Provincia un voto" y tendrá un marcado carácter redistributivo en favor de las Provincias menos avanzadas que logren imponer criterios de distribución que las favorezcan notablemente apelando a argumentos de equidad, desventajas estructurales y menor desarrollo relativo.

Cuadro 3. Valor del Recargo del FNEE: Total y Distribución ($/KWh)

Disposición	Valor del recargo sobre las tarifas que paguen los compradores en el mercado mayorista				Fecha de Vigencia
	Total	Art. 5 Ley 25.019 (1)	FFTEF (2)	FCT/FEDEI (3)	
Ley 24065	0,0030000	No corresponde	No corresponde	0,0030	1/3/1992
Resolución S.E. Nº 317/93	0,0024000	No corresponde	No corresponde	0,0024	20/10/1993
Ley 25019	0,0030000	0,0006000	No corresponde	0,0024	7/12/1998
Resolución S.E. Nº 657/99	0,0030000	0,0006000		0,0024	1/5/2000
Resolución S.E. Nº 136/00	0,0030327	0,0000327	0,0006	0,0024	1/11/2000
Resolución S.E. Nº 333/01	0,0030384	0,0000384	0,0006	0,0024	1/11/2001
Resolución S.E. Nº 905/05	0,0037774	0,0000384	0,00075 (3)	0,0030	1/5/2005
Resolución S.E. Nº 1061/05	0,0042648	0,0000384	n/d (5)	n/d (5)	1/8/2005
Resolución S.E. Nº 1872/05	0,0054686	0,0000384 (4)	0,0010860 (3)	0,0043441 (3)	1/11/2005

(1) A partir de la ley 26190 este recargo pasa a constituir el Fondo Fiduciario de Energía Renovables destinado a promover la generación de energía de fuentes renovables (eólica, solar, geotérmica, mareamotriz, hidráulica de pequeña potencia, biomasa, gases de vertedero y biogas)
(2) Sucede al Fondo Fiduciario para el Transporte Eléctrico Interprovincial (Res. S.E. Nº 657/99)
(3) Se obtiene aplicando sobre el valor total del recargo los % de Ley
(4) Se mantiene hasta tanto la Secretaría de Energía fije el monto anual correspondiente (Art. 3º Res. S.E. 1872/05)
(5) El art. 4 de la Res. S.E. Nº 1061/05 instruye a CAMMESA a determinar los % destinados a FEDEI, FCT y FFTEF

Fuente: elaboración propia.

Cuadro 4. Distribución del Recargo del FNEE (en porcentaje)

Disposición	Total	Nación	Art. 5 Ley 25.019(1)	FFTEF (2)	FCT/ FEDEI	Fecha de Vigencia
Ley 15336	100	80	No corresponde	No corresponde	20	22/9/1960
Ley 24065	100	0	No corresponde	No corresponde	100	3/1/1992
Ley 25019	100	0	20	No corresponde	80	7/12/1998
Resolución S.E. N° 657/99	100	0	20		80	1/5/2000
Resolución S.E. N° 136/00	100	0	1,0780	19,7840	79,1370	11/1/2000 (4)
Resolución S.E. N° 333/01	100	0	1,2600	19,7500	78,9900	11/1/2001 (5)
Resolución S.E. N° 905/05	100	0	1,0200	19,7900	79,1900	5/1/2005 (5)
Resolución S.E. N° 1061/05	100	0	n/d (3)	n/d (3)	n/d (3)	1/8/2005
Resolución S.E. N° 1872/05	100	0	0,7000	19,8600	79,4400	11/1/2005 (5)

(1) Este recargo pasa a constituir el Fondo Fidciario de Energías Renovables (FFER) a partir de la ley 26190
(2) Sucede al Fondo Fiduciario para el Transporte Eléctrico Interprovincial (Res. S.E. N° 657)
(3) El art. 4 de la Res. S.E. N° 1061/05 instruye a CAMMESA a determinar los % destinados a FEDEI, FCT y FFTEF
(4) La norma lo hace aplicable a todo el año calendario
(5) La norma lo hace aplicable a partir de la fecha de vigencia

Fuente: elaboración propia.

Cuadro 5. Recaudación del FNEE

Año	Recaudación		% del PBI
	mill pesos corrientes	1992=100	
1991	176	129	0,11
1992	136	100	0,07
1993	138	101	0,06
1994	178	131	0,07
1995	177	130	0,07
1996	184	135	0,07
1997	173	127	0,06
1998	185	136	0,06
1999	164	121	0,06
2000	205	151	0,07
2001	208	153	0,08
2002	224	165	0,07
2003	203	149	0,05
2004	266	196	0,06
2005	283	208	0,05
2006	490	360	0,07
2007	538	396	0,07
2008	556	409	0,05
2009	559	411	0,05

Fuente: Dirección Nacional de Análisis e Investigación Fiscal del Ministerio de Economía de la Nación.

Fondos Transferidos a las Provincias

Las Provincias recibieron entre 1992 y 1999 el 100% de la recaudación del FNEE. Con la creación del FFTEF y del cargo destinado a remunerar la generación de energía eólica, disponen desde el año 2000 de algo menos del 80%. De acuerdo con las cifras del cuadro 7, percibieron vía FCT y FEDEI en el lapso 2000-2009 casi el 79% del total recaudado.

En el 2009, "la coparticipación primaria" alcanzó el 85,3% de los $559 millones recaudados.

A pesar de ser los recursos de distribución automática, la acreditación de los fondos de FCT y FEDEI se realiza *pari passu* con la presentación de los certificados de obra ante el CFEE y la celeridad de las Provincias en ejecutarlas, razón por la cual presentan desfasajes entre los pagos a Provincias y la evolución de la recaudación. Esta tuvo un salto importante en el 2000 con el aumento del recargo, creció con la reactivación ocurrida posdevaluación y, sobre todo, a raíz de la introducción del mecanismo de actualización del gravamen. Su aplicación fue suspendida con posterioridad, aunque el permanente aumento de la demanda eléctrica continuó impulsando la recaudación en los años siguientes.

Aunque el gravamen recae sobre el mercado mayorista, el impuesto es trasladado plenamente al consumidor final. Una primera aproximación del impacto sobre las tarifas que pagan los usuarios se puede obtener utilizando como punto de referencia la recaudación generada por el 0,6% del impuesto establecido por la Ley N°23681. Puede estimarse entonces que la recaudación del FNEE del año 2006, $490 millones, es equivalente a una alícuota del 5,44% sobre las tarifas aplicadas a los consumidores finales.[44] Los $559 millones recaudados por el FNEE en el 2009 permiten estimar un impacto sobre la tarifa final del 3,7%.

---

[44]   Dicha estimación supone una base imponible igual a la del Impuesto Ley N°23.681. En este sentido, debe señalarse que este impuesto se aplica sobre las tarifas pagadas por los usuarios de todo el país, a excepción de los de la Provincia de Santa Cruz, Tierra del Fuego y pequeñas regiones de algunas Provincias incluidas en la legislación de área de frontera. La base imponible del FNEE tiene una cobertura geográfica mayor, dado que grava la energía comercializada en el MEM, que incluye parte de la Provincia de Santa Cruz y de las áreas de frontera.

4. Fondo Especial de Desarrollo Eléctrico del Interior

El Fondo Especial de Desarrollo Eléctrico del Interior (FEDEI) se introdujo junto con el FNEE para financiar la construcción de infraestructura eléctrica. Fue creado por la Ley Nº15.336 mediante la unificación de Fondo de Reserva de Energía Eléctrica y el Fondo de Electrificación Rural integrándose con diversos recursos (excedentes de tarifas y recargos que establezca el Poder Ejecutivo en la Capital Federal y Gran Buenos Aires; aportes del Tesoro de la Nación, 10% del producido del Fondo Nacional de la Energía y con el 20% del Fondo Nacional de la Energía Eléctrica). En la actualidad, se constituye con el 40% de la recaudación del FNEE dispuesta por el art. 30 de la Ley Nº15336 y con el 10% de los recursos que les corresponden a las Provincias de los impuestos a los combustibles creados por el Título III de la Ley Nº23.966. Desde la creación del Fondo Fiduciario para el Transporte Eléctrico Federal y el cargo destinado a remunerar la generación de energía eólica, aquel porcentaje se aplica sobre la recaudación del FNEE neta de ambas detracciones.

El FEDEI es un intento de generar recursos específicos para aumentar la inversión de infraestructura de las Provincias. Reconoce como importante antecedente al mecanismo de coparticipación vial, uno de los primeros de asignación específica que reguló relaciones fiscales Nación-Provincias. Iniciado en 1932, estos recursos viales alcanzaron los $634 millones en el 2009 según la información de la Secretaría de Hacienda.[45]

---

[45]   Los impuestos que gravan las naftas y el gas natural distribuyen un 21% al sistema jubilatorio y un 79% entre la Nación (29%), FONAVI (42%) y Provincias (29%). Estos recursos destinados a las Provincias se distribuyen (Ley Nº23.966) como coparticipación vial (60%), Obras de Infraestructura (30%) y FEDEI (10%). La distribución secundaria de la coparticipación vial y el FEDEI es realizada por el Consejo Vial Nacional y el Consejo Federal de la Energía Eléctrica respectivamente; el 30%, en

Las transferencias a Provincias financiadas por el FEDEI alcanzaron en el año 2009 los $288 millones, más de tres veces los valores mínimos de la serie analizada que se registraron en el año 1999. Unos $106 millones provienen de los impuestos sobre los combustibles y el resto tiene origen en el FNEE (cuadro 6).

De acuerdo con la Ley N°15336, la administración del FEDEI la ejerce la Secretaría de Energía, aunque es el CFEE el encargado de distribuir los fondos "en función a los índices repartidores vigentes o los que dicho Consejo determine en el futuro" (art. 31, inc. b). Debe aplicarse según el art. 33 a lo siguiente:

1. Aportes y préstamos a Provincias para sus planes de electrificación, siempre que se encuadren en los planes aprobados con intervención del Consejo Federal de la Energía Eléctrica y no graven el consumo de electricidad para otros fines que no sean exclusivamente el desarrollo de energía eléctrica y sus tarifas contemplaren la amortización de tales aportes;

2. Préstamos a municipalidades, cooperativas y consorcios de usuarios de electricidad para obras de primer establecimiento, construcción y ampliación de centrales, redes de distribución y obras complementarias;

3. Préstamos a empresas privadas de servicios públicos de electricidad para ampliación y mejoras de sus servicios de centrales de capacidad no superior a 2.000 kilovatios instalados.

El FEDEI se distribuye de la siguiente manera:[46]

1. 87% para aportes de obras en Provincias, sin reembolso, asignado un 90% de acuerdo con el "cupo global" y

---

cambio, se distribuye de acuerdo con la Ley N°23.548 con afectación a obras de infraestructura de energía eléctrica y/u obras públicas.

[46]   Reglamento para la Aplicación y Administración de los Fondos, Resolución CE del CFEE N°314/97 del 1 de septiembre de 1997.

10% "para áreas de frontera". Se denomina a esta operatoria FEDEI-Aportes a Provincias;

2. 12% para préstamos a cooperativas, municipios y consorcios. Se denomina a esta operatoria "Préstamos desde el Fondo Especial de Desarrollo del Interior";

3. 1% para gastos operativos propios del CFEE.

FEDEI-Aportes a Provincias

El CFEE liquidó al conjunto de Provincias por esta operatoria según sus memorias $201 millones en el año 2006. Esto representa un 10% de aumento sobre los valores del año anterior y más del doble de los transferidos en el año 2001. En el año 2007, los aportes liquidados aumentaron a $221 millones y en el 2008 alcanzaron los $261,8 millones.

El espectro de las obras que las Provincias pueden financiar incluye desde construcción, ampliación y reparación de centrales y de sistemas de transmisión y distribución hasta contratación de servicios de ingeniería. Se pueden financiar también programas y gastos de mano de obra, generales y administrativos, en obras realizadas por administración cuyos materiales hayan sido adquiridos mediante recursos del FEDEI hasta un límite máximo del 30% del importe total de los materiales efectivamente rendidos.

Los recursos transferidos a las Provincias vía FEDEI-Aportes a Provincias han sido dirigidos en forma predominante a programas de electrificación rural y, en menor escala, a obras de distribución urbana, subtransmisión y generación aislada. En los últimos años, sin embargo, tendieron a que las Provincias los destinen a obras de acceso al Sistema Argentino de Interconexión-SADI-en 500 KV.[47] Los recursos destinados a préstamos se han canalizado casi exclusivamente al sector cooperativo con destino a obras

---

[47]   Esto fue promovido por la Resolución SE 208/98. Ver capítulo I

de electrificación rural y, en menor escala, a la distribución urbana.[48]

El Comité Ejecutivo del CFEE aprueba las obras a financiar, inspecciona y audita la aplicación de los recursos y sanciona los incumplimientos. No se dispone de información sobre la eficacia del sistema de auditorías y de las penalidades aplicadas.

Distribución entre Provincias

Las Provincias reciben la liquidación de los fondos en base a la rendición de los avances de obras. El límite de ejecución está dado por los cupos fijados anualmente en base a los coeficientes de distribución secundaria. Rezagos y demoras en la ejecución pueden reducir la participación efectiva en el total de fondos pagados.

El Reglamento de la operatoria emitido por el CFEE presenta en el art. 5 los coeficientes de distribución secundaria actualmente vigentes. No constan en dicho documento los fundamentos de los criterios adoptados. Sólo se explicita que el 90% del FEDEI-Aportes a Provincias se distribuirá de acuerdo con el "cupo general" y 10% en base a "áreas de frontera". Estos coeficientes se exponen en el cuadro 8.

Los criterios de distribución de los aportes del FEDEI a las Provincias generan coeficientes de elevada progresividad. Un resultado esperable dada la representación igualitaria que tienen las Provincias en el CFEE. Las jurisdicciones avanzadas consiguen una participación muy reducida en relación con la que alcanzan en la distribución secundaria de la Coparticipación Federal:[49] 14,3% versus el 45,05% que tuvieron en la coparticipación federal en 1994. Mendoza es

---

[48]   CFEE, Informe Institucional 2005 (Argentina, 2009b).
[49]   Se utiliza aquí la tradicional clasificación de las Provincias realizada por Nuñez Miñana (1972) en base a calidad de la vivienda (Censo de 1960), automóviles per capita con datos de 1970 y calidad de los recursos humanos con datos de 1960. Rankings elaborados por Porto (2004) en

la que en este aspecto pierde menos, como consecuencia de la aplicación del criterio de "área de frontera".

Las Provincias del grupo de baja densidad son las que resultan beneficiadas y alcanzan una participación 2,4 veces la obtenida con los coeficientes de Coparticipación Federal del año 1994.

Las Provincias rezagadas obtienen también una participación en el FEDEI mucho mayor que la asignada por la Coparticipación Federal de Impuestos: 38,82% versus 25,59%.

Las Provincias intermedias, en cambio, tienen una participación similar en ambos casos. Dentro de este grupo, sin embargo, San Juan, San Luis y Salta reciben una proporción de los fondos del FEDEI mayor que la que reciben en la Coparticipación Federal, en tanto que Entre Ríos y Tucumán exhiben una situación inversa.

Cuadro 6. Recursos Transferidos a las Provincias en concepto de FNEE, Ley Nº23681 y FEDEI Combustibles (miles de pesos)

Año	Fondo Nacional de la Energía Eléctrica			Ley 23681	FEDEI Combustibles	FEDEI Total	Total Fondos Pagados
	FCT	FEDEI	Total				
	(1)	(2)	(3)=(1)+(2)	(4)	(5)	(6) = (2)+(5)	(7)=(1)+(6)
1993	n/d	n/d	n/d	n/d	n/d	100967	n/d
1994	n/d	n/d	n/d	n/d	n/d	83135	n/d
1995	n/d	n/d	n/d	n/d	n/d	81338	n/d
1996	n/d	n/d	n/d	n/d	n/d	100977	n/d
1997	95529	n/d	n/d	32170	n/d	115381	210910
1998	90526	n/d	n/d	25526	n/d	111693	202219
1999	78957	42226	121183	24049	45211	87437	166394
2000	79114	50422	129536	26200	50652	101074	180188
2001	66763	42551	109314	24017	38470	81021	147784

base a un indicador económico social que apela a 13 variables genera resultados muy similares.

Año	Fondo Nacional de la Energía Eléctrica			Ley 23681	FEDEI Combustibles	FEDEI Total	Total Fondos Pagados
	FCT	FEDEI	Total				
	(1)	(2)	(3)=(1)+(2)	(4)	(5)	(6)=(2)+(5)	(7)=(1)+(6)
2002	93153	60789	153942	24237	32147	92936	186089
2003	131950	75503	207453	26200	54224	129727	261677
2004	130280	89975	220255	26200	41525	131500	261780
2005	140606	106924	247530	31592	67421	174345	314951
2006	228433	152321	380754	35800	48553	200874	429307
2007	252786	168551	421337	35000	52440	220991	473777
2008	238651	172780	411431	35000	69955	242735	481386
2009	294422	182510	476932	35000	105841	288351	582773

(4) Transferencias a la Provincia de Santa Cruz; en 1998 incluye $ 31,7 miles y en 1999 $ 800 mil a Misiones
(5) Coparticipación del Impuesto a los Combustibles Liquidos y Gas según Ley 23.966
(6) Al 31/12/2000 el régimen de energía eléctrica correspondiente al último bimestre fue transferido parcialmente

Fuente: Oficina Nacional de Presupuesto, Boletín Fiscal, varios números y Dirección Nacional de Coordinación Fiscal con las Provincias, Secretaría de Hacienda, Ministerio de Economía.

Cuadro 7. Recursos del FNEE transferidos a Provincias como % de la Recaudación

Año	FCT		FEDEI		Total	
	Observado	Teórico	Observado	Teórico	Observado	Teórico
1992	n/d	60,0	n/d	40,0	n/d	100,0
1993	n/d	60,0	n/d	40,0	n/d	100,0
1994	n/d	60,0	n/d	40,0	n/d	100,0
1995	n/d	60,0	n/d	40,0	n/d	100,0
1996	n/d	60,0	n/d	40,0	n/d	100,0
1997	55,2	60,0	n/d	40,0	n/d	100,0
1998	48,9	60,0	n/d	40,0	n/d	100,0

Año	FCT		FEDEI		Total	
	Observado	Teórico	Observado	Teórico	Observado	Teórico
1999	48,1	60,0	25,7	40,0	73,9	100,0
2000	38,6	47,5	24,6	31,7	63,2	79,1
2001	32,1	47,4 - 47,5	20,5	31,6	52,6	78,99 -79,137
2002	41,6	47,4	27,1	31,6	68,7	79,0
2003	65,0	47,4	37,2	31,6	102,2	79,0
2004	49,0	47,4	33,8	31,6	82,8	79,0
2005	49,7	n/d	37,8	n/d	87,5	n/d
2006	46,6	47,7	31,1	31,8	77,7	79,4
2007	47,0	47,7	31,3	31,8	78,3	79,4
2008	42,9	47,7	31,1	31,8	74,0	79,4
2009	52,7	47,7	32,6	31,8	85,3	79,4
1997/99	50,8	60,0	n/d	40,0	n/d	100,0
2000/09	47,7	47,4 - 47,7	31,2	31,6 - 31,8	78,9	78,99 -79,44

Fuente: cuadros 4, 5 y 6.

La participación de las Provincias en las liquidaciones del FEDEI efectivamente realizadas en el lapso 1993-2008 se presentan en el cuadro 9. Las Provincias de Buenos Aires y de Misiones presentan una situación peculiar. La primera participó con un 3,2% promedio del total de las liquidaciones, bastante menos que el 3,5% que le corresponde de acuerdo con los valores del cuadro 8. La dispersión de los valores anuales en torno a este promedio del periodo debe ser destacada en este caso. Misiones exhibe una situación contraria: recibió en promedio el 5,8% de los fondos transferidos, bastante más que el 5,1% calculado en el cuadro 8 de acuerdo con la Resolución SE Nº314/97.

Préstamos desde el Fondo Especial de Desarrollo Eléctrico del Interior

El 12% del FEDEI es destinado a préstamos a municipios, cooperativas y consorcios de usuarios de electricidad que tengan a su cargo la prestación del servicio de electricidad y para financiar obras de primer establecimiento, construcción y ampliación de centrales, redes de distribución y obras complementarias. La normativa[50] dispone que los plazos de los préstamos no puedan superar los 10 años contados a partir de la finalización de la obra al 6% anual amortizables en cuotas semestrales. Se realizan en módulos básicos de $620.000 que se asignan entre las Provincias de acuerdo con una escala según el nivel de facturación de las cooperativas y municipios, correspondiendo préstamos de un módulo básico para aquellas jurisdicciones cuyas cooperativas y municipios facturen entre 0 y hasta 100 GWh/año; en el otro extremo, se asignarán préstamos por hasta 5 módulos básicos para aquellas jurisdicciones cuyas cooperativas y municipios facturen más de 800 GWh/año.

Las Provincias son quienes deben aprobar previamente la presentación del proyecto y quienes deben verificar y aprobar las rendiciones. La presentación de la obra ante el CFEE debe incluir también una manifestación de los órganos competentes provinciales que certifican que la obra no está construida ni en construcción, que el solicitante cumple las condiciones de elegibilidad establecidas en el Reglamento y que el proyecto cumple con las normas técnicas vigentes.

Los remanentes de los recursos destinados a préstamos que no fueran asignados o comprometidos en la distribución primaria se redistribuyen anualmente con los mismos

---

[50]   Las normas regulatorias de la operatoria son principalmente las Resoluciones del CFEE CE N°445/00, 574/03 y 768/06.

principios entre las Provincias con solicitudes presentadas a la fecha que el CFEE determina anualmente.

Recursos asignados

El FEDEI liquidó préstamos en el año 2007 por $9 millones y en el 2008 por sólo $9,3 millones, aunque esto duplicó los reducidos volúmenes del año 2006. El FEDEI-Aportes a Provincias, en cambio, transfirió $221 millones en 2007 y $261 millones en 2008. Los préstamos representaron cifras insignificantes: 4% en el año 2007 y el 3,6% en el año 2006. Porcentajes similares se observan en los años anteriores. Estos reducidos valores contrastan con aquellos teóricos que surgen de la distribución del FEDEI entre Préstamos (12%) y FEDEI-Aportes a Provincias (87%).

La participación de las Provincias en la operatoria de préstamos a través de cooperativas, municipios y consorcios es reducida y, dada las ventajosas condiciones en que son otorgados, esconde otro tipo de problemas (cuadro 10). Ocho Provincias no han participado nunca de la operatoria de préstamos desde 1993 a la fecha. Son Catamarca, Formosa, Jujuy, La Rioja, Salta, San Luis, Tierra del Fuego y Tucumán; San Juan obtuvo sólo un préstamo. Por otra parte, Chubut, Neuquén y Río Negro no tienen una presencia en la operatoria acorde con la relevancia que tienen las cooperativas en su sistema de distribución eléctrica. Esto ha permitido que las Provincias más avanzadas, con sistemas de distribución a veces más descentralizados y con mayor participación de consorcios de electricidad y cooperativas, tengan una participación relativamente elevada en el total de los préstamos realizados. En el lapso 1993-2008 Buenos Aires, Córdoba y Santa Fe recibieron el 68% del monto total y el 80% de las operaciones de créditos realizadas por el FEDEI con las cooperativas y municipios, bastante por encima del 42% de coparticipación federal de impuestos que recibieron en el año 1994.

Cuadro 8. FEDEI y Coparticipación Federal de Impuestos: Coeficientes de Distribución Secundaria

Provincia	FEDEI			Coparticipación de Impuestos	
	Criterios			Ley 23548 1988	Coeficientes Totales 1994
	Cupo General	Area de Frontera	Media Ponderada		
Gobiernos Locales	100	100	100	100	100
Avanzadas	**15,4100**	**4,7937**	**14,34837**	**43,72**	**45,05**
Buenos Aires	3,8525	0,000	3,467	21,85	24,77
Santa Fe	3,8525	0,000	3,467	8,89	8,15
Córdoba	3,8525	0,000	3,467	8,83	8,02
Mendoza	3,8525	4,7937	3,947	4,15	4,11
Baja Densidad	**26,2181**	**34,4598**	**27,04227**	**9,93**	**11,12**
Chubut	4,4692	8,658	4,88808	1,57	1,9
Santa Cruz	5,1366	8,7986	5,5028	1,57	1,75
La Pampa	4,288	0,000	3,8592	1,87	1,91
Rio Negro	4,1729	4,566	4,21221	2,51	2,53
Neuquen	4,213	7,4156	4,53326	1,73	1,97
Tierra del Fuego	3,9384	5,0216	4,04672	0,68	1,06
Intermedias	**20,095**	**16,9966**	**19,78516**	**19,03**	**18,22**
San Juan	3,8525	5,2496	3,99221	3,36	3,16
San Luis	4,3454	0,000	3,911	2,27	2,25
Entre Ríos	3,8525	5,449	4,01215	4,86	4,62
Tucumán	3,9563	0,000	3,561	4,73	4,5
Salta	4,0883	6,298	4,30927	3,81	3,69
Rezagadas	**38,2769**	**43,7499**	**38,8242**	**27,31**	**25,59**
La Rioja	5,008	5,7738	5,08458	2,06	2,02
Catamarca	5,1065	6,298	5,22565	2,74	2,55
Corrientes	4,2718	5,449	4,38952	3,7	3,55
Jujuy	4,2344	5,3635	4,34731	2,83	2,77
Misiones	4,9255	6,7196	5,10491	3,29	3,29
Chaco	4,4575	6,503	4,66205	4,96	4,32
Sgo del Estero	5,1366	0,000	4,62294	4,11	3,81
Formosa	5,1366	7,643	5,38724	3,62	3,28

Fuente: Resolución CFEE, CE Nº314/97, Anexo 1, art. 5 y Porto (2003) para la Coparticipación Federal de Impuestos; los coeficientes totales incluyen las transferencias de servicios.

Cuadro 9. FEDEI-Aportes a Provincias: Liquidación anual Total (mill $) y por Provincia (% del Total)

PROVINCIAS	1993	1994	1995	1996	1997	1998	1999	2000	2001	2002	2003
Avanzadas	14,5	14,9	13,7	14,5	14,7	14,5	10,6	12,5	12,7	12,7	12,5
BUENOS AIRES	3,5	3,6	2,7	4,1	3,5	2,8	0,0	1,7	1,7	1,7	1,4
SANTA FE	3,5	3,6	3,5	3,3	3,5	3,7	3,4	3,5	3,5	3,5	3,5
CORDOBA	3,5	3,6	3,5	3,3	3,5	3,7	3,4	3,4	3,5	3,5	3,5
MENDOZA	4,0	4,1	4,0	3,8	4,0	4,2	3,8	3,9	4,0	4,0	4,0
Baja Densidad	27,4	28,1	27,3	25,9	27,6	28,8	26,2	27,2	27,4	27,4	27,5
CHUBUT	4,9	5,1	4,9	4,7	5,0	5,2	4,8	5,1	4,9	4,9	5,0
SANTA CRUZ	5,6	5,7	5,6	5,3	5,6	5,9	5,4	5,3	5,6	5,6	5,6
LA PAMPA	3,9	4,0	3,9	3,7	3,9	4,1	3,7	4,0	3,9	3,9	3,9
RIO NEGRO	4,3	4,3	4,2	4,0	4,3	4,5	4,0	4,2	4,3	4,3	4,3
NEUQUEN	4,6	4,7	4,6	4,3	4,6	4,8	4,5	4,6	4,6	4,6	4,6
T DEL FUEGO	4,1	4,2	4,1	3,9	4,1	4,3	3,8	4,0	4,1	4,1	4,1
Intermedias	18,9	16,5	22,1	20,4	20,1	20,9	18,5	19,6	20,1	20,0	19,3
SAN JUAN	4,0	4,2	4,0	3,8	4,1	4,2	3,7	4,0	4,0	4,0	3,3
SAN LUIS	2,8	0,0	6,1	5,2	4,0	4,1	3,6	3,9	4,0	4,0	4,0
ENTRE RIOS	4,1	4,2	4,0	3,8	4,1	4,2	3,8	4,0	4,1	4,1	4,1
TUCUMAN	3,6	3,7	3,6	3,4	3,6	3,8	3,4	3,5	3,6	3,6	3,6
SALTA	4,4	4,5	4,3	4,1	4,4	4,5	4,0	4,3	4,4	4,4	4,4
Rezagadas	39,2	40,4	36,9	39,2	37,6	35,8	44,7	40,7	39,8	39,8	40,7
CATAMARCA	5,2	5,5	4,1	6,1	3,3	0,0	12,8	6,4	5,3	5,3	5,2
CORRIENTES	4,4	4,6	3,4	5,1	4,5	4,7	4,2	4,3	3,9	3,8	4,8
CHACO	4,7	4,9	4,7	4,5	4,8	5,0	4,6	4,6	4,7	4,7	4,7
FORMOSA	5,4	5,6	5,4	5,2	5,5	5,8	5,1	5,4	5,5	5,5	5,5
JUJUY	4,4	4,5	4,4	4,2	4,4	4,6	4,3	4,4	4,4	4,4	4,4
LA RIOJA	5,1	5,3	5,1	4,9	5,2	5,4	4,7	5,0	5,1	5,1	5,2
MISIONES	5,2	5,3	5,1	4,9	5,2	5,5	4,7	5,9	6,2	6,4	6,2
S. DEL ESTERO	4,7	4,8	4,7	4,4	4,7	4,9	4,3	4,6	4,7	4,7	4,7
TOTALES	100,0	100,0	100,0	100,0	100,0	100,0	100,0	100,0	100,0	100,0	100,0
Total (mill. De $)	93,6	88,9	90,3	100,0	113,0	96,2	83,2	101,1	97,5	103,5	129,0

PROVINCIAS	2004	2005	2006	2007	2008	1993/08	Res.314/97	Coparticip Fed. 1994
Avanzadas	**13,3**	**16,2**	**15,0**	**15,0**	**14,8**	**14,2**	**14,3**	**45,1**
BUENOS AIRES	2,3	4,3	4,4	4,3	4,1	3,2	3,5	24,8
SANTA FE	3,5	3,4	3,4	3,4	3,4	3,5	3,5	8,2
CORDOBA	3,5	4,6	3,4	3,4	3,4	3,6	3,5	8,0
MENDOZA	4,0	3,9	3,9	3,9	3,9	3,9	3,9	4,1
Baja Densidad	**27,2**	**24,9**	**26,4**	**26,5**	**26,5**	**26,9**	**27,0**	**11,1**
CHUBUT	4,9	3,0	4,7	4,8	4,8	4,7	4,9	1,9
SANTA CRUZ	5,5	5,4	5,4	5,4	5,4	5,5	5,5	1,8
LA PAMPA	3,9	3,8	3,8	3,8	3,8	3,9	3,9	1,9
RIO NEGRO	4,2	4,2	4,1	4,1	4,1	4,2	4,2	2,5
NEUQUEN	4,6	4,5	4,4	4,4	4,4	4,5	4,5	2,0
T DEL FUEGO	4,1	4,0	3,9	4,0	4,0	4,0	4,0	1,1
Intermedias	**19,9**	**20,0**	**19,4**	**19,4**	**19,3**	**19,6**	**19,8**	**18,2**
SAN JUAN	4,0	4,5	3,9	3,9	3,9	4,0	4,0	3,2
SAN LUIS	3,9	3,9	3,8	3,8	3,8	3,8	3,9	2,3
ENTRE RIOS	4,0	4,0	3,9	3,9	3,9	4,0	4,0	4,6
TUCUMAN	3,6	3,5	3,5	3,5	3,5	3,5	3,6	4,5
SALTA	4,3	4,2	4,2	4,2	4,2	4,3	4,3	3,7
Rezagadas	**39,5**	**38,9**	**39,2**	**39,2**	**39,4**	**39,4**	**38,8**	**25,6**
CATAMARCA	5,3	5,1	5,1	5,1	5,1	5,2	5,2	2,6
CORRIENTES	4,0	4,8	4,3	4,3	4,5	4,4	4,4	3,6
CHACO	4,7	3,4	4,6	4,6	4,6	4,6	4,7	4,3
FORMOSA	5,4	5,3	5,3	5,3	5,3	5,4	5,4	3,3
JUJUY	4,4	4,3	4,3	4,3	4,3	4,3	4,3	2,8
LA RIOJA	5,1	5,0	5,0	5,0	5,0	5,1	5,1	2,0
MISIONES	6,0	6,4	6,1	6,1	6,1	5,8	5,1	3,3
S. DEL ESTERO	4,7	4,6	4,5	4,5	4,5	4,6	4,6	3,8
TOTALES	**100,0**	**100,0**	**100,0**	**100,0**	**100,0**	**100,0**	**100,0**	**100,0**
Total (mill. De $)	121,8	171,5	200,9	221,0	261,4	2072,9		

Fuente: elaborado en base a Informe Institucional 2008 del CFEE (Argentina, 2009b), Informe del sector eléctrico de la Secretaría de Energía, varios números y cuadro 8.

Cuadro 10. FEDEI-Cooperativas: Préstamos a Cooperativas según Provincias (% del total)

Provincia	1993	1994	1995	1996	1997	1998	1999	2000	2001
BUENOS AIRES	13,1	15,9	13,6	29,4	15,2	33,8	27,1	17,5	47,9
CATAMARCA									
CHACO	4,4	5,5	0,0	0,0	0,0	0,0	0,0	0,0	0,0
CHUBUT	0,0	8,8	1,8	3,7	0,0	6,6	8,7	0,0	0,0
CORDOBA	27,4	23,1	32,2	16,4	40,4	18,5	15,8	13,7	11,5
CORRIENTES	0,0	2,9	1,0	2,6	0,0	0,0	0,0	4,2	0,0
ENTRE RIOS	0,0	7,9	2,8	2,4	2,1	4,6	0,0	12,8	0,0
FORMOSA									
JUJUY									
LA PAMPA	13,3	5,4	6,2	9,4	4,8	7,5	12,7	6,3	6,1
LA RIOJA									
MENDOZA	13,3	10,1	0,0	5,8	4,7	0,0	5,1	5,0	0,0
MISIONES	8,9	8,7	8,5	4,7	2,2	13,9	7,2	10,3	0,0
NEUQUEN	0,0	0,0	2,8	4,7	3,2	0,0	0,0	0,0	0,0
RIO NEGRO	4,0	0,0	0,0	0,0	0,0	0,0	0,0	10,3	0,0
SALTA									
SAN JUAN	2,2	0,0	0,0	0,0	0,0	0,0	0,0	0,0	0,0
SAN LUIS									
SANTA CRUZ	0,0	0,0	0,0	1,2	3,2	0,0	0,0	5,1	0,0
SANTA FE	13,3	11,7	31,1	19,7	20,9	15,1	23,5	9,7	34,5
S. DEL ESTERO	0,0	0,0	0,0	0,0	3,2	0,0	0,0	5,1	0,0
T DEL FUEGO									
TUCUMAN									
TOTALES	100,0	100,0	100,0	100,0	100,0	100,0	100,0	100,0	100,0

Provincia	2002	2003	2004	2005	2006	2007	Promedio 1993/2007	Copart. Federal 1994
BUENOS AIRES	36,4	58,9	41,7	50,2	32,6	61,3	30,1	24,8
CATAMARCA								2,6
CHACO	0,0	0,0	0,0	0,0	0,0	0,0	0,9	4,3
CHUBUT	0,0	0,0	0,0	0,0	0,0	0,0	2,5	1,9
CORDOBA	18,2	4,7	30,7	14,6	40,7	38,7	23,9	8,0
CORRIENTES	0,0	3,0	0,0	0,0	0,0	0,0	1,2	3,6
ENTRE RIOS	9,0	5,2	0,0	4,0	8,1	0,0	3,6	4,6
FORMOSA								3,3
JUJUY								2,8
LA PAMPA	0,0	12,3	6,2	4,0	10,4	0,0	7,2	1,9
LA RIOJA								2,0
MENDOZA	0,0	0,0	0,0	0,0	0,0	0,0	3,8	4,1
MISIONES	0,0	5,5	0,0	5,7	0,0	0,0	5,7	3,3
NEUQUEN	18,2	0,0	8,3	0,0	0,0	0,0	1,8	2,0
RIO NEGRO	0,0	0,0	4,9	0,0	0,0	0,0	1,0	2,5
SALTA								3,7
SAN JUAN	0,0	0,0	0,0	0,0	0,0	0,0	0,2	3,2
SAN LUIS								2,3
SANTA CRUZ	0,0	0,0	0,0	4,0	0,0	0,0	1,0	1,8
SANTA FE	18,2	5,5	8,1	17,4	0,0	0,0	16,0	8,2
S. DEL ESTERO	0,0	4,7	0,0	0,0	8,1	0,0	1,1	3,8
T DEL FUEGO								1,1
TUCUMAN								4,5
TOTALES	100,0	100,0	100,0	100,0	100,0	100,0	100,0	100,0

Fuente: elaborado en base a CFEE, Informe Institucional, varios números (Argentina 2009b).

5. Fondo Subsidiario para Compensaciones Regionales de Tarifas a Usuarios Finales

Constitución y magnitud

El FCT fue una innovación del nuevo marco del sector eléctrico introducido por la Ley N°24065 que encomendó al CFEE la administración, asignación y distribución de los fondos. Se constituye con el 47,664% del recargo debiendo el CFEE asignarlo anualmente entre "las jurisdicciones provinciales que hayan adherido a los principios tarifarios" de la ley. El Fondo tiene por objeto realizar transferencias de asignación específica de la Nación a las Provincias destinadas a igualar el precio de la electricidad en todo el país. El Decreto reglamentario N°1398/92 precisó que será la Secretaría de Energía la encargada de "verificar que las Provincias que hubieren adherido a tales principios los apliquen efectivamente al determinar las tarifas a usuarios finales de su jurisdicción". Entre tales principios se incluye la prohibición de utilizar subsidios cruzados en la fijación de las tarifas, disponiendo, además, que las reducciones tarifarias[51] a ciertos grupos de usuarios deben prever su correspondiente partida presupuestaria.[52] Para recibir los fondos, la normativa del CFEE ha precisado que las Provincias deben adherir a los principios tarifarios de la ley, estar al día en el cumplimiento de los pagos por consumo de energía eléctrica en el MEM, emitir con carácter de declaración jurada la información necesaria para el cálculo

---

[51]   El inciso e) del art. 42 dispone: "En ningún caso, los costos atribuibles al servicio prestado a un usuario o categoría de usuarios podrán ser recuperados mediante tarifas cobradas a otros usuarios".

[52]   El Decreto N°1398/92, art. 42 inc. a): "Sólo podrán mantenerse vigentes las reducciones de tarifas en favor de usuarios (...) si se prevé una partida presupuestaria específica destinada a cubrir al concesionario la diferencia de ingresos que tal subsidio representa".

de los coeficientes de distribución y remitir al CFEE copia autenticada del cuadro tarifario vigente.

Los fondos transferidos a las Provincias mediante el FCT alcanzaron en el año 2001 el menor valor de la serie analizada: $67 millones (cuadro 6). Se recuperaron con posterioridad a medida que aumentó la recaudación, de modo que las transferencias al conjunto de Provincias del año 2009, unos $294 millones, representaron 4,4 veces aquellas registradas en el año 2001. Como proporción de la recaudación, las transferencias a Provincias vía FCT representaron entre 2000-2009 el 47,7%, poco menos que los años previos en que la recaudación no financiaba el FFTEF y la generación de energía de fuentes renovables.

Los Criterios de la Distribución Secundaria

Los criterios e índices de distribución de los recursos del FCT fueron aprobados por Resolución N°139/92 del Comité Ejecutivo del CFEE y luego ratificados por la Secretaría de Energía de la Nación. Tal como se expone en el art. 2°, dichos índices revisten el carácter de transitorios y:

> "se aplicarán para la distribución de la recaudación efectuada en el periodo transcurrido entre la constitución del Fondo y el 31 de octubre del año en curso. A partir de este fecha los índices serán reajustados mensualmente por el Comité Ejecutivo de este Consejo Federal, en función de la variación de los parámetros constitutivos de la Metodología aprobada."

No obstante, la metodología e índices aprobados por la resolución "tendrán vigencia hasta que el Consejo Federal de la Energía Eléctrica, en base a un estudio de costos operativos de la prestación del servicio eléctrico de cada jurisdicción provincial, adopte un nuevo criterio de distribución".

La distribución secundaria del FCT mantendrá en forma permanente este carácter de transitoriedad y revisión permanente. La asignación de los cupos se hará anualmente en forma "provisoria", muchas veces será necesaria más de una resolución y luego se harán las aprobaciones definitivas de las distribuciones con las rectificaciones pertinentes.

Diversas cuestiones podrían ayudar a explicar esta transitoriedad: la naturaleza del Órgano que administra los recursos; la dificultad para generar consensos de largo plazo en una institución cruzada por intereses de gobiernos de diferentes niveles, de partidos políticos diversos, incluso con liderazgos políticos y regionales de gran diversidad; la representación igualitaria de sus miembros; la dificultad por generar una conciencia en cada miembro sobre su responsabilidad en el funcionamiento eficaz del conjunto; la frecuencia con que se adoptan soluciones intermedias o de compromiso que, por satisfacer a todas las partes, apelan a mecanismos de instrumentación dificultosa o imposible.

Los criterios de distribución secundaria adoptados en 1992 necesitaban también de datos que las Provincias debían generar a los efectos de alimentar el mecanismo y presentarlos al Consejo en declaraciones juradas en tiempo y forma que, con posterioridad, debían ser auditados y controlados, sancionándose los incumplimientos, errores, y omisiones. No menos importante, las sanciones y rectificaciones debieron aplicarse con frecuencia luego de que los fondos habían sido transferidos en un contexto casi permanente de estrechez financiera y muchas veces en situaciones de emergencia en las que la Nación y las Provincias discutían sobre la distribución de recursos fiscales y la coparticipación federal de impuestos.[53] Las

---

[53]   De hecho el corolario de las leyes N°25.400 ("Compromiso Federal por el Crecimiento y la Disciplina Fiscal") y N°25.570 ("Acuerdo Nación Provincias sobre relación financiera y bases de un régimen de Coparticipación

liquidaciones en exceso, frecuentemente detectadas por auditorias varios años después, han sido devueltas por las Provincias previa garantía de remesas mensuales mínimas y los excedentes, cuando se han verificado, a compensar a las Provincias con acreencias.

La distribución secundaria aprobada por la Resolución N°139/92 se basa en cuatro criterios. Inicialmente, se excluyó a Formosa, Santiago del Estero y Tucumán "en atención a que el Fondo tiene como destino compensar las tarifas de los usuarios finales atendidos por los distribuidores provinciales; no obstante, [...] se consideró que deben ser incorporadas automáticamente al esquema distributivo en el momento en que se hagan cargo de la prestación de sus servicios".

Los coeficientes de distribución secundaria inicialmente adoptados son los que se exponen en el cuadro 11 y su inclusión fue justificada por el CFEE:

1. El Costo de Abastecimiento con una ponderación del 15% busca compensar a las Provincias que tienen elevados costos de abastecimiento y para ello se tiene en cuenta la importancia de cada fuente de abastecimiento y los precios medios de cada fuente (provenientes del sistema interconectado, de generación local interconectada, de generación local aislada y de suministro del exterior), debiendo descontarse en dicho cálculo los beneficios y/o subsidios específicos que en cada caso estén destinados a reducir tales costos. Los cálculos iniciales no contemplaron las Provincias de Misiones y Santa Cruz, por considerarse que reciben beneficios por las Leyes N°22.938 y N°23.681. Misiones percibió en el año 1999 la última transferencia al

---

Federal de Impuestos") fue la suspensión del carácter específico de los fondos transferidos y la autorización a las Provincias para destinarlos a rentas generales hasta en un 50% para los ejercicios 2000 y 2001 y hasta el 100% en los años siguientes.

amparo de la Ley Nº22.938; Santa Cruz, en cambio, continúa percibiendo las transferencias vía la Ley Nº23681. Los coeficientes de distribución inicialmente se generaron con información incompleta y parcial, en particular la referida a la cantidad y precios de la generación local aislada de cada provincial.

2. El Criterio de dispersión del mercado eléctrico con una ponderación del 30% tiende a contemplar casos de mercados dispersos y la atención de vastas extensiones territoriales con baja densidad de usuarios. Distribuye en forma inversa a la densidad de usuarios por km de redes de media tensión. Se consideró en su momento que este criterio requiere una actualización anual.

3. El Criterio de Zonas Territoriales Marginales con una ponderación del 30% busca contemplar las zonas de menor desarrollo relativo, ubicadas en zonas fronterizas, abastecidas por generación aislada y desventajas en las condiciones de competencia regional con países vecinos, con baja densidad de población, baja relación de consumo por número de usuarios y alta incidencia del transporte de combustibles líquidos. Se mide mediante promedio simple de los índices utilizados en el FEDEI: cupo general y área de frontera.

El Criterio por partes iguales con una ponderación del 25% apunta a "equilibrar posibles desvíos [...] como forma de moderar la dispersión de los montos máximo y mínimo que resulten de la aplicación del resto de los criterios".

El Criterio de Zonas Territoriales Marginales tiene una marcada connotación redistributiva que beneficia a algunas de las Provincias intermedias, a las Provincias rezagadas y a las menos pobladas; tiene un peso importante (30%) y puede decirse que tiene mucho que ver con la conformación y el carácter igualitario de la representatividad de las Provincias en el Consejo. El Criterio por partes iguales atenúa la progresividad del Criterio Zonas Territoriales Marginales y mejora la situación relativa de las jurisdicciones avanzadas e intermedias. El Criterio de Dispersión del mercado eléctrico parecería ser el que en mayor medida se encuadra dentro del espíritu de la normativa, ya que al distribuir en forma inversa a la densidad busca compensar desventajas estructurales de mercados eléctricos dispersos. Algunas Provincias enfatizan mucho en este aspecto cuando intentan explicar sus elevadas tarifas en relación con las reducidas que rigen en la zona de distribución de Edenor, Edesur y Edelap.[54] El Criterio de Costos de Abastecimiento apunta a compensar a aquellas Provincias que tienen costos de aprovisionamiento elevados y se endereza también a "igualar las tarifas regionales". Al premiar la existencia de generación aislada, sin embargo, puede interpretarse que brinda señales incorrectas que dificultarían incrementar la inversión dirigida a su sustitución. De hecho, las primeras dificultades se observaron en la instrumentación de este criterio que tenía que ver no solo con su concepción, sino también con la disponibilidad de los datos, ya que las Provincias debían declarar bajo juramento ante el CFEE la energía generada en forma aislada, sin contar muchas veces con instrumentos apropiados para la medición y frente a la inexistencia de auditorías y control del Consejo.

El proceso de revisión y estudio comenzó recién en el segundo semestre de 1996 y culminó en la Resolución[55] de Comité Ejecutivo Nº330 del 20 de Marzo de 1998. Se intro-

---

[54]   Ver, por ejemplo, las declaraciones del presidente de la Empresa Provincial de Electricidad de la Provincia de Santa Fe (Epesf) reproducidas por el diario *El Litoral* del 31/01/09.

[55]   El antecedente de esta Resolución fue el Despacho CAE Nº10/97 del CFFE que textualmente resumió los resultados obtenidos por la metodología de cálculo del Criterio de Costo de Abastecimiento como una alta concentración de recursos en pocas jurisdicciones, llegando a encontrarse casos en que una sola jurisdicción absorba el 70% del mismo; Provincias cuyo precio medio de abastecimiento se encuentra por encima del pre-

dujo una nueva metodología de cálculo del Criterio de Costo de Abastecimiento y también un régimen de información en base a declaraciones juradas, auditorias y sanciones a que quedan sometidas las Provincias beneficiarias de la "compensación por generación aislada", buscando garantizar la transparencia y el control de los datos necesarios para la liquidación mensual de los fondos. La modificación apuntaba al mismo objetivo, compensar el mayor costo de abastecimiento de las Provincias premiando a aquellas que tienen el mayor "Precio Teórico Monómico Medio de Abastecimiento", pero su cálculo intentó no generar señales erróneas que desalentaran la inversión que sustituyera la generación aislada y para ello se basó en dos conceptos: costo mínimo de abastecimiento en el mercado y costo estándar eficiente de abastecimiento para los servicios con generación aislada. Era necesario a su vez un mecanismo de medición de la energía producida por centrales de generación aislada en las diversas Provincias. Se dispuso que los cambios fueran instrumentados gradualmente durante el primer semestre de 1998 y se aseguró a algunas Provincias la remisión de un monto mínimo.

Las deficiencias estructurales de este criterio no fueron subsanadas y las dificultades continuaron. Se produjeron cambios metodológicos en el cálculo del Criterio de Costo de Abastecimiento en el año 2001 (Resolución CFEE Nº467), en 2002 (Resolución CFEE Nº508) y en 2004 (Resolución CFEE Nº006). Las problemas de información también permanecieron y resultó evidente a esta altura las dificultades para establecer rigurosos mecanismos de sanción ante los incumplimientos. Las resoluciones del Comité Ejecutivo que se han publicado sugerirían, además, como regla un accionar laxo ante los incumplimientos. Más aún, la elevada

---

cio medio del país que no perciben ingresos por el Criterio a. Costo de abastecimiento; y un efecto distributivo "totalmente asimétrico".

cantidad de incumplimientos, la dificultad para imponer sanciones y el respeto al derecho del debido proceso dieron origen a la Resolución CE N°520/02 que estableció plazos de notificación, descargo y de producción de pruebas antes de resolver las sanciones previstas en los reglamentos de funcionamiento del FEDEI y del FCT.

Los cambios metodológicos introducidos en el año 2004 buscaron en definitiva que "todas las Provincias que se encuentren con monómicos por encima del precio de abastecimiento medio país reciban una asistencia económica por parte del Criterio de Costo de Abastecimiento proporcional respecto de su sobrecosto de abastecimiento".

La Distribución Secundaria Resultante

Los coeficientes de distribución secundaria fijados inicialmente en el año 1992 muestran un significativo avance para las Provincias de baja densidad: participan con un 29,7%, sensiblemente por arriba de los coeficientes de coparticipación federal que alcanzaron en el año 1994, 11,12% (cuadro 11).

Las Provincias de desarrollo intermedio perciben de acuerdo con coeficientes muy similares a los de la Coparticipación Federal, aunque cuando se avanza al interior del grupo se observa que todas perciben el FCT con coeficientes mayores que los de la coparticipación siendo Tucumán, cuyo coeficiente fue 0 en el cálculo inicial del año 1992, la que decide el valor de las Provincias de desarrollo intermedio. El Criterio por partes iguales las beneficia notoriamente.

Los coeficientes distribuidores de las Provincias rezagadas no son significativamente más elevados que aquellos que surgen del sistema de coparticipación federal, aunque es decisivo en estos resultados que Santiago del Estero y Formosa tuvieran coeficientes iguales a 0 por no haber reunido al momento inicial del cálculo todos los requisitos. La incorporación de ambas Provincias en 1995 provocó un sensible avance del grupo de Provincias rezagadas en la distribución secundaria.

Las Provincias avanzadas finalmente obtienen coeficientes mucho menores que aquellos que surgen de los mecanismos de la coparticipación federal, en particular Buenos Aires que solamente participa con el 4,8% de los fondos que distribuye el FCT siendo que la coparticipación federal de 1994 le adjudicó una participación de casi el 25%.

Los fondos transferidos a cada Provincia en todo el periodo fueron cambiando acorde con el funcionamiento del sistema y la instrumentación de la metodología. Las transferencias efectivas realizadas a cada Provincia son las que se resumen en el cuadro 12.

Las Provincias de Buenos Aires, Córdoba, Mendoza y Santa Fe percibieron en promedio en el lapso 1993-2008 un 16,2%, poco más del tercio de los valores que percibieron en concepto de coparticipación federal en 1994: 45,10%. Las Provincias de baja densidad (Chubut, Santa Cruz, La Pampa, Río Negro, Neuquén y Tierra del Fuego) mostraron una situación sustancialmente distinta: percibieron por FCT 26,6% entre 1993-2008, casi 2,5 veces el 11,10% que percibieron por coparticipación federal. Las Provincias rezagadas percibieron en promedio un 37,4%, notoriamente por encima de lo que perciben por coparticipación federal (25,6%), aunque Chaco y Santiago del Estero no tienen en promedio un avance significativo. Dentro del grupo de Provincias de desarrollo intermedio, son San Juan y, en particular, San Luis las que recibieron recursos del FCT en mayor proporción que el que recibieron por coparticipación federal, en tanto que las restantes percibieron levemente por debajo (Entre Ríos y Salta) o significativamente por debajo como fue el caso de Tucumán.

La evolución de la distribución a medida que avanzó el tiempo exhibió a su vez algunas particularidades. Con relación al primer conjunto de coeficientes determinados en 1992, los promedios del periodo 1993-2008 muestran un retroceso de algunas de las Provincias avanzadas (Santa Fe) y de algunas de las de baja densidad (Santa Cruz, Río Negro, Neuquén, Tierra del Fuego) en beneficio de algunas de las incluidas en el grupo de rezagadas. Así, estas percibieron en el lapso 2003-2008 un 37,4% del total, en tanto que los coeficientes iniciales le adjudicaban un 31,7%. La ausencia de Santiago del Estero y Formosa en los cálculos iniciales y su inclusión en los posteriores explican estos cambios.

La aplicación del FCT en las Provincias

El Comité Ejecutivo del CFEE por la Resolución Nº178/94 estableció el mecanismo para la rendición del FCT que debe realizarse en forma semestral y abarca aspectos de asignación, destino y aplicación. Dichos informes tienen el carácter de declaración jurada y deben ser recibidos por el Consejo dentro de treinta días de vencidos los semestres. La Resolución Nº573/02 modificó aquella estableciendo, entre otras cosas, que el plazo para la remisión de la rendición se extiende a 120 días de la fecha que el Comité Ejecutivo notifique la última remesa de correspondiente a las transferencias de cada semestre.

No se dispone de información publicada acerca de la utilización en cada una de las Provincias del FCT. El CFEE ha indicado en forma genérica que, en la mayoría de los casos, se destina a subsidiar sistemas aislados, a compensar clientes industriales por fluctuaciones estacionales de la tarifa o a financiar en otros casos programas de tarifas sociales (Foster, 2003). Serafinoff (2008) ha señalado que los Consejos Federales muestran escasa actividad en materia de control y evaluación de las políticas llevadas a cabo, aunque en verdad no se ha podido disponer de elementos que permitan establecer precisamente cuál es la situación del Consejo Federal de la Energía Eléctrica en este aspecto.

La tarifa social tiene por objeto facilitar a usuarios reales o potenciales el acceso al servicio eléctrico de un modo compatible con sus ingresos. No parecería ser este el objetivo del FCT. En este sentido, Cont (2008) ha destacado que es más bien un impuesto redistributivo antes que un instrumento que se destina a compensar la capacidad de pago de usuarios de ingresos bajos.

La práctica, sin embargo, ha llevado al FCT en varias Provincias a financiar programas de tarifa social y de hecho el CFEE lo ha reconocido. El programa de tarifa social de la Provincia de Córdoba reconoce explícitamente esta fuente de financiamiento. La Pampa, Entre Ríos, San Luis, Mendoza, sin ser una enumeración exhaustiva, tuvieron o tienen programas de tarifa social financiados con recursos del FCT.

La distribución secundaria del FCT, que otorga a las Provincias rezagadas y de poca importancia poblacional una participación mucho mayor que el porcentaje de pobres que albergan, en desmedro de las tres Provincias grandes (Buenos Aires, Córdoba y Santa Fe) que reciben un porcentaje muy pequeño y concentran una proporción significativa de la pobreza, se ha señalado como una dificultad importante para instrumentar cualquier política de tarifa social destinada a asistir a los pobres de las tres Provincias grandes (Foster, 2004). Los $294 millones transferidos a las Provincias en concepto de FCT en el año 2009 pueden estimarse que representaron un 2% del total de la facturación de energía eléctrica del país.[56] Toda

---

[56]   Se usa para esta estimación la recaudación generada por el 0,6% de la Ley N°23.681.

la demanda podría ser subsidiada en esta magnitud. Este porcentaje es del 1,81% en el año 2000. Sin embargo, se ha estimado que las políticas de tarifa social de electricidad vigentes en el país en el año 2000 podrían haber alcanzado a 400.000 familias con un costo significativamente menor a los recursos del FCT transferidos en el año en dicho año (Foster, 2003), unos $79 millones y apenas el 38,6% de la recaudación del FNEE.

Hasta 1999 pareciera haber estado claro que estaba vedado aplicar el FCT a la construcción de obras. A partir de la Resolución N°534/99 de la Secretaría de Energía esto cambió.[57] Dado que el FCT debe su existencia a la prohibición del mercado regulatorio nacional de los subsidios cruzados y que debe destinarse a corregir las disparidades que se presentan en cada jurisdicción, se sostuvo que "la financiación de obras destinadas a la compensación de la estructura de costos de las tarifas resultantes de diferencias regionales que se traduzcan en una efectiva reducción de las tarifas a aplicar a usuarios finales es un medio adecuado para la obtención de los fines perseguidos por la creación del FCT".

La Secretaría de Energía señaló finalmente que, mediante la financiación de obras, el FCT puede "incidir en la determinación de las tarifas del servicio eléctrico de distribución a usuarios finales, siendo consecuencia de su otorgamiento una reducción de las tarifas aplicadas y el efecto económico final resultar indiferente a la ecuación económica del prestador y beneficiar al usuario final destinatario del subsidio".

En esta línea de argumentación, el CFEE reglamentó los nuevos criterios de asignación mediante la Resolución N°437/00 que aprobó el "Reglamento de Aplicación del FCT para la Ejecución de Obras y Adquisiciones". De este modo,

---

[57]   Ver capítulo I.

las Provincias pueden destinar hasta un 50% a financiar obras que "se requieran para abastecer la demanda de los usuarios finales y que por su localización regional tienen un incidencia en la tarifa que no pueda ser trasladada en su totalidad a dichos usuarios y en consecuencia deban costearse mediante el sistema de subsidios establecido en la Ley Nº24065".

El CFEE consideró entre sus fundamentos que el único requisito que impone la Ley Nº24065 para la aplicación de los recursos del FCT es que "su aplicación se manifieste efectivamente en la determinación de las tarifas a usuarios finales dentro de cada jurisdicción, ya que el supuesto de hecho es la existencia de diferencias regionales en las tarifas de usuarios finales, que la norma buscar corregir por medio de la aplicación de subsidios explícitos que se verifiquen efectivamente en la determinación de tales tarifas"; asimismo, señaló que la normativa vigente "precisa los límites a los que deberían ajustarse las decisiones adoptadas por el administrador de estos fondos, a saber: debe tratarse de diferencias tarifarias regionales, ocasionadas por la aplicación de los principios tarifarios a mercados con estructuras físicas y comerciales diferentes; el subsidio debe traducirse en la tarifa a aplicar a usuarios finales y finalmente que sus beneficiarios son los usuarios finales".

Cuadro 11. FCT: Coeficientes de Distribución Secundaria, 1992

PROVINCIA	Criterios de Distribución del FCT					Coparticipación Federal	
	Por Compensación de Costo en la Generación y Compra al MEM	Por Densidad de Usuarios	Por Indice Combinado Area de Fronteras + Cupo General	Partes Iguales	Media Ponderada	Ley 23548 1988	Coeficientes Totales 1994
Ponderación	15%	30%	30%	25%			
Gobiernos Locales	1	1	1	1	1	100	100
Avanzadas	**0,2844**	**0,2026**	**0,1158**	**0,20**	**0,1882**	**43,72**	**45,05**
BUENOS AIRES	0,0444	0,0738	0,0225	0,05	0,0480	21,85	24,77
SANTA FE	0,2112	0,0379	0,0225	0,05	0,0623	8,89	8,15
CORDOBA	0,0184	0,0503	0,0225	0,05	0,0371	8,83	8,02
MENDOZA	0,0103	0,0407	0,0484	0,05	0,0408	4,15	4,11
Baja Densidad	**0,2759**	**0,2618**	**0,3394**	**0,30**	**0,2967**	**9,93**	**11,12**
CHUBUT	0,0173	0,0446	0,0729	0,05	0,0503	1,57	1,9
SANTA CRUZ	0,0000	0,0286	0,0776	0,05	0,0444	1,57	1,75
LA PAMPA	0,0027	0,0921	0,0250	0,05	0,0480	1,87	1,91
RIO NEGRO	0,0703	0,0438	0,0490	0,05	0,0509	2,51	2,53
NEUQUEN	0,0253	0,0412	0,0647	0,05	0,0481	1,73	1,97
T. DEL FUEGO	0,1604	0,0115	0,0501	0,05	0,0550	0,68	1,06

PROVINCIA	Criterios de Distribución del FCT					Coparticipación Federal	
	Por Compensación de Costo en la Generación y Compra al MEM	Por Densidad de Usuarios	Por Indice Combinado Area de Fronteras + Cupo General	Partes Iguales	Media Ponderada	Ley 23548 1988	Coeficientes Totales 1994
Ponderación	15%	30%	30%	25%			
Intermedias	0,1300	0,2470	0,1861	0,20	0,1994	19,03	18,22
SAN JUAN	0,0598	0,0447	0,0509	0,05	0,0502	3,36	3,16
SAN LUIS	0,0086	0,0870	0,0253	0,05	0,0475	2,27	2,25
ENTRE RIOS	0,0002	0,0851	0,0520	0,05	0,0536	4,86	4,62
TUCUMAN	0,0000	0,0000	0,0000	0,00	0,0000	4,73	4,5
SALTA	0,0614	0,0302	0,0579	0,05	0,0482	3,81	3,69
Rezagadas	0,3097	0,2885	0,3587	0,30	0,3156	27,31	25,59
LA RIOJA	0,0169	0,0655	0,0605	0,05	0,0528	2,06	2,02
CATAMARCA	0,1036	0,0543	0,0639	0,05	0,0635	2,74	2,55
CORRIENTES	0,1382	0,0000	0,0544	0,05	0,0496	3,7	3,55
JUJUY	0,0374	0,0379	0,0537	0,05	0,0456	2,83	2,77
MISIONES	0,0000	0,1003	0,0651	0,05	0,0621	3,29	3,29
CHACO	0,0137	0,0306	0,0612	0,05	0,0421	4,96	4,32
SGO. DEL ESTERO	0,0000	0,0000	0,0000	0,00	0,0000	4,11	3,81
FORMOSA	0,0000	0,0000	0,0000	0,00	0,0000	3,62	3,28

Fuente: CFEE, Resolución CE Nº139/92 y Porto (2003).

Cuadro 12. FCT: Liquidación anual Total (mill $) y por Provincia (% del Total)

Provincia	1993	1994	1995	1996	1997	1998	1999	2000	2001
Avanzadas	**15,0**	**15,5**	**16,0**	**17,5**	**23,2**	**14,6**	**11,8**	**11,6**	**13,3**
BUENOS AIRES	3,6	4,8	3,1	3,0	8,8	4,4	2,3	2,2	3,1
SANTA FE	4,2	3,0	2,7	2,7	2,9	2,8	2,8	2,7	2,6
CORDOBA	3,4	3,3	4,6	8,2	8,0	4,0	3,4	3,3	4,3
MENDOZA	3,8	4,4	5,6	3,6	3,5	3,4	3,4	3,4	3,3
Baja Densidad	**25,1**	**24,7**	**23,3**	**23,6**	**23,3**	**28,7**	**29,6**	**26,0**	**25,8**
CHUBUT	4,7	4,6	4,2	4,1	4,1	8,5	9,9	5,8	4,2
SANTA CRUZ	4,4	4,3	4,0	4,0	3,9	3,8	3,9	3,9	3,9
LA PAMPA	4,7	4,6	4,5	4,6	4,6	4,5	4,4	4,7	5,6
RIO NEGRO	4,0	3,9	3,9	4,2	4,0	3,6	3,5	3,4	3,2
NEUQUEN	4,3	4,3	4,0	3,9	3,9	3,8	3,8	3,7	3,6
T. DEL FUEGO	3,1	3,0	2,8	2,8	2,8	4,5	4,0	4,4	5,3
Intermedias	**23,2**	**25,6**	**25,5**	**21,9**	**19,9**	**18,5**	**18,1**	**17,7**	**17,6**
SAN JUAN	4,2	4,4	4,7	4,4	4,1	3,7	3,7	3,6	3,4
SAN LUIS	6,9	6,3	5,0	4,7	4,3	3,8	3,8	3,6	3,2
ENTRE RIOS	5,3	5,4	4,8	4,9	5,0	5,0	5,0	4,9	5,1
TUCUMAN	3,0	5,7	7,3	4,1	2,8	2,4	2,3	2,3	2,7
SALTA	3,9	3,8	3,6	3,9	3,8	3,5	3,3	3,3	3,2
Rezagadas	**36,7**	**34,3**	**35,3**	**37,0**	**33,6**	**38,2**	**40,5**	**44,7**	**43,3**
LA RIOJA	5,3	5,3	5,4	5,6	4,4	4,5	4,4	4,7	4,5
CATAMARCA	5,3	5,4	4,8	5,5	4,8	7,7	6,9	7,6	6,7
CORRIENTES	7,3	6,9	3,9	3,7	3,5	3,4	3,3	3,8	6,8
JUJUY	4,0	4,0	4,1	4,0	4,1	3,5	3,3	3,4	3,9
MISIONES	6,1	6,0	5,4	5,3	5,2	4,9	4,8	4,7	4,3
CHACO	8,6	6,7	4,3	4,5	4,4	4,5	4,4	4,5	3,1
S. DEL ESTERO	0,0	0,0	3,5	3,7	2,7	5,1	7,3	8,8	6,8
FORMOSA	0,0	0,0	3,9	4,7	4,5	4,6	6,1	7,1	7,2
TOTALES	**100,0**	**100,0**	**100,0**	**100,0**	**100,0**	**100,0**	**100,0**	**100,0**	**100,0**
Total (mill. De $)	**70,4**	**78,9**	**83,1**	**82,4**	**88,3**	**86,1**	**73,7**	**79,1**	**80,1**

Provincia	2002	2003	2004	2005	2006	2007	2008	1993/08	Coeficientes Teóricos 1992	Copart. Fed. 1994
Avanzadas	**13,9**	**12,6**	**12,8**	**22,0**	**19,6**	**15,6**	**17,2**	**16,2**	**18,8**	**45,1**
BUENOS AIRES	3,6	3,3	3,6	7,4	6,9	6,4	6,8	5,2	4,8	24,8
SANTA FE	2,6	2,7	2,6	2,6	2,7	2,8	2,6	2,8	6,2	8,2
CORDOBA	4,6	3,3	3,3	4,5	3,1	3,1	4,2	4,0	3,7	8,0
MENDOZA	3,2	3,3	3,3	7,4	6,9	3,3	3,6	4,2	4,1	4,1
Baja Densidad	**29,2**	**30,0**	**34,8**	**23,9**	**26,4**	**27,8**	**22,9**	**26,6**	**29,6**	**11,1**
CHUBUT	5,9	11,1	14,2	4,1	6,0	7,1	3,9	6,4	5,0	1,9
SANTA CRUZ	3,8	3,8	3,8	3,7	3,7	3,7	3,6	3,8	4,4	1,8
LA PAMPA	5,9	5,7	6,1	6,3	6,3	5,8	5,1	5,4	4,8	1,9
RIO NEGRO	3,2	3,4	3,4	3,3	4,0	4,7	3,6	3,8	5,1	2,5
NEUQUEN	3,6	3,8	3,7	3,7	3,7	3,7	3,9	3,8	4,8	2,0
T. DEL FUEGO	6,7	2,3	3,5	2,8	2,7	2,7	2,8	3,3	5,5	1,1
Intermedias	**18,0**	**20,1**	**18,1**	**18,7**	**19,2**	**19,4**	**20,4**	**19,9**	**19,9**	**18,2**
SAN JUAN	3,9	3,6	3,9	5,5	5,4	4,2	4,8	4,4	5,0	3,2
SAN LUIS	3,2	3,4	3,3	3,5	3,7	4,1	4,4	4,1	4,7	2,3
ENTRE RIOS	4,8	4,6	4,3	4,3	4,2	4,3	4,0	4,5	5,4	4,6
TUCUMAN	2,3	4,8	2,3	2,3	2,4	3,3	3,6	3,3	0,0	4,5
SALTA	3,8	3,8	4,3	3,2	3,4	3,6	3,6	3,6	4,8	3,7
Rezagadas	**38,9**	**37,2**	**34,4**	**35,5**	**34,8**	**37,2**	**39,5**	**37,4**	**31,7**	**25,6**
LA RIOJA	4,6	4,4	4,0	3,9	4,1	4,6	4,7	4,5	5,3	2,0
CATAMARCA	5,9	4,6	4,0	4,2	4,3	4,8	4,5	5,1	6,4	2,6
CORRIENTES	3,8	3,9	4,1	6,2	4,0	4,0	6,5	4,7	5,0	3,6
JUJUY	4,2	4,5	5,2	4,1	4,4	5,1	5,4	4,4	4,6	2,8
MISIONES	4,2	4,9	4,3	5,4	5,5	5,6	6,8	5,4	6,2	3,3
CHACO	3,1	4,4	4,6	3,1	4,5	4,5	2,9	4,3	4,2	4,3
S. DEL ESTERO	6,6	4,3	2,7	2,8	3,3	4,3	4,5	4,1	0,0	3,8
FORMOSA	6,5	6,3	5,6	5,7	4,8	4,4	4,2	4,8	0,0	3,3
TOTALES	**100,0**	**100,0**	**100,0**	**100,0**	**100,0**	**100,0**	**100,0**	**100,0**	**100,0**	**100,0**
Total (mill. De $)	**98,0**	**130,4**	**125,3**	**140,6**	**228,4**	**252,8**	**268,6**	**1966,3**		

Fuente: elaborado en base a Informe Institucional del CFEE (Argentina 2009b), Informe del Sector Eléctrico de la Secretaría de Energía, varios números y cuadro 11.

A partir del 22 de noviembre de 2007, la Resolución Nº843 amplió la anterior y autorizó a las Provincias a aplicar el 100% al financiamiento de obras, en un nuevo cambio de orientación filosófica y en otro intento de incrementar la capacidad de inversión de las Provincias. De esta manera, las obras financiables deben tender a optimizar abastecimientos energéticos, incorporar nuevos usuarios en los sistemas aislados o dispersos, expandir los mercados concentrados incorporando áreas de generación aislada y optimizar la situación provincial respecto de su interconexión al sistema interconectado nacional.

La historia y características de las finanzas locales permiten inferir que estas modificaciones podrían estar apuntando a atenuar el déficit de inversión y la reducida vocación por los gastos de capital que estructuralmente exhiben la mayoría de los presupuestos provinciales. Sin embargo, queda pendiente saber en qué medida esta flexibilización de la normativa ha aumentado la inversión local y ha impactado en las tarifas. Puede incluso haber ocurrido que tal medida haya reemplazado y permitido la liberación de recursos propios para ser aplicado a otros fines, en lugar de haber aumentado la inversión pública local en algunas jurisdicciones.

6. Fondo Fiduciario para el Transporte Eléctrico Federal

Objeto

Los documentos de constitución aprobados por la Secretaría de Energía establecen que el CFEE es quien transmite los bienes de su propiedad (fiduciante) y el Banco de la Nación Argentina es el encargado de su administración (Fiduciario); el propietario final (Fideicomisario) es el Fondo Nacional de la Energía Eléctrica, los bienes fideicomitidos son los fondos destinados al FFTEF y el Comité de Administración es el beneficiario. Presidido por el Secretario de Energía, este Comité está integrado, además, por tres miembros, uno designado por la Secretaría de Energía y dos por el CFEE.[58] Pese a que el plazo tiene una vigencia de veinte años, el Contrato de Fideicomiso suscripto con el Banco de la Nación se ha firmado por dos años y se renueva periódicamente.

El Fondo Fiduciario para el Transporte Eléctrico Federal (FFTEF) tiene por objeto financiar la construcción de obras del sistema de transporte de energía eléctrica de alta tensión, tal como se adelantó en el capítulo I. Sustituyó al Fondo Fiduciario para el Transporte Eléctrico Interprovincial creado por la Resolución de la Secretaría de Energía N°657/99, cuyo objeto era financiar obras de media tensión identificadas como ampliaciones interprovinciales de la red de transporte destinadas al abastecimiento de la demanda, para lo cual debía demostrarse "que de la evaluación de sus beneficios no resulta previsible que la obra propuesta sea impulsada por los agentes del mercado a su cargo dentro de un horizonte mínimo de cinco años". El CFEE sostiene que su accionar detectó en 1998 la necesidad de intervenir directamente en la problemática de la expansión del transporte de energía eléctrica, "habida cuenta de que para esa fecha ya era evidente que el modelo en vigencia resultaba impotente para producir las señales económicas que motivaran a los agentes del mercado a encarar las ampliaciones necesarias, con la consecuente desinversión [...], las redes existentes comenzaban a mostrar un alarmante grado de saturación" (Argentina, 2009b).

---

[58]   Resolución SE N°228/00 modificatoria de las Resoluciones SE N°657/99 y N°174/00.

La Resolución SE Nº174/00 creó de este modo el FFTEF ampliando el objeto del Fondo Fiduciario para el Transporte Eléctrico Interprovincial individualizando un conjunto de obras de alta tensión a ser financiadas que identificó como Plan Federal de Transporte en Quinientos kilovoltios (500 KV). Los principios emergentes de un acta acuerdo suscrita por la casi totalidad de los Consejeros del Consejo Federal de la energía eléctrica en reunión plenaria del 11 de noviembre de 1999 fueron indicados como respaldo de tal decisión.

Estas obras de gran magnitud fueron incluidas por el Poder Ejecutivo Nacional en el Plan Energético Nacional con el objeto de incorporar "en el corto plazo casi 4600 km de líneas de 500 KV al Sistema Interconectado Nacional". Se estableció "que los aportes de dicho Fondo serán los estrictamente indispensables para complementar las decisiones que libremente debe asumir el mercado".

El Plan Federal de Transporte Eléctrico en 500 KV fue lanzado por el CFEE en el año 2000 y las obras identificadas como pasibles de ser financiadas total o parcialmente por el FFTEF fueron descriptas en el capítulo I.

Los Flujos Financieros

El principal recurso del FFTEF son las transferencias del Tesoro Nacional. Bajo la forma de Transferencias de Capital, aportaron unos $2000 millones para financiar el gasto de casi $2600 millones que se concentró en el lapso 2003-2007 de acuerdo con la Cuenta de Ahorro-Inversión-Financiamiento de la Contaduría General de la Nación que se expone en el cuadro 13. La ejecución de la Oficina Nacional de Presupuesto para el bienio 2008-2009 muestra también que estos recursos de capital fueron decisivos para financiar la actividad del FFTEF: alcanzaron $673 millones frente a un gasto total de $803 millones. Los Ingresos

Corrientes, que incluyen el gravamen del FNEE destinado al FFTEF y las rentas derivadas del patrimonio fiduciario, redondearon solo el 22% del gasto total devengado en el lapso 2001-2007, gasto cuyo ritmo de avance fue, además, reducido por notorios atrasos de implementación.

La incorporación de los Fondos Fiduciarios a la contabilidad pública comenzó en 1999 con la Ley Nº25152 que dispuso la inclusión en el presupuesto de sus flujos financieros. A partir de 2002, se modifica la Ley Nº25156 de administración financiera y de los sistemas de control del sector público nacional disponiéndose la aplicación de sus disposiciones a los fondos fiduciarios. En este sentido, se observan inconsistencias entre el documento que elabora la Contaduría General, la Cuenta de Inversión, y el presupuesto nacional y la ejecución presupuestaria que publica la Oficina Nacional de Presupuesto. La Cuenta de Inversión computa como erogaciones corrientes gastos que el Manual de Clasificaciones Presupuestarias define como gastos de capital: inicialmente la interconexión Choele Choel-Puerto Madryn y los avances ocurridos a partir de 2006 con la interconexión Puerto Madryn-Pico Truncado, la interconexión Recreo-La Rioja, el tercer tramo asociado a la Central Hidroeléctrica de Yacyretá y la línea minera Mendoza-San Juan. La Oficina Nacional de Presupuesto, en cambio, registró egresos de capital por $917 millones en 2006 y $1467 millones en el 2007. Aquella imputación de la Contaduría y los reducidos ingresos corrientes abultaron el resultado económico negativo del cuadro 13: $772 millones en 2006 y $1416 millones en 2007. Los Ingresos Corrientes de la Cuenta de Inversión presentan también discrepancias con la información presupuestaria. En aquel caso, se imputaron siempre como Transferencias Corrientes, en tanto que la Oficina Nacional de Presupuesto lo hizo como Otros Gastos Corrientes hasta el ejercicio 2004 y como Ingresos no Tributarios en los ejercicios siguientes. Más aún, la Cuenta de Inversión de la Contaduría no exhibió Ingresos Corrientes de relevancia en el ejercicio 2007 señalándose solamente que se debió "básicamente a la no ejecución de este tipo de ingresos por parte del Transporte Eléctrico Federal". La ejecución presupuestaria de la Oficina Nacional de Presupuesto mostró Ingresos no Tributarios por $107 millones para tal ejercicio. Estas inconsistencias parecerían haberse acentuado en el ejercicio 2008, ya que el FFTEF no dio cumplimiento a la disposición de cierre de las cuentas del ejercicio de la Contaduría General N°54/08 y, consecuentemente, los flujos financieros del FFTEF no se incluyeron en la Cuenta de Inversión del Ejercicio 2008 que eleva el Poder Ejecutivo Nacional al Congreso Nacional y que este debe aprobar o desechar de acuerdo con lo establecido en el art. 75, inciso 8 de la Constitución Nacional.

El 19,86% del FNEE que debe destinarse al FFTEF sugiere un volumen de recursos de algo más de $50 millones hasta el año 2004 y más de $100 a partir de 2006 según la recaudación del FNEE que se expone en el cuadro 5. Sea que se incluyan en Transferencias Corrientes, como lo hace la Contaduría, o en Ingresos no Tributarios, como lo hace la Oficina Nacional de Presupuesto, los recursos del FFTEF generados por el gravamen no resultan ser relativamente muy significativos a la luz del Plan de Obras que se requiere financiar. Restan finalizar aún más del 50% de los 4600 km de líneas originalmente previstos, incluyendo aquellas interconexiones de mayor envergadura: NEA-NOA, Comahue-Cuyo y Pico Truncado-Río Gallegos.

Cuadro 13. Fondo Fiduciario del Transporte Eléctrico Federal. Cuenta Ahorro-Inversión-Financiamiento (base devengado)

Concepto	Ejercicio 2001	Ejercicio 2002	Ejercicio 2003	Ejercicio 2004	Ejercicio 2005	Ejercicio 2006	Ejercicio 2007
I. INGRESOS CORRIENTES	42338737	61186414	77832738	149839733	103927805	142326132	11194468
- Ingresos Tributarios							
- Contrib. a la Seguridad Social							
- Ingresos no Tributarios							
- Ventas de Bs. y Serv. de las Adm. Pub.							
- Ingresos de Operación	0	0	0	1050101	0	0	
- Rentas de la Propiedad	237170	3048840	3547205	2566653	9791281	20613298	2930087
- Transferencias Corrientes	42101568	58137574	74285534	146222979	91171652	114300487	397825
- Otros Recursos	0	0	0	0	2964872	7412347	7866556
II. GASTOS CORRIENTES	40052	56086	1153949	77936371	110361790	914073834	1476792660
- Gastos de Operación	40052	56086	121703	162026	198956	6221586	9550510
. Remuneraciones	0	56086	0	0	0	0	0
. Bienes y Servicios	40052	0	121703	162026	198956	6210175	9520895
. Otros Gastos	0	0	0	0	0	11411	29616
- Rentas de la Propiedad	0	0	0	0	0	0	0
. Intereses	0	0	0	0	0	0	0
. Otras Rentas	0	0	0	0	0	0	0
- Prestaciones de la Seguridad Social							
- Otros Gastos Corrientes	0	0	0	0	0	0	803801
- Transferencias Corrientes	0	0	1032246	77774344	110162834	907852248	1466438349

230 INVERSIÓN, IMPUESTOS Y TARIFAS EN EL SECTOR ELÉCTRICO ARGENTINO (1990-2010)

Concepto	Ejercicio 2001	Ejercicio 2002	Ejercicio 2003	Ejercicio 2004	Ejercicio 2005	Ejercicio 2006	Ejercicio 2007
. Al Sector Privado	0	0	1032246	77774344	110162834	907852248	1466438349
. Al Sector Publico	0	0	0	0	0	0	0
. Al Sector Externo	0	0	0	0	0	0	0
III. RESULT. ECON.: AHORRO/ DESAHORRO (I-II)	42298685	61130328	76678790	71903363	-6433985	-771747702	-1465598192
IV. RECURSOS DE CAPITAL	0	0	0	0	209250000	588982609	1171825811
- Recursos Propios de Capital	0	0	0	0	0	0	29616
- Transferencias de Capital	0	0	0	0	209250000	588982609	1171796195
- Disminución de la Inv. Financiera							
V. GASTOS DE CAPITAL	0	0	0	0	0	45645	91023
- Inversión Real Directa	0	0	0	0	0	45645	91023
- Transferencias de Capital	0	0	0	0	0	0	0
. Al Sector Privado	0	0	0	0	0	0	0
. Al Sector Publico	0	0	0	0	0	0	0
. Al Sector Externo	0	0	0	0	0	0	0
- Inversión Financiera							
VI. RESULT. FINANC. ANTES DE CONTRIBUCIONES	42298685	61130328	76678790	71903363	202816015	-182810737	-293863405
TOTAL RECURSOS (I+IV)	42338737	61186414	77832738	149839733	313177805	731308741	1183020279
TOTAL GASTOS (II+V)	40052	56086	1153949	77936371	110361790	914119478	1476883683
VII. CONTRIBUCIONES FIGURATIVAS							

Concepto	Ejercicio 2001	Ejercicio 2002	Ejercicio 2003	Ejercicio 2004	Ejercicio 2005	Ejercicio 2006	Ejercicio 2007
VIII. GASTOS FIGURATIVOS							
IX. RESULTADO FINANCIERO	42298685	61130328	76678790	71903363	202816015	-182810737	-293863405
X. FUENTES FINANCIERAS	0	0	86646	0	0	182810737	293976575
- Disminución de la Inv. Financiera	0	0	86646	0	0	182810737	278555808
Caja, Bancos e Inversiones Temporarias	0	0	0	0	0	182810737	278467968
Otros Activos Financieros	0	0	86646	0	0	0	87840
- Endeudamiento Publico e Incremento Otros Pasivos	0	0	0	0	0	0	15420767
Deuda Pública	0	0	0	0	0	0	0
Otros Pasivos	0	0	0	0	0	0	15420767
- Incremento del Patrimonio	0	0	0	0	0	0	0
XI APLICACIONES FINANCIERAS	42298685	61130328	76765435	71903363	202816015	0	113170
- Inversión Financiera	42298685	61130328	76765435	71903363	202779949	0	0
Caja, Bancos e Inversiones Temporarias	15331041	56402071	76765435	71903363	202760949	0	0
Otros Activos Financieros	26967644	4728257	0	0	19000	0	0
- Amortización de Deudas y Dism.de Otros Pasivos	0	0	0	0	0	0	0
Deuda Pública	0	0	0	0	0	0	0
Otros Pasivos	0	0	0	0	0	0	0
- Disminución del Patrimonio	0	0	0	0	36067	0	113170
XII FINANCIAMIENTO NETO (X-XI)	-42298685	-61130328	-76678790	-71903363	-202816015	182810737	293863405

Fuente: Contaduría General de la Nación (www.mecon.gov.ar/hacienda/cgn).

7. Conclusiones

La justificación de los impuestos nacionales sobre la electricidad es la asignación específica de su recaudación. El impuesto establecido por la Ley N°23681 de 1989 debe destinarse a la Empresa de Servicios Públicos de la Provincia de Santa Cruz a los fines de que se realicen inversiones y se reduzcan las tarifas hasta tanto se produzca la interconexión con el sistema nacional. El Fondo Nacional de la Energía Eléctrica (FNEE) tuvo diversas asignaciones desde su instauración en 1960, aunque en su distribución y administración intervino siempre el Consejo Federal de la Energía Eléctrica, un órgano constituido por representantes de la Nación y de cada una de las Provincias cuyo objeto es articular políticas y coordinar acciones sobre el sector eléctrico.

La interconexión entre el Mercado Eléctrico Mayorista y el Mercado Eléctrico Mayorista Sistema Patagónico se produjo en febrero de 2006 con la finalización de la línea de Choele Choel-Puerto Madryn y fue financiada por el FFTEF (69%) y el sector privado (31%). El valor del contrato fue algo más de seis veces la recaudación del tributo del año 2005. No obstante, el gravamen permanece y su recaudación, aunque parcialmente, continúa transfiriéndose a la Provincia de Santa Cruz. El impacto de los fondos transferidos por la Ley N°23681 sobre las inversiones y las tarifas, razón de ser de las transferencias, no ha sido evaluado, aunque algunas evidencias mostrarían que algunas tarifas eléctricas cobradas por la Empresa de Servicios Públicos S.E. de la Provincia de Santa Cruz, antes y después de la interconexión, no son relativamente reducidas cuando se las compara con el resto de las Provincias.

El FNEE se destinó originalmente a la Nación en un 80% para construir centrales, redes y obras complementarias y a las Provincias (20%) a través del Fondo Especial de

Desarrollo Eléctrico del Interior (FEDEI), un fondo destinado a financiar obras de infraestructura de las Provincias y distribuido con la intervención del Consejo Federal de la Energía Eléctrica. A partir de 1991, las Provincias pasaron a recibir el total de la recaudación en base al ya existente FEDEI y a un nuevo Fondo Subsidiario para compensaciones Regionales de Tarifas (FCT), distribuido también por el CFEE y destinado a transferir recursos a las Provincias con el objeto de igualar el precio de la electricidad en todo el país.

El FNEE pasó a ser nuevamente compartido entre Nación y Provincias con la ampliación del gravamen destinado al Fondo Fiduciario para el Transporte Eléctrico Federal (FFTEF) y la tardía puesta en ejecución del subsidio para la energía eólica, instituido en 1998 por la Ley N°25.019. Normas posteriores ampliaron el subsidio para la energía eólica a la promoción de las energías renovables y dispusieron en 2007 la constitución de un Fondo Fiduciario de Energías Renovables (FFER), instrumento cuya administración fue encargada al CFEE pero todavía no se ha perfeccionado.

El FNEE se distribuye actualmente entre el FFTEF (19.86%), el FFER (0,7%), FEDEI (31,776%) y FCT (47,66%). Al FEDEI debe agregarse el 10% de los recursos que les corresponden a las Provincias de los impuestos creados por el Título III de la Ley N°23.966. De acuerdo con lo establecido por el CFEE, el FEDEI se transfiere a las Provincias como aportes no reintegrables (87%), en préstamos a cooperativas y municipios (12%) y destina el 1% restante a sus gastos de funcionamiento.

Concebido por la Ley N°24065 para transferir recursos a las Provincias con el objeto de financiar mecanismos de igualación de tarifas y construcción de obras eléctricas menores, el recargo sobre las transacciones en el Mercado Eléctrico Mayorista pasó también a financiar obras eléctricas de impacto nacional. Hubo también en este aspecto cambio de nombre y de objetivos. Comenzó a fines de 1999 como Fondo Fiduciario para el Transporte Eléctrico Interprovincial para apoyar la construcción de obras de media tensión de la red de transporte, transformándose luego en Fondo Fiduciario de Transporte Eléctrico Federal para financiar obras de gran porte incluidas en el Plan Federal de Transporte en 500 KV.

Los recursos del FNEE canalizados al FFTEF resultaron, sin embargo, reducidos en relación con el ambicioso Plan en 500 KV y fueron las transferencias desde el Tesoro Nacional las que permitieron financiar las obras. Habiéndose ejecutado menos del 50%, el rendimiento del recargo ha profundizado su reducción relativa y el financiamiento ha pasado a depender en mayor medida del Tesoro Nacional y de fuentes externas.

La distribución secundaria de los aportes no reintegrables financiados por el FEDEI y por el FCT que realiza el Consejo Federal de la Energía Eléctrica responde a su conformación y características institucionales, una Provincia-un voto, beneficiando a las Provincias de Baja Densidad y al grupo de Provincias Rezagadas. La Ciudad de Buenos Aires no recibe transferencia alguna y las cuatro Provincias avanzadas (Buenos Aires, Córdoba, Santa Fe y Mendoza) percibieron en promedio el 14% de los aportes no reintegrables del FEDEI y el 16% del FCT, apenas una tercera parte de la participación que reciben por la Coparticipación Federal de Impuestos.

La operatoria de préstamos instituida desde el FEDEI tiene un desarrollo reducido, muy poca adhesión en las Provincias a pesar de las favorables condiciones de otorgamiento y se concentra en las tres Provincias más grandes. Las cooperativas, municipios y consorcios de Buenos Aires, Santa Fe y Córdoba recibieron así el 80% de los préstamos otorgados entre 1993 y 2008 y casi el 70% en términos de monto. Ocho Provincias no han participado nunca de esta operatoria.

Los criterios de distribución secundaria del FCT adjudican más importancia a cuestiones que tienen que ver con el nivel de desarrollo de las Provincias y su ubicación en zonas fronterizas, antes que con aquellos que apunten a atenuar diferencias regionales de las tarifas. De este modo, la distribución resultante transfiere recursos a las Provincias rezagadas y de poco peso poblacional en una proporción mucho mayor que la proporción de pobres que albergan; la utilización del FCT para financiar programas de tarifa social como ocurre en varias Provincias obligaría a su vez a tener en cuenta tal situación. Frente a esto, además, debe llamarse la atención para que la flexibilización, que permite a las Provincias aplicar la totalidad del FCT al financiamiento de obras, no implique un alejamiento del objetivo de igualación de tarifas que la ley le ha fijado y libere a las jurisdicciones locales del compromiso de financiar erogaciones de capital con recursos propios.

La información publicada sobre la aplicación de los recursos del FCT en las Provincias no tiene demasiada precisión. Se ha señalado que, en la mayoría de los casos, se destina a subsidiar sistemas aislados, a compensar clientes industriales por fluctuaciones estacionales de la tarifa o a financiar en otros casos programas de tarifas sociales. Una evaluación de un tributo de asignación específica que financia transferencias condicionadas requiere mayor información. No obstante, cualquier evaluación del FCT debe ser realizada a luz de la realidad tributaria local, una realidad que incluye en muchas Provincias múltiples y diversos gravámenes sobre la electricidad aplicados por los diversos niveles de gobierno.

El funcionamiento del FCT en estos más de quince años muestra que la inestabilidad y las liquidaciones provisorias han sido la regla. Transitoriedad y revisión permanente han caracterizado el mecanismo diseñado por el Consejo Federal de la Energía Eléctrica. Se torna necesario establecer entonces en qué medida estas características tienen que ver con la naturaleza institucional del Consejo Federal que administra los recursos, evaluando la viabilidad de generar instrumentos libres de estas limitaciones. Tal evaluación, finalmente, sería conveniente hacerla teniendo en cuenta otros estudios que han concentrado su análisis sobre la efectividad de los Consejos Federales para articular políticas en contextos políticos conflictivos, el rol jugado por el representante del nivel federal, la distancia existente entre lo que podrían hacer y lo que efectivamente hacen, la apoyatura explícita a las políticas del ejecutivo nacional y la mayor o menor actividad en materia de control, sanción y evaluación de las políticas instrumentadas.

CAPÍTULO IV: DIFERENCIAS DE TARIFAS ENTRE PROVINCIAS

1. Introducción

La salida de la convertibilidad estuvo signada por la emergencia y el congelamiento de los precios de los servicios públicos, la electricidad entre ellos, como resultado de la Ley de Emergencia Económica N°25.561. Se suspendieron así los ajustes tarifarios estacionales que se realizaban en el ingreso al invierno (abril) y al verano (octubre) y las revisiones quinquenales previstas en los contratos de concesión para 2002 y 2007. La generación eléctrica, un segmento de la industria eléctrica con precios desregulados, pasó también, como resultado de estos cambios, a tener precios regulados.

Los usuarios residenciales que residen en la Capital Federal, el Gran Buenos Aires y el Gran La Plata fueron los mayores beneficiarios de este congelamiento. Importante también en este contexto es destacar que las empresas de distribución de esta región, Edenor, Edesur y Edelap son reguladas por el Estado nacional. La distribución de electricidad en el resto del país está a cargo de empresas que están reguladas por los respectivos estados provinciales, como consecuencia de que la Ley N°15336 (Ley de Energía Eléctrica) ya había reconocido la potestad de las Provincias para las actividades de distribución y comercialización de energía eléctrica.

Las empresas en las Provincias, a su vez, son de diferente naturaleza, estatales en algunos casos y concesionadas al sector privado en otros, y la política tarifaria difiere en consecuencia.

En la práctica, existen en las Provincias variados métodos para fijar las tarifas, aunque, esquemáticamente, pueden distinguirse sistemas de fijación de tarifas en bloques crecientes, sistemas de fijación de tarifas en bloques decrecientes y sistemas que incorporan ingredientes de ambos esquemas básicos. En el primer caso, el precio marginal es menor para bloques de mayor consumo y el sistema se justifica en razones de eficiencia económica, en tanto que, en el segundo, el precio marginal va creciendo para bloques de mayor consumo y se apoya en razones de eficiencia y de equidad, considerando al servicio como de primera necesidad y sesgado hacia usuarios de bajos consumos.

Tanto las características estructurales como la evolución posdevaluación de las tarifas, no solo de sus niveles sino también de sus esquemas y métodos de tarifación, configuran así una situación de heterogeneidad en materia tarifaria. El tratamiento impositivo que recibe el consumo eléctrico en las diversas provincias y en los municipios acrecienta esta heterogeneidad.

Adoptando este marco de referencia, en este capítulo se abordan las diferencias de tarifas residenciales del servicio de distribución eléctrica que se verifican entre las Provincias, incorporando también una evaluación del impacto que sobre dichas diferencias tiene la carga tributaria en las diversas jurisdicciones que se examinó en el capítulo II. El análisis utiliza datos de tipo *cross section* en una primera sección para destacar la existencia de tarifas residenciales reducidas en la región metropolitana y en Tucumán a comienzos de 2007, un momento en que todavía las tarifas de la zona de Edenor, Edesur y Edelap permanecían congeladas. La sección siguiente evalúa el impacto y desmenuza la carga tributaria que pesa sobre el consumo final en la zona de la Provincia de Buenos Aires atendida por Edea, Edes y Eden, resaltando las diferencias que tanto en materia de tarifas como en materia de tributos existe entre esta zona y la zona metropolitana atendida por Edenor, Edesur y Edelap. La sección siguiente examina la situación tarifaria y tributaria de un usuario residencial tipo en Santa Fe y Entre Ríos, en tanto que en la próxima sección se concentra el análisis en la dispar evolución que tuvieron las tarifas en la zona metropolitana y en el resto de las Provincias durante los años 2001 y 2009. Una sección final resume las conclusiones del capítulo.

2. Región Metropolitana y Tucumán: Electricidad barata[59]

La región metropolitana del país y la Provincia de Tucumán tienen las tarifas residenciales más reducidas del país. Un hogar de la Capital Federal, el Gran Buenos Aires, el Gran La Plata que consuma 300 KWh por bimestre paga sin impuestos sólo 28 pesos y uno de la Provincia de Tucumán, apenas $29. El mismo consumo cuesta en Mendoza, Catamarca o Santiago del Estero entre un 15 y 20% más. En Neuquén, Santa Cruz o Corrientes alcanza los $42, esto es un 50% más que la tarifa tucumana (gráfico 1).

Los hogares de Tierra del Fuego y de la Capital Federal, el Gran Buenos Aires y el Gran La Plata merecen una referencia especial. Los hogares de Tierra del Fuego tienen la electricidad más cara del país: 120% mayor que la de un hogar tucumano, luego de descontar un subsidio del 30% que otorga el gobierno provincial.

Los porteños y los consumidores del Gran Buenos Aires y el Gran La Plata tienen otra gravitación en el contexto nacional: consumen el 50% del total de la energía

---

[59]   Basado en el artículo publicado en *El Cronista* el 12/07/07 bajo el título "La electricidad más barata está en la zona metropolitana".

hogareña del país y representan el 40% del total de los usuarios residenciales argentinos conectados al servicio eléctrico. Los hogares tucumanos, en cambio, son solo el 3% del total nacional y demandan menos del 3% del consumo residencial argentino.

Electricidad barata en la zona más rica del país

Un bonaerense del interior de la Provincia enfrenta tarifas residenciales mucho más elevadas que las que enfrenta un habitante del Gran Buenos Aires, Capital y Conurbano.

Edenor, Edesur y Edelap abastecen la Capital Federal, el Gran Buenos Aires y el Gran La Plata y son reguladas por el Estado nacional. En el resto de las Provincias, el control y la regulación están a cargo de los respectivos Estados provinciales. Esto provoca la aparición de importantes disparidades entre los propios habitantes de la Provincia de Buenos Aires: aquellos que viven en el conurbano, abastecidos por Edenor, Edesur y Edelap y aquellos que viven en el resto de la provincia, abastecidos por Edes en el sur, Edea en la zona atlántica, por Eden en la zona norte y por un importante conjunto de cooperativas distribuidas en el territorio bonaerense. Las tarifas de cualquiera de estas empresas por 300 KWh bimestrales son cerca de un 70% más caras que la de los hogares que habitan el conurbano y el Gran La Plata.

¿Cuáles son los factores que explican semejantes diferencias? ¿Son las diferencias en la densidad que hace que en un reducido territorio se concentre una elevada cantidad de usuarios? ¿Son las diferencias en los costos de provisión? ¿O las diferencias en el ingreso de los usuarios? Si fuera por esto, el ingreso promedio de las personas del Gran Buenos Aires es significativamente mayor al promedio del país y el ingreso por habitante mucho mayor en la Capital Federal, muy superior incluso si el examen se concentra en la zona norte abastecida por Edenor. Tal vez no alcance con la pobreza del conurbano para explicar tales inequidades. Es probable, en cambio, que una explicación completa deba incluir también los propios objetivos del poder concedente en cada jurisdicción; en particular, cuando se comparan las tarifas eléctricas de la Capital Federal y el Gran Buenos Aires versus el resto del país.

La disparidad muy elevada, explicada en gran parte por los arreglos institucionales, es entonces una característica de las tarifas residenciales de electricidad, particularmente si la evaluación se hace región metropolitana versus interior. Pero también la electricidad muy barata en la región más rica de la Argentina es otra característica destacable, que, además, es el gran consumidor de energía del país.

Edenor y Edesur facturan en la Capital Federal el 15% del total nacional y atienden el 12% de los hogares argentinos. Incluyendo el Gran Buenos Aires y el Gran La Plata, se concluye que este conglomerado de tarifas baratas consume más del 50% del total nacional y concentra el 40% de los hogares argentinos. Puesto en otros términos, el consumo promedio de electricidad de los hogares que habitan esta región es un 25% mayor que el consumo promedio de un hogar argentino. Más aún, el consumo promedio de un hogar de la Capital Federal abastecido por Edenor es casi un 40% mayor que el consumo promedio del país. Si se acepta la teoría de la demanda, puede presumirse que la baratura del servicio en la Capital Federal estimula el mayor consumo.

Los impuestos pueden a veces encarecerlas

El servicio eléctrico se incluye entre aquellos bienes y servicios que tienen la carga tributaria más elevada sobre el consumidor final. Sumando los impuestos y contribuciones establecidos por todos los niveles de gobierno, se encuentran lugares del país en los que estos gravámenes superan el 50% del valor básico de la factura. En muchos casos, esto acrecienta las disparidades de las tarifas entre los usuarios del servicio eléctrico de los diversos municipios del país, en particular en la de Ciudad de Buenos Aires, de impuestos reducidos y tarifas reducidas, versus interior.

Los tributos locales al consumo eléctrico son los que provocan estos efectos, ya que los nacionales (IVA e impuesto ley 23681) son relativamente uniformes, con algunas excepciones. Aparecen así diferencias importantes entre la Capital Federal, los partidos del conurbano y el Gran La Plata, también entre las Provincias e incluso entre municipios.

Las Provincias de Buenos Aires y de Entre Ríos gravan con cerca del 20% el costo básico de la factura residencial, en tanto que Chaco, Chubut, Mendoza, Río Negro, San Juan o La Pampa con algo menos. Ejemplos similares pueden encontrarse en las otras Provincias. Algunas Provincias (Catamarca, La Pampa, Tucumán, Río Negro) gravan el consumo eléctrico con el Impuesto a los Ingresos Brutos, un impuesto que muchos especialistas critican pero que muchas veces su impacto queda enmascarado en el precio del producto o servicio. La Provincia de San Juan constituye un ejemplo donde el consumo eléctrico es utilizado para recaudar impuestos provinciales de la más diversa índole, por ejemplo, ingresos brutos, para financiar la adquisición de lotes para familias de bajos ingresos y para constituir un Fondo Solidario Hospitalario. En Misiones, los usuarios del servicio eléctrico pagan un impuesto destinado a financiar las jubilaciones provinciales. En Tierra del Fuego contribuyen al sostenimiento de los bomberos voluntarios.

Altos impuestos municipales

Los municipios del país también gravan el consumo del servicio eléctrico, en algunos casos con elevadas alícuotas. A veces, la denominan "Contribución Uso Espacio Dominio Público", "Tasa de Inspección de Instalaciones y Medidores", "Tasa de Uso del Espacio Aéreo" o "Tasa de Alumbrado Público". Algunos usan varias de estas tasas conjuntamente y otros sólo una. Muchas veces son, más que tasas, impuestos encubiertos. Cuando la Tasa de Alumbrado Público alcanza niveles elevados que permiten recaudar más que el costo de la prestación del servicio, pasa a ser un impuesto más que una tasa, ya que la característica de esta es precisamente la de ser un precio que el municipio cobra por la prestación del servicio de Alumbrado Público.

Algunos impuestos de la Provincia de Buenos Aires o de Entre Ríos pueden totalizar en concepto de cargos, tasas y contribuciones bastante más del 20%. En la capital tucumana, el municipio la denomina Tasa de Alumbrado Público y alcanza el 15% del valor básico de la factura. Aunque algo menores, los cargos municipales son importantes en muchos municipios de Córdoba, Santa Fe, Chubut o Río Negro.

En la Capital Federal, se grava el consumo eléctrico sólo con el 6,383% dispuesto por leyes nacionales que se destina al Tesoro porteño. La Capital Federal tiene así bajas tarifas y bajos impuestos locales.

Los hogares del conurbano bonaerense tienen una situación peculiar: electricidad barata, impuestos provinciales relativamente altos e impuestos municipales relativamente bajos, (6,4240% de la factura). No obstante, las tarifas bajas en el conurbano generan la paradoja de que la Tasa de Alumbrado Público, entre $6 y $9 por bimestre en la mayoría de los municipios, represente a veces bastante más del 20% de una factura básica del hogar de 300 KWh.

Gráfico 1. Valor de un consumo eléctrico residencial de 300 KWh por bimestre (I trimestre de 2007)

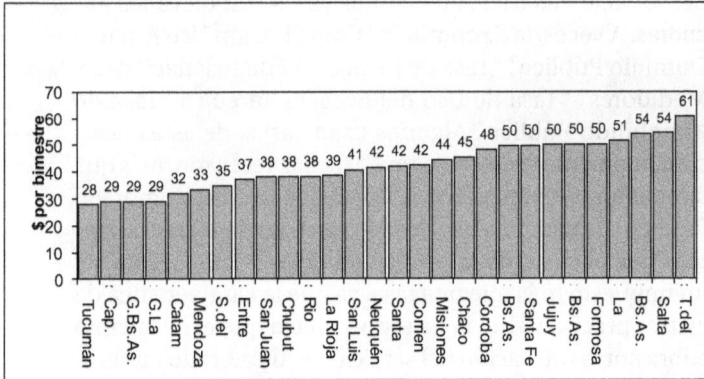

Fuente: elaborado en base a información de la Secretaría de Energía de la Nación y cuadros tarifarios de las empresas.

3. Buenos Aires: Los impuestos encarecen las tarifas[60]

La factura de energía que reciben los hogares bonaerenses puede llegar a detallar una lista de más de diez tributos: dos impuestos nacionales, cuatro impuestos provinciales y entre uno y cinco contribuciones y tasas municipales. Y esto se agrega a tarifas residenciales de Edes, Edea, Eden y Cooperativas relativamente elevadas, acrecentándose así las diferencias con la región metropolitana servida por Edenor, Edesur y Edelap.

---

[60]   Publicado en *El Cronista* del 31/10/07 bajo el título "Una pesada carga para la electricidad bonaerense".

La cuestión más relevante tal vez es la magnitud de la carga tributaria. La Nación grava con el 21,6%. La Provincia con el 21,10%. Los municipios como mínimo el 6% más la Tasa de Alumbrado Público que, en algunos municipios, se cobra como una suma fija por periodo y en otros como un porcentaje de la facturación. Suele cobrarse $6, $13 o incluso $18 por bimestre en el primer caso; porcentajes variables en el segundo que a veces llegan a elevados valores, encontrándose municipios donde la Tasa de Alumbrado Público es 31% de la facturación. La suma de la carga tributaria total de los tres niveles de gobierno puede llegar entonces al 70%- 75%.

Pero la cantidad de tributos brinda también otra información. Muestra una imposición múltiple, en virtud de la cual los tres niveles de gobierno gravan con tributos diversos la misma materia imponible: el consumo de electricidad. Muestra también serios problemas de armonización fiscal entre diferentes niveles de gobierno. Muestra imposibilidad de diseñar una política tributaria de largo plazo y refleja que los diversos niveles de gobierno van agregando sucesivamente a lo largo del tiempo impuestos y contribuciones. Exhibe en definitiva incapacidad del Estado argentino para financiar su actividad en base a tributos razonables y sobre todo equitativos. Los tributos al consumo final de electricidad son muchas veces inequitativos que castigan a los que tienen menos ingresos pero, como se adhieren a la factura de electricidad del servicio, su pago es inevitable y llega incluso a ser percibido en muchos casos, erróneamente, como el propio precio del suministro que resignadamente debe abonarse. Los municipios, además, suelen ocultarlos tras la denominación de Tasa y de ese modo sugieren que se pagan por un servicio específico recibido.

Los dos impuestos nacionales son el IVA y el impuesto para la Provincia de Santa Cruz (Ley 23681). Suman 21,6%.

Los provinciales en el área de Edea, Eden, Edes y las cooperativas suman el 21,10%. Múltiples y heterogéneos:

1. El Impuesto al Servicio de Electricidad: 10%. Tiene su origen en antiguos tributos del año 1967 y debe destinarse a costear estudios y financiar obras de electricidad;

2. El Fondo Especial Grandes Obras Eléctricas Provinciales: 5,5%. Su origen se remonta al año 1977 y tiene por fin financiar inversiones;

3. Contribución Provincial: 0,6%. Apareció conjuntamente con el proceso de privatización y tiene por fin sustituir todos los impuestos existentes al momento de su establecimiento;

4. Fondo Compensaciones Tarifarias: 5%. Tiene por fin compensar diferencias de costos entre las tarifas eléctricas cobradas a los usuarios de las diferentes zonas de la provincia.

Por último, los tributos municipales difieren entre los municipios bonaerenses. Se encuentran aquellos que solamente perciben la Contribución Municipal y la Tasa de Alumbrado Público. Aquella es el 6% y esta puede ser una suma fija o un porcentaje de la facturación que varía entre los diversos municipios, encontrándose valores de más del 30%. Se encuentran también aquellos que, además de estos dos, establecen variados gravámenes: Tasa por Servicios Asistenciales y de Acción Social, Fondos para Obras Públicas, Tasa para Seguridad de Siniestros, Contribución para Hogar de Ancianos, Hospitales y otros servicios comunitarios, Tasa de Infraestructura Social, Contribuciones para Inversiones de Alumbrado Público. El Municipio de Luján es un típico caso descripto por un estudio de la Secretaría de Energía en el año 2002 que percibía: Fondo Comunitario para Obras de Infraestructura (2%), Tasa por Servicios Públicos de Seguridad ante siniestros y emergencias (5%) y la Tasa por servicios asistenciales y de Acción Social (5%). Si se excluye la Tasa de Alumbrado Público, se concluye que el municipio percibe por estos gravámenes el 18% de la factura eléctrica.

4. Litoral: Impuestos y Tarifas elevados

Las tarifas eléctricas que pagan los hogares santafesinos son relativamente más elevadas que en el resto del país. Y los impuestos que gravan ese consumo en Rosario son bastante mayores a aquellos que deben pagar los porteños.

Un consumo bimestral de 300 KWh a comienzo de 2007 le cuesta a una familia unos $50 sin impuestos de acuerdo con los cuadros tarifarios de la Empresa Provincial de Energía de Santa Fe (EPESF). Solamente Tierra del Fuego ($61), Salta ($54), norte de Buenos Aires ($54) y La Pampa ($51) registran tarifas más elevadas. En el resto del país, las tarifas de la electricidad residencial son menores y, en algunos casos, sustancialmente menores (gráfico 1).

Un hogar santafesino paga así entre un 10% y un 20% más que lo que paga un chaqueño, misionero o correntino. Muy poco más que lo que le cuesta a los cordobeses (solo el 4%). No obstante, es mucho más que lo que cuesta en Entre Ríos o Mendoza: los 300 KWh del bimestre son en la Provincia 35% más caros que los de los vecinos entrerrianos y 50% mayores que los de la Provincia cuyana.

En la Capital Federal, el Gran Buenos Aires y el Gran La Plata se registra la tarifa residencial más barata de la Argentina. Apenas $29 sin impuestos cuesta un consumo bimestral de 300 KWh. De este modo, una familia santafesina gasta en electricidad en un bimestre lo mismo que una familia porteña gasta en cerca del doble de tiempo. Casi como una contradicción difícil de explicar, la electricidad más barata del país se suministra en la zona de mayor demanda y, salvando los bolsones de pobreza del conurbano bonaerense, en la zona de mayor ingreso por habitante de la Argentina.

Las estadísticas de la Secretaría de Energía muestran que los hogares santafesinos consumieron relativamente muy poca electricidad: en el año 2005 demandaron un promedio de 1630 KWh, en tanto que los del Gran Buenos Aires y el Gran La Plata un 70% más (unos 2800 KWh) y los de la rica zona norte de la Capital Federal abastecidos por Edenor casi un 90% más (3040 KWh). El consumo promedio de los hogares santafesinos es incluso casi un 30% menos que los 2230 KWh que consumen en promedio las familias argentinas. ¿Es Santa Fe un ejemplo de la ley de la demanda, que sugiere que cuando sube el precio se demanda menos? ¿O es una mera coincidencia estadística?

Entre Ríos tiene mayores impuestos

Si la Provincia de Santa Fe tiene una tarifa libre de impuestos un 35% más alta que la de los entrerrianos, tiene en cambio una carga tributaria bastante menor. Los 300 KWh por bimestre más la cuota por Alumbrado Público cuestan en Rosario $74 pesos, incluyendo todos los impuestos (nacionales, provinciales y municipales). En la Capital de la Provincia cuesta algo menos porque la comuna capitalina grava el consumo eléctrico con menos impuestos que los que establecen las ordenanzas rosarinas. A los entrerrianos de Paraná, en cambio, el mismo consumo les sale casi $63. En Rosario, con impuestos, el consumo hogareño de electricidad cuesta sólo un 15% más que en Paraná.

En Rosario, los impuestos suman el 48% del la factura básica de electricidad de una familia (Cargo Fijo y Cargo variable sin impuestos), incluyendo la cuota de Alumbrado Público. En Paraná cuesta mucho más: los impuestos son el 68% del cargo fijo y los 300 KWh consumidos. De este 68%, la Nación se queda con 23 puntos porcentuales (IVA e impuesto para la Provincia de Santa Cruz), el Municipio de Paraná con 29%, incluyendo aquí tasas diversas y cargo por Alumbrado Público y el gobierno provincial con 16 puntos porcentuales, derivados del impuesto denominado Fondo de Desarrollo Eléctrico de Entre Ríos.

El 48% de impuestos y cargos que gravan el servicio eléctrico hogareño en Rosario, además de ser menor que el que soportan los entrerrianos, tienen otra composición y muestra que la Provincia no grava con ningún impuesto el consumo residencial: 25 puntos porcentuales van para la Nación (IVA e impuesto para la Provincia de Santa Cruz), 15 puntos porcentuales van para el Alumbrado Público a cargo de la EPESF y 8 para la Municipalidad rosarina, gabelas establecidas al amparo de la Ley provincial Nº7.779 que fija la contribución comunal en toda la Provincia y las viejas ordenanzas del Concejo Deliberante Nº1592 y Nº1618 del año 1962. Los porteños solo pagan el 6,383% para su municipalidad.

Cuadro 1. Cómo se distribuye el valor de una factura residencial de 300 KWh por bimestre (I trimestre de 2007)

Destinatario	En Rosario		En Paraná	
	En Pesos	En %	En Pesos	En %
Para la Empresa Distribuidora	49,9	67,5	37,3	59,5
Para el Municipio	4,2	5,7	3,2	5,2
Para la Provincia	0,0	0,0	6,1	9,7
Para la Nación	12,3	16,7	8,7	14,0
Para el Alumbrado Público/ Para el Municipio	7,4	10,1	7,3	11,6
Total	73,8	100,0	62,6	100,0

Fuente: elaborado propia en base a Cuadros Tarifarios de las empresas.

5. Región metropolitana versus interior: se agudiza la discriminación

Las tarifas de distribución del servicio eléctrico en la región metropolitana tuvieron en julio del 2008 el primer aumento en más de siete años de tarifas congeladas. Dispuesto por la autoridad regulatoria nacional, este aumento afectó solamente a los usuarios residenciales que consumen más de 650 KWh por bimestre, apenas el 24% del total de hogares abastecidos por Edenor, Edesur y Edelap. Este límite de consumo es un dato relevante, porque se encuentra bastante por encima del consumo promedio de un hogar de estas empresas que rondaba los 560 KWh. El aumento se estructuró de tal manera que, para el intervalo de 651-800 KWh, alcanzó el 10%, para consumos de 801-900 KWh el 15%, creciendo de manera tal que para el último intervalo, superior a 1400 KWh, fue del 29% (Fundelec, 2009).

En agosto de 2008, la autoridad regulatoria nacional dispuso otro aumento pero en este caso tuvo que ver con el ajuste tarifario estacional y afectó a todo el país. Estuvo destinado a equiparar el costo de la energía en el mercado mayorista, el costo de generación, y la tarifa que perciben las distribuidoras, una brecha muy importante que acumuló una deuda en el Fondo Estacional de CAMMESA y que se financia con subsidios del Estado nacional. Este aumento, sin embargo, recayó sólo sobre los hogares que consumen más de 1000 KWh y su impacto crece en forma escalonada según crecen los consumos bimestrales. Este escalonamiento implica que, por ejemplo, un consumo bimestral de 1000-1200 KWh tuviera un aumento de 75% hasta llegar a uno de hasta 300% cuando el consumo supere los 2800 KWh bimestral, lo que significa que recién en este tramo según las estimaciones de Fundelec (2009) el subsidio sería nulo y el usuario pagaría el 100% del costo de generación de electricidad.

Estos aumentos mostraron un cambio de rumbo en la política nacional de tarifas congeladas, aunque solo impactaron sobre el 24% de los hogares atendidos por Edenor, Edesur y Edelap. Los hogares de la región metropolitana con consumos inferiores a 650 KWh, el 76% restante, continuaron entonces con las tarifas que pagaban en 2001.

La evolución de las tarifas residenciales en las Provincias ha sido dispar. El punto de referencia debe ser la región metropolitana regulada por el Estado nacional, sin actualización durante el lapso 2001-2007, y otras Provincias donde tampoco hubo ningún aumento (Santa Cruz, Chubut, La Pampa, Catamarca y Tucumán). Cont (2007) ha identificado un grupo de Provincias en el que los aumentos en dicho periodo se situaron entre un 15%-30% (Chaco, San Luis, Río Negro, San Juan y Jujuy) y otro en el que se verificaron comportamientos más matizados. En Córdoba, Entre Ríos, Santa Fe y Corrientes estuvieron sesgados hacia los consumos bajos, en tanto que en Neuquén y Salta alcanzaron los consumos mayores (44% y 56% respectivamente).

Entre Ríos tuvo dos aumentos en menos de un año: un 8,8% el 1 de agosto de 2007, 10% a partir del 1 de junio de 2008 y un 9% a partir del 1 de agosto. Entre Ríos pasa a tener así tarifas residenciales relativamente muy altas. Un 170% más elevadas que las que pagan los porteños para consumos de 600 KWh (cuadro 2). Los funcionarios entrerrianos justifican el aumento en la necesidad de nivelar las tarifas y acercarlas a las vigentes en las otras Provincias de la denominada Región Centro, Córdoba y Santa Fe. Nada se dice, sin embargo, que tal aumento aleja a las tarifas entrerrianas de las reducidas tarifas porteñas y del conurbano bonaerense.

Las Provincias adoptaron ya entre 2004 y 2006 diversos procedimientos de modificación de las tarifas, cuidando de no calificarlos como de "actualización o indexación", porque tales mecanismos están expresamente prohibidos por la Ley N°25.561. Esta Ley no establece puntualmente la inamovilidad ni el congelamiento de los costos y precios. Salta, por ejemplo, lo hizo en 2006 a través del Decreto N°160/06 que estableció una fórmula polinómica de actualización que refleja la estructura de costos y que dispara una revisión tarifaria cuando la variación supere el 5%; San Juan hizo otro tanto mediante el Decreto N°343/06 que dispone una revisión tarifaria extraordinaria cuando la variación en el valor presente del valor agregado de distribución supera en más o en menos un 2,5%.

Esta dispar evolución ha profundizado las diferencias de tarifas y acentuado las desventajas del interior. Mientras un usuario de Edenor o Edesur paga $29 sin impuestos desde hace ocho años por 300 KWh bimestrales, los del interior sufrieron sólo en los últimos dos años aumentos que en algunas Provincias llegaron al 50%. La disparidad es mayor para consumos bimestrales de 600 KWh, una cifra importante, ya que representa aproximadamente el consumo promedio de los hogares argentinos.

Una factura residencial de electricidad de 300 KWh bimestrales en Neuquén puede llegar a costar hasta un 300% más que los $29 sin impuestos que cuesta en Capital y Gran Buenos Aires. En Córdoba o Santa Fe, cuesta un poco menos: cerca del 140%. Si el consumo es de 600 KWh bimestrales, cordobeses y santafesinos afrontan mayores valores aun: 250% más que los $42 sin impuestos que pagan los clientes de Edenor y Edesur. Si el hogar consume 900 KWh bimestrales, paga sólo $63 en Capital Federal y en Gran Buenos Aires. Esto es un 200%-250% más en Córdoba, Santa Fe, Entre Ríos, Chaco, Neuquén, Jujuy y el interior de la Provincia de Buenos Aires (cuadro 2).

Las diferencias se achican para los consumos bimestrales de 1500 KWh, aunque en Córdoba, Santa Fe y Corrientes representan todavía el doble de los reducidos valores del área metropolitana servidos por Edenor, Edesur y Edelap.

¿Estatales o privadas?

Los datos del cuadro 2 muestran que las empresas de electricidad de propiedad privada tienen en general tarifas residenciales más bajas. ¿Causalidad o Casualidad? Con esta información, solo puede hablarse de casualidad. Es apenas una constatación fragmentaria y simplista que, de ninguna manera, hace referencia a costos, cobertura, eficiencia, densidad y calidad del servicio.

En el rango de 300 KWh bimestrales, tienen tarifas reducidas, además de Edenor, Edesur y Edelap, las empresas privadas que abastecen a Catamarca (Edecat), Santiago del Estero (Edese) y Mendoza (Edemsa). Si se analizan otros tramos de consumo, pueden incorporarse a esta nómina las privadas que abastecen Tucumán (Edet) y San Luis (Edesal) y las estatales que distribuyen en Entre Ríos (Enersa) y en Chaco (Secheep). En Entre Ríos, la situación es peculiar: sus tarifas son relativamente bajas solo para los 300 KWh bimestrales, ya que para consumos medios y altos sus valores se ubican entre los más altos del país. Por su parte, la tarifa de Enersa fue privatizada en los noventa y estatizada a comienzos de la presente década.

Los datos disponibles muestran que las tarifas residenciales más elevadas corresponden en general a distribuidoras en manos de Estados provinciales: EPEN (Neuquén), EPEC (Córdoba) y EPESF (Santa Fe) encabezan el ranking para consumos de 300 KWh. Se pueden agregar al grupo la privada EJESA (Jujuy) y la estatal DPEC (Corrientes). Para consumos bimestrales de 600 KWh y 900 KWh, el ranking no sufre alteraciones significativas: lo encabezan las empresas estatales que abastecen a Córdoba, Santa Fe, Neuquén, Chaco, Entre Ríos y Corrientes y las privadas que distribuyen en Jujuy (EJESA) y en el interior de Provincia de Buenos Aires (Edes, Edea, Eden). Para consumos mayores, por último, las tarifas más elevadas corresponden nuevamente a las estatales que abastecen a Córdoba, Santa Fe, Corrientes y Entre Ríos y las privadas que distribuyen en Jujuy y Provincia de Buenos Aires. En este sentido, se ha señalado que entre 2001 y 2007 los mayores aumentos de las tarifas residenciales se produjeron en las empresas de propiedad pública; se advertía sin embargo que tal situación no alude a cuestiones de eficiencia, tornándose necesario para tal fin incorporar otras cuestiones, tales como controles por costos y densidades de cada negocio (Cont, 2007).

Las empresas del interior del país, EPESF de Santa Fe por caso, explican sus mayores tarifas en razones estructurales. Un territorio extenso, una elevada longitud de líneas y una baja densidad de usuarios se arguye que generan costos de distribución más elevados que los que tienen Edenor, Edesur y Edelap en sus pobladas zonas de distribución. Se sugiere que la zona metropolitana tiene una mayor proporción de hogares de elevados consumos que refuerzan sus ingresos cuando se cobran tarifas que castigan los grandes consumos. Tarifas congeladas, aumento de costos, elevado hurto de energía y reducidos niveles históricos de inversión se agregan también a los argumentos que intentan explicar las mayores tarifas de Santa Fe o de Córdoba.

Cuadro 2. Valor de la factura residencial en las Provincias en relación con la Capital Federal y GBA según diversos consumos (enero 2009)

Provincia	Empresa	Capital Federal y GBA= 100				
		300 kwh	600 kwh	900 kwh	1200 kwh	1500 kwh
Capital Federal (EDESUR)	Privada	100	100	100	100	100
Gran Buenos Aires (EDESUR)	Privada	100	100	100	100	100
Catamarca(EDECAT)	Privada	121	145	133	101	91
S del Estero (EDESE)	Privada	134	148	156	127	117
Mendoza (EDEMSA)	Privada	138	200	180	125	109
Entre Rios (ENERSA)	Estatal	149	270	317	223	189
Tucuman(EDET)	Privada	152	231	243	172	148
Chaco(SECHEEP)	Estatal	200	300	314	185	137
San Luis(EDESAL)	Privada	203	240	224	153	130
Buenos Aires (EDES)	Privada	207	305	319	213	178
Salta(EDESA)	Privada	208	257	229	153	129
Corrientes(DPEC)	Estatal	210	269	272	224	191
Jujuy(EJESA)	Privada	225	305	300	200	166
Santa Fe(EPE)	Estatal	234	340	344	229	189
Córdoba (EPEC)	Estatal	244	350	352	251	213
Neuquen(EPEN)	Estatal	396	424	351	207	161
En Tucumán el aumento está en suspenso por una medida cautelar; Neuquen no incluye bonificaciones						

Fuente: elaborado en base a información de la Secretaría de Energía de la Nación y Cuadros Tarifarios de las empresas.

Gráfico 2. Tarifas eléctricas residenciales ($ por tipo de consumo a enero de 2009)

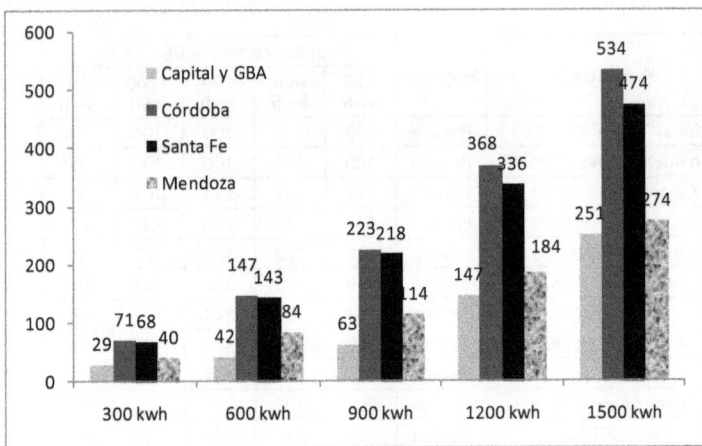

Fuente: elaborado en base a información de la Secretaría de Energía de la Nación y Cuadros tarifarios de las empresas.

6. Conclusiones

Las tarifas residenciales del servicio eléctrico en la Capital Federal y el Gran Buenos Aires son significativamente menores a las que rigen en el resto del país. Tales diferencias son más pronunciadas para los menores consumos, por debajo de los 900 KWh bimestrales.

Aparecen así inequidades regionales difícil de justificar. La zona de mayor demanda del país, que alberga a los hogares de mayor consumo promedio y, en muchos casos, de mayor ingreso per capita, resulta ser la principal beneficiaria de la política tarifaria del gobierno nacional. Esto es así porque la autoridad regulatoria del servicio de distribución prestado por Edenor, Edesur y Edelap es el gobierno federal, en tanto que las Provincias son las encargadas de regular la distribución en sus respectivas jurisdicciones. Como consecuencia, las Provincias deben responder bien con sus recursos cuando fijan tarifas de distribución por debajo de los costos, bien con subsidios si las empresas encargadas de la distribución son concesionarias privadas o bien directamente con transferencias del tesoro cuando el servicio es prestado con empresas de propiedad pública.

Las tarifas del servicio de distribución en la Ciudad de Buenos Aires y el Gran Buenos Aires permanecieron congeladas por más de siete años. Las autoridades nacionales dispusieron aumentar las tarifas del servicio de distribución de Edenor, Edesur y Edelap recién en el año 2008, aunque estaba limitado solo a los consumos superiores a los 650 KWh por bimestre, apenas el 24% de los usuarios residenciales. Por su parte, los consumos superiores tuvieron un aumento de poca significación, creciendo en forma escalonada y llegando como máximo al 29% para el tramo que consume más de 2800 KWh por bimestre. De este modo, las tarifas de los hogares metropolitanos que consumen menos de 650 KWh continuaron congeladas.

Las tarifas residenciales en las Provincias eran en muchos casos relativamente más elevadas antes de la devaluación. Pero la evolución posterior parecería haber acentuado estas disparidades, ya que en muchas Provincias tuvieron varios incrementos significativos que contrastan con el congelamiento de las tarifas que deben pagar los hogares que viven en la región metropolitana.

La política tributaria de los diversos niveles de gobierno puede acentuar en muchos casos las disparidades tarifarias y acrecentar las desventajas. Por supuesto, la peor combinación es residir en un municipio donde se conjuguen ambas situaciones negativas, tributos locales y tarifas residenciales elevadas. Los hogares de la Ciudad Autónoma de Buenos Aires disfrutan de ambas ventajas: tarifas reducidas y reducidos impuestos locales. En efecto, el consumo está gravado solamente con la contribución del 6,383%, un gravamen dispuesto por ley nacional y que se destina al Tesoro de la Ciudad. El gobierno local de la Ciudad, sin embargo, no grava con ningún tributo el consumo eléctrico. Los hogares del Gran Buenos Aires, por su parte, son servidos por las mismas empresas que distribuyen en la Capital Federal, Edenor y Edesur y pagan las mismas tarifas, pero soportan una carga tributaria elevada que les imponen sus gobiernos locales, la Provincia y algunos municipios. Asimismo, en otras Provincias, Buenos Aires, Córdoba, Santa Fe, por ejemplo, se conjugan ambas desventajas: tarifas residenciales relativamente elevadas y una pesada carga tributaria de sus gobiernos locales.

CONCLUSIONES GENERALES

El desempeño del sector eléctrico en materia de inversión en la fase posdevaluatoria ha sido relativamente modesto. Se ha invertido poco en relación con lo que ha sido la experiencia histórica del país, lejana y reciente, y también por debajo de los requerimientos y demandas de su economía y de su población. Los cortes y restricciones cuantitativas son la evidencia de tales insuficiencias. Las reglas de funcionamiento no se mostraron eficaces para generar inversiones acordes con la historia del sector ni tampoco acordes con requerimientos de oportunidad. Tales limitaciones se manifestaron contando con recursos públicos relativamente abundantes, una conducción del Estado dispuesta a utilizar tales recursos en la financiación directa de la inversión, activos y fondos existentes sectoriales de importancia y mecanismos de acumulación en funcionamiento que fueron redireccionados hacia los nuevos objetivos definidos.

La falta de oportunidad de las inversiones fue distinta según se tratara de generación o de transporte. Aunque insuficientes, las inversiones en generación aparecieron tarde, en tanto que las inversiones en transporte de extra alta tensión parecería que se anticiparon excesivamente en algunos casos, guiadas tal vez por una situación fiscal holgada. Las demoras en materia de generación obligaron a emprender soluciones de emergencia de costos elevados. La falta de oportunidad de las inversiones en la red de transporte de alta tensión exige centrar la atención en los mecanismos de decisión y los arreglos institucionales, procurando dilucidar en qué medida las instituciones existentes son eficaces para articular decisiones que respondan a los intereses del conjunto, yendo más allá de la obra local que encuentra justificación y razonabilidad en un difuso y ambiguo objetivo de promoción del desarrollo regional. Si ya a mediados de la década pasada los enfoques más disímiles habían coincidido en las deficiencias del sistema regulatorio para generar las inversiones destinadas a ampliar la capacidad de transporte, se torna relevante ante estas nuevas reglas generar un consenso acerca de su aptitud para asegurar la oportunidad y productividad de la inversión.

La reducida magnitud de la inversión en la actual fase de crecimiento de la economía coloca en justo lugar la discusión en torno al desempeño del sector en los años previos a la devaluación. Notoriamente, el esfuerzo inversor de aquella etapa fue sustancialmente mayor al realizado en la actual fase de expansión de la economía argentina, particularmente en materia de generación. Antes que escasa, la inversión en generadores fue muy elevada y excesiva de acuerdo con el enfoque de algunos especialistas, aunque fue precisamente ese sobreequipamiento el que permitió superar sin problemas de abastecimiento los periodos de sequía de los últimos años de la década del noventa y la casi nula inversión en los primeros cinco años de la actual fase de crecimiento del PBI. Asimismo, dicha fase de crecimiento demandó menos electricidad que en el pasado y, aun así, hubo escasez que se relacionó con la falta de inversión antes que con el excepcional incremento de la actividad económica.

Los tributos que gravan el consumo eléctrico son en muchos casos muy elevados, establecidos por los tres niveles de gobierno y, siguiendo una larga tradición del país, justificados frecuentemente en razones de asignación específica, particularmente obras públicas, fondos de desarrollo regional y destinos más específicos como financiamiento de hospitales, vivienda y bomberos voluntarios. Estos cargos, en especial los municipales, parecen que proliferan a medida que las distribuidoras de electricidad sirven a un área reducida y son de carácter local o regional. Asimismo, los numerosos cargos y contribuciones dan lugar a fenómenos de imposición múltiple y capitalización de impuestos.

Los tributos utilizados por los niveles inferiores de gobierno, provincias y municipios, sea por su naturaleza o por la forma de liquidación, acentúan el impacto de los gravámenes federales sobre el valor de la factura del servicio dando lugar, paradójicamente, a Estados locales que actúan ocultando la carga tributaria efectiva sobre los propios habitantes de su jurisdicción al aumentar la recaudación del Estado nacional y al contribuir a que sus propios ciudadanos sean diferencialmente afectados por la política tributaria federal. Como consecuencia, la carga tributaria total puede superar incluso largamente el 50% de la factura básica, de la cual bastante más de la mitad tiene origen en disposiciones locales, provincias y municipios.

La elevada carga impositiva que soporta el consumo eléctrico adquiere, además, otros significados a la luz de tarifas altamente subsidiadas y torna relevante un esfuerzo por establecer el impacto neto de ambos instrumentos fiscales. Más aún, los subsidios privilegian los consumos domiciliarios y los tributos y cargos castigan en varias Provincias y numerosos municipios, paradójicamente, mucho más a los usuarios residenciales de electricidad.

La política tributaria local exacerba a veces las diferencias de las tarifas y da lugar a precios del servicio eléctrico que profundizan las desventajas estructurales de algunas regiones del país de baja densidad de usuarios. La política regulatoria en materia de tarifas de distribución ha sido notoriamente distinta en las jurisdicciones provinciales y en el área metropolitana bajo jurisdicción federal, lo que ha acentuado la discriminación de los usuarios del interior del país, privilegiando precisamente a la Ciudad de Buenos Aires, al Gran Buenos Aires y al Gran La Plata, la región de mayor consumo del país que alberga, en muchos casos, zonas de ingreso per capita relativamente elevado.

La aplicación de los fondos generados por los tributos de asignación específica, en general, no tiene ni información apropiada ni evaluación pormenorizada de su destino e impacto. En el caso del gravamen federal sobre el consumo final de electricidad establecido por la Ley N°23681, parece estar claro que habrían desaparecido los motivos que justificaron su aparición o, al menos, su asignación actual. En el caso de los cargos que recaen sobre las ventas en el mercado eléctrico mayorista, los recursos generados se han mostrado insuficientes y han sido las transferencias del tesoro nacional el soporte financiero del Programa de Transporte Eléctrico en 500 KV. Los mecanismos diseñados por la Ley N°24065, concebidos inicialmente para transferir recursos a las Provincias con el objeto de financiar mecanismos de igualación de tarifas y construcción de obras eléctricas de impacto local, pasaron también a ser compartidos con la Nación y a financiar obras de alcance federal.

La distribución de los fondos resultante del accionar del Consejo Federal de la Energía Eléctrica responde obviamente a su conformación institucional y a la representatividad de las jurisdicciones. Consecuentemente, el FEDEI y el FCT son distribuidos con criterios que benefician significativamente a las Provincias de baja densidad y aquellas rezagadas que perciben una proporción de recursos sustancialmente más elevada que aquella que perciben por la Coparticipación Federal de Impuestos. Sin embargo, esto no garantiza que tales resultados coadyuven siempre a la consecución de los objetivos del Fondo Nacional de la Energía Eléctrica, es decir, a aumentar el coeficiente de inversión de las Provincias y atenuar diferencias regionales de las tarifas. Los arreglos institucionales diseñados no consiguen ir muchas veces más allá de acuerdos de distribución de fondos transitorios, liquidaciones provisorias de revisión permanente y acompañamiento y apoyo de las políticas del Poder Ejecutivo Nacional.

BIBLIOGRAFÍA

Argañaraz, N. (2004). "Carga tributaria: No olvidarse de Provincias y municipios", Diario *La Nación*, 04/01/04.

Argentina (1999c), "Prospectiva 1998", Secretaría de Energía de la Nación, Dirección Nacional de Prospectiva, Mayo (http://energia3.mecon.gov.ar/contenidos/verpagina. php?idpagina=2304).

Argentina, (1999a). "10 Años en la relación fiscal Nación, Provincias y Municipios, Tomo II: Municipios", Ministerio de Economía y Obras y Servicios Públicos, Secretaría de Programación Económica y Regional, Dirección Nacional de Coordinación Fiscal con las Provincias.

Argentina, (1999b). "Prospectiva 1999", Secretaría de Energía de la Nación, Dirección Nacional de Prospectiva, Diciembre (http://energia3.mecon.gov.ar/conteni-dos/verpagina.php?idpagina=2304).

Argentina, (2000). "Informe Sobre Tarifas Medias del Sector Eléctrico", Secretaría de Energía, Dirección General de Cooperación y Asistencia Financiera (http://energia3. mecon.gov.ar/contenidos/archivos/publicaciones/ Tarifas%202000.pdf).

Argentina, (2001). "Prospectiva 2000", Secretaría de Energía de la Nación, Dirección Nacional de Prospectiva (http://energia3.mecon.gov.ar/contenidos/verpagi-na.php?idpagina=2304).

Argentina, (2002a). "Impuestos Sobre las Tarifas Eléctricas a Usuario Final de Cooperativas Eléctricas de Buenos Aires", Ministerio de Economía, Secretaría de Energía, Dirección Nacional de Prospectiva, Abril (http://

energia3.mecon.gov.ar/contenidos/verpagina.
php?idpagina=2317).

Argentina, (2002b). "Impuestos y Subsidios sobre las
Tarifas Eléctricas a Usuario Final", Ministerio de
Economía, Secretaría de Energía, Subsecretaría de
Energía Eléctrica, Dirección Nacional de Prospectiva
(http://energia3.mecon.gov.ar/contenidos/verpagina.
php?idpagina=2317).

Argentina, (2003a) (Versión corregida). "Impuestos y
Subsidios sobre las tarifas eléctricas a usuario final",
Ministerio de Planificación Federal, Inversión Pública
y Servicios, Secretaría de Energía, Dirección Nacional
de Prospectiva (http://energia.mecon.ar).

Argentina, (2003b). "Manual de Clasificaciones
Presupuestarias para el Sector Público Nacional",
Ministerio de Economía y Producción, Secretaría de
Hacienda, Quinta edición (http://capacitacion.mecon.
gov.ar/manuales/Presupuesto-Clasificador03.pdf).

Argentina, (2003c). "Prospectiva 2002", Secretaría de
Energía, Dirección Nacional de Prospectiva (http://
energia3.mecon.gov.ar/contenidos/verpagina.
php?idpagina=2304).

Argentina, (2006). "Destino de la Recaudación de los
Impuestos al 30/12/06", Ministerio de Economía y
Producción, Secretaría de Hacienda, Subsecretaría
de Ingresos Públicos, Dirección de Investigaciones y
Análisis Fiscal (http://www.mecon.gov.ar/sip/dniaf/
destino_recaud.pdf).

Argentina, (2009a). "Boletín Fiscal, varios números",
Ministerio de Economía y Finanzas Públicas, Secretaría
de Hacienda, Oficina Nacional de Presupuesto (http://
www.mecon.gov.ar/onp/html/boletin).

Argentina, (2009b). "Informe Institucional correspondientes
a los años 2005, 2006, 2007 y 2008", Consejo Federal de
la Energía Eléctrica, Buenos Aires (www.cfee.gov.ar).

Argentina, (2010 d). Informe Anual, varios números, Ente Nacional Regulador de Electricidad.

Argentina, (2010a). "Destino de la Recaudación de los Impuestos (al 31/03/10)", Presidencia de la Nación, Ministerio de Economía y Finanzas Públicas, Secretaría de Hacienda, Subsecretaría de Ingresos Públicos, Dirección Nacional de Investigaciones y Análisis Fiscal (http://www.mecon.gov.ar/sip/dniaf/destino_recaud. pdf).

Argentina, (2010b). "Tributos Vigentes en la República Argentina a nivel Nacional (al 31/03/10)", Presidencia de la Nación, Ministerio de Economía y Finanzas Públicas, Secretaría de Hacienda, Subsecretaría de Ingresos Públicos, Dirección Nacional de Investigaciones y Análisis Fiscal. (http://www.mecon.gov.ar/sip/dniaf/ tributos_vigentes.pdf).

Argentina, (2010c). "Cuentas de Inversión del Ejercicio. Años 1993 a 2008", Secretaría de Hacienda, Ministerio de Economía y Finanzas Públicas (http://www.mecon. gov.ar/hacienda/cgn/).

Argentina. "Informe anual, varios números", Ente Nacional Regulador de Electricidad (http://www.enre.gov.ar/).

Argentina. "Informe Estadístico del Sector Eléctrico", Varios números, Secretaría de Energía de la Nación (http://energia3.mecon.gov.ar/contenidos/verpagina. php?idpagina=3368).

Argentina. "Informe Quinquenal del Sector Eléctrico 1991-1995", Secretaría de Energía de la Nación (http:// energia3.mecon.gov.ar/contenidos/verpagina. php?idpagina=2599).

Argentina. "Informe Quinquenal del Sector Eléctrico 1996-2000", Secretaría de Energía de la Nación Secretaría de Energía de la Nación (http://energia3.mecon.gov.ar/ contenidos/verpagina.php?idpagina=2599).

Argentina. "Serie Histórica 1930-2006", Secretaría de Energía de la Nación Energía de la Nación (http://energia3.mecon.gov.ar/contenidos/verpagina.php?idpagina=3140).

Barreiro, R. (2002). *Derecho de la Energía Eléctrica*, Editorial Ábaco, Buenos Aires.

Braceli, O. Braceli, M. y R. Jan Casaño (no datado). "Sistema Municipal Argentino con énfasis en los Municipios de la Provincia de Mendoza", Facultad de Ciencias Económicas, Universidad Nacional de Cuyo.

Buenos Aires, (2001). *La autonomía en los municipios argentinos*, Cuadernos de Economía Nº56, Ministerio de Economía de la Provincia de Buenos Aires.

Cámara del Mercado Eléctrico Mayorista (CAMMESA) (2001). "Evaluación de Riesgos, (Previo a modificaciones macroeconómicas)", Diciembre, Primer Borrador.

Cámara del Mercado Eléctrico Mayorista (CAMMESA) (2003). "Evaluación de Riesgos Mediano y Largo Plazo, Periodo 2004-2007".

Cámara del Mercado Eléctrico Mayorista (CAMMESA) (no datado). "Evaluación de Riesgos Mediano y Largo Plazo, Periodo 2005-2007".

Cámara del Mercado Eléctrico Mayorista (CAMMESA), "Informe Anual", Varios Números.

Cámara del Mercado Eléctrico Mayorista (CAMMESA), "Informe Mensual", Varios Números.

Cetrángolo, O. y Jiménez, J. (2004). "Las Relaciones entre Niveles de Gobierno en Argentina", Revista de la CEPAL Nº84, Diciembre, pp. 117-134.

Chambouleyron, A. y Viecens, M. (2002). "Otra vez el absurdo impuesto por el uso diferencial del espacio aéreo y terrestre municipal", Investigación y Estudios, Ieral. (www.ieral.org).

Cont, W. (2007). "Estructuras tarifarias en el servicio de electricidad par usuarios residenciales. El caso de las

Provincias argentinas", FIEL, Documento de trabajo Nº95.

Cont, W. (2008). "La Tarifa Social en el servicio de electricidad para usuarios residenciales. El Caso de las Provincias argentinas", en Fernando Navajas (ed.), *Tarifa Social: en los sectores de infraestructura en la Argentina*, Temas Grupo Editorial: Fundación de Investigaciones Económicas Latinoamericanas, Buenos Aires, pp. 163-205.

Di Gresia, L. (2003). "Impuesto sobre los Ingresos Brutos. Análisis Comparativo de su Evolución y Perspectivas", Documento de Federalismo Fiscal Nº7, Departamento de Economía, Facultad de Ciencias Económicas, Universidad Nacional de La Plata, Agosto. (http://www.depeco.econo.unlp.edu.ar).

Ente Nacional Regulador de la Electricidad (ENRE), Informe Anual, Varios números.

Ferro, G. y Aguerre, M. (2009). "Federalismo Fiscal y coparticipación", Consejo Profesional de Ciencias Económicas de la Ciudad Autónoma de Buenos Aires.

Foster, V. (2003). "Impacto Social de la Crisis Argentina en los Sectores de Infraestructura", Documento de Trabajo Nº03, Oficina del Banco Mundial para Argentina, Chile, Paraguay y Uruguay, en colaboración con el Centro de Estudios de la Regulación (CEER) de la Universidad Argentina de la Empresa (UADE), (www.bancomundial.org.ar).

Foster, V. en colaboración con CEER, UADE, (2003). "Hacia una Política Social para los Sectores de Infraestructura en Argentina", Oficina del Banco Mundial para Argentina, Chile, Paraguay y Uruguay, Documento de Trabajo Nº10/03.

Foster, V. en colaboración con CEER-UADE, (2004). "Toward a Social Policy for Argentina´s Infrastructure Sectors:

Evaluating the Past and Exploring the Future", World Bank Policy Research Working Paper 3422.

Fundación de Investigaciones Económicas Latinoamericanas, (FIEL), (1999). "La Regulación del Sector Eléctrico", en "La Regulación de la Competencia y de los Servicios Públicos", FIEL, Buenos Aires, pp. 467-533.

Fundación para el Desarrollo Eléctrico, (Fundelec), (2007 a). "Los Desafíos Eléctricos del 2008", Informe Técnico, Noviembre.

Fundación para el Desarrollo Eléctrico, (Fundelec), (2009). "Composición de la Tarifa Eléctrica Argentina. Y el peso de los incrementos de Julio y Octubre 2008", Informe técnico, Enero.

Fundación para el Desarrollo Eléctrico, Fundelec, (2007 b). "El crecimiento del Transporte Eléctrico Argentino", Informe Técnico, Enero.

IDIED, (1998). "Tributos Provinciales y Rentabilidad", trabajo realizado por A. Alonso, C. Brun y H. González Cano para Instituto de Investigación en Economía y Dirección para el Desarrollo-IDIED, Facultad de Ciencias Empresariales, Universidad Austral, Rosario, Noviembre.

Iribarren, N. (2009). "Los Consejos Federales", Aportes N°26, pp. 21-37.

Jeifetz, C. (2005). "El Sistema Interconectado Nacional. Infraestructura-Obras Necesarias", World energy Council, Segundo Taller de Integración Energética Regional, Neuquén, 17 de Marzo.

Llach, L. y Harriague, M. (2005). "Un sistema Impositivo para el Desarrollo y la Equidad", Fundación Producir Conservando, Buenos Aires.

López Murphy, R. y Moskovits, C. (1998). "Desarrollos recientes en las finanzas de los Gobiernos Locales en Argentina", FIEL, Documento de Trabajo Nº58, Buenos Aires.

Nuñez Miñana, H. (1972). "Indicadores de Desarrollo Regional en la República Argentina: Resultados Preliminares", en Porto, A. (editor), (1995), *Finanzas Públicas y Economía Espacial*, Universidad Nacional de La Plata.

Nuñez Miñana, H. (1998). *Finanzas Públicas*, Ediciones Macchi-ASAP, Buenos Aires.

Nuñez Miñana, H. y A. Porto. (1983). "Distribución de la Coparticipación Federal de Impuestos. Análisis y alternativas", Consejo Federal de Inversiones, Buenos Aires.

Piffano, H. (2006). "Notas Sobre Federalismo Fiscal. Enfoques Positivos y Normativos", Universidad Nacional de La Plata, Facultad de Ciencias Económicas, Departamento de Economía. UNLP, PrEBi/SeDiCi.

Pistonesi, H. (2001). "Desempeño de las industrias de electricidad y gas natural después de las reformas: el caso de Argentina", Instituto Latinoamericano y del Caribe de Planificación Económica y Social, Serie Gestión Pública Nº15, Santiago de Chile.

Porto, A. (1990). *Federalismo Fiscal. El caso argentino*, Editorial Tesis, Buenos Aires.

Porto, A. (2003). "Etapas de la Coparticipación Federal de Impuestos", Universidad Nacional de La Plata, Facultad de Ciencias Económicas, Departamento de Economía, Documento de Federalismo Fiscal Nº2.

Porto, A. (2004). "Disparidades Regionales y Federalismo Fiscal", Universidad Nacional de La Plata.

Porto, A. (2004). "Finanzas Públicas Subnacionales: La Experiencia Argentina", Documento de Federalismo Fiscal Nº12, Universidad Nacional de La Plata, Facultad de Ciencias Económicas, Departamento de Economía.

Romero, C. (2000). "Regulación de las Inversiones en el Sector Eléctrico argentino", en Heymann, D. y Kosacoff,

B. (editores), *La Argentina de los noventa, Desempeño económico en un contexto de reformas*, Tomo II, Eudeba, Buenos Aires, pp. 57-122.

Serafinoff, V. (2008). "Coordinación y gestión de políticas públicas entre distintos niveles de gobierno: estrategias e instrumentos", XIII Congreso Internacional del CLAD sobre la Reforma del Estado y de la Administración Pública, Buenos Aires, Argentina, 4-7 de noviembre.

www.ingramcontent.com/pod-product-compliance
Lightning Source LLC
Chambersburg PA
CBHW020658270326
41928CB00005B/183